2015—2016年
中国工业和信息化发展
系列蓝皮书

2015-2016年世界电子信息产业发展蓝皮书

The Blue Book on the Development of World
Information Technology Industry（2015-2016）

中国电子信息产业发展研究院　编著

主　编／王　鹏

副主编／安　晖

人民出版社

责任编辑：邵永忠

封面设计：佳艺时代

责任校对：吕　飞

图书在版编目（CIP）数据

2015-2016 年世界电子信息产业发展蓝皮书/王　鹏　主编；

中国电子信息产业发展研究院　编著. — 北京：人民出版社, 2016.8

ISBN 978-7-01-016507-3

Ⅰ . ① 2… Ⅱ . ①王… ②中… Ⅲ . ①电子信息产业－产业发展－研究报告－

世界－ 2015-2016 Ⅳ . ① F49

中国版本图书馆 CIP 数据核字（2016）第 174753 号

2015-2016年世界电子信息产业发展蓝皮书
2015-2016NIAN SHIJIE DIANZI XINXI CHANYE FAZHAN LANPISHU

中国电子信息产业发展研究院　编著

王　鹏　主编

人 * 出 版 社 出版发行

（100706　北京市东城区隆福寺街 99 号）

北京市通州京华印刷制版厂印刷　新华书店经销

2016 年 8 月第 1 版　2016 年 8 月北京第 1 次印刷

开本：710 毫米 ×1000 毫米　1/16　印张：14.25

字数：230 千字

ISBN 978-7-01-016507-3　定价：69.00 元

邮购地址　100706　北京市东城区隆福寺街 99 号

人民东方图书销售中心　电话（010）65250042　65289539

代　序

在党中央、国务院的正确领导下，面对严峻复杂的国内外经济形势，我国制造业保持持续健康发展，实现了"十二五"的胜利收官。制造业的持续稳定发展，有力地支撑了我国综合实力和国际竞争力的显著提升，有力地支撑了人民生活水平的大幅改善提高。同时，也要看到，我国虽是制造业大国，但还不是制造强国，加快建设制造强国已成为今后一个时期我国制造业发展的核心任务。

"十三五"时期是我国制造业提质增效、由大变强的关键期。从国际看，新一轮科技革命和产业变革正在孕育兴起，制造业与互联网融合发展日益催生新业态新模式新产业，推动全球制造业发展进入一个深度调整、转型升级的新时期。从国内看，随着经济发展进入新常态，经济增速换挡、结构调整阵痛、动能转换困难相互交织，我国制造业发展也站到了爬坡过坎、由大变强新的历史起点上。必须紧紧抓住当前难得的战略机遇，深入贯彻落实新发展理念，加快推进制造业领域供给侧结构性改革，着力构建新型制造业体系，推动中国制造向中国创造转变、中国速度向中国质量转变、中国产品向中国品牌转变。

"十三五"规划纲要明确提出，要深入实施《中国制造2025》，促进制造业朝高端、智能、绿色、服务方向发展。这是指导今后五年我国制造业提质增效升级的行动纲领。我们要认真学习领会，切实抓好贯彻实施工作。

一是坚持创新驱动，把创新摆在制造业发展全局的核心位置。当前，我国制造业已由较长时期的两位数增长进入个位数增长阶段。在这个阶段，要突破自身发展瓶颈、解决深层次矛盾和问题，关键是要依靠科技创新转换发展动力。要加强关键核心技术研发，通过完善科技成果产业化的运行机制和激励机制，加快科技成果转化步伐。围绕制造业重大共性需求，加快建立以创新中心为核心载体、以公共服务平台和工程数据中心为重要支撑的制造业创新网络。深入推进制造业与互联网融合发展，打造制造企业互联网"双创"平台，推动互联网企业构建制造业"双创"服务体系，推动制造业焕发新活力。

二是坚持质量为先，把质量作为建设制造强国的关键内核。近年来，我国制造业质量水平的提高明显滞后于制造业规模的增长，既不能适应日益激烈的国际竞争的需要，也难以满足人民群众对高质量产品和服务的热切期盼。必须着力夯实质量发展基础，不断提升我国企业品牌价值和"中国制造"整体形象。以食品、药品等为重点，开展质量提升行动，加快国内质量安全标准与国际标准并轨，建立质量安全可追溯体系，倒逼企业提升产品质量。鼓励企业实施品牌战略，形成具有自主知识产权的名牌产品。着力培育一批具有国际影响力的品牌及一大批国内著名品牌。

三是坚持绿色发展，把可持续发展作为建设制造强国的重要着力点。绿色发展是破解资源、能源、环境瓶颈制约的关键所在，是实现制造业可持续发展的必由之路。建设制造强国，必须要全面推行绿色制造，走资源节约型和环境友好型发展道路。要强化企业的可持续发展理念和生态文明建设主体责任，引导企业加快绿色改造升级，积极推行低碳化、循环化和集约化生产，提高资源利用效率。通过政策、标准、法规倒逼企业加快淘汰落后产能，大幅降低能耗、物耗和水耗水平。构建绿色制造体系，开发绿色产品，建设绿色工厂，发展绿色园区，打造绿色供应链，壮大绿色企业，强化绿色监管，努力构建高效清洁、低碳循环的绿色制造体系。

四是坚持结构优化，把结构调整作为建设制造强国的突出重点。我国制造业大而不强的主要症结之一，就是结构性矛盾较为突出。要把调整优化产业结构作为推动制造业转型升级的主攻方向。聚焦制造业转型升级的关键环节，推广应用新技术、新工艺、新装备、新材料，提高传统产业发展的质量效益；加快发展3D打印、云计算、物联网、大数据等新兴产业，积极发展众包、众创、众筹等新业态新模式。支持有条件的企业"走出去"，通过多种途径培育一批具有跨国经营水平和品牌经营能力的大企业集团；完善中小微企业发展环境，促进大中小企业协调发展。综合考虑资源能源、环境容量、市场空间等因素，引导产业集聚发展，促进产业合理有序转移，调整优化产业空间布局。

五是坚持人才为本，把人才队伍作为建设制造强国的根本。新世纪以来，党和国家深入实施人才强国战略，制造业人才队伍建设取得了显著成绩。但也要看到，制造业人才结构性过剩与结构性短缺并存，高技能人才和领军人才紧缺，基础制造、高端制造技术领域人才不足等问题还很突出。必须把制造业人才发展摆在更加突出的战略位置，加大各类人才培养力度，建设制造业人才大军。以提高现代经营管理水平和企业竞争力为核心，造就一支职业素养好、市场意识强、熟悉国内外经济运行规则的经营管理人才队伍。组织实施先进制造卓越工程师培养计划和专业技术人才培养计划等，造就一支掌握先进制造技术的高素质的专业技术人才队伍。大力培育精益求精的工匠精神，造就一支技术精湛、爱岗敬业的高技能人才队伍。

"长风破浪会有时，直挂云帆济沧海"。2016 年是贯彻落实"十三五"规划的关键一年，也是实施《中国制造 2025》开局破题的关键一年。在错综复杂的经济形势面前，我们要坚定信念，砥砺前行，也要从国情出发，坚持分步实施、重点突破、务求实效，努力使中国制造攀上新的高峰！

工业和信息化部部长 苗圩

2016 年 6 月

前　言

　　2015年全球经济持续复苏，不均衡性成为全球经济复苏的显著特点。据国际货币基金组织（IMF）数据显示，2015年全球经济增速约为3.1%，发达国家经济增速为1.9%，其中，美国增速2.4%，欧盟增速1.9%，而日本增速只有0.5%；新兴经济体增速为4.0%，其中，印度、中国仍保持高速增长态势，南非、墨西哥保持稳步增长，而俄罗斯、巴西则出现不同程度下滑。为了加快经济复苏，美国、日本、欧盟等世界主要发达国家和地区都将电子信息产业作为重塑国家长期竞争力的先导产业，并出台了一系列推进政策措施。在一系列积极因素的影响下，2015年世界电子信息产业继续保持增长态势，产业规模稳步扩大，其中发达国家带动作用不断增强，新兴经济体仍是增长的主导力量。

　　值得关注的是，在过去60多年所积累的成果和经验基础上，世界信息技术创新浪潮持续涌现，人工智能、虚拟现实等新技术成为2015年亮点，交叉融合、群体突破、系统集成特征更加突出，集成电路、基础软件、计算机、通信网络、互联网应用等原有技术架构和发展模式不断被打破，创新周期不断缩短，泛在化、融合化、智能化和绿色化的趋势更加突出，尤其是信息技术与传统领域的融合持续深入，全球即将迎来新一轮产业革命。

一

　　当前，世界电子信息产业创新呈现多元化趋势，与各行业的融合发展向纵深演进，为产业发展提供了广阔的发展空间，但颠覆性创新仍在孕育之中，未来发展路径尚在探索，这使得世界电子信息产业面临着机遇与挑战并存的局面。总体而言，目前世界电子信息产业发展具备以下特点。

　　第一，新材料新技术新产品不断涌现，新一轮技术革命蓄势待发。新兴计算技术、工业智能系统、基于互联网的智能基础设施等成为2015年的技术创新焦点，随着制造技术节点的更新难度加大，企业纷纷在新材料和新工艺上寻求突破，石墨烯、碳纳米管等新材料逐步实现产业化应用，分子级晶体管、新型存储器、3D碳纳米管计算机芯片、柔性电路、超宽带技术等新技术、新产品持续突破涌现，正在为下一步计算模式变革、硬件产品革命乃至信息技术革命奠定基础。

第二，并购重组持续升温，市场格局面临重塑。2015年世界电子信息领域并购延续了2014年的火热势头，交易规模屡创新高，行业巨头通过并购重组加快业务整合和结构调整。一是扩大规模增强自身技术实力，如诺基亚收购阿尔卡特－朗讯；二是积极布局新兴领域，抢占未来发展先机，如谷歌收购Nest Labs、THRIVE Audio等。行业巨头通过并购重组以获得市场主导地位，对全球电子信息市场格局产生重大影响。

第三，信息技术与传统产业深度融合创新发展，新服务、新业态蓬勃发展。主要国家纷纷将信息技术和传统产业融合视为未来竞争的战略制高点，德国启动升级版的"工业4.0平台"意图主导推动第四次工业革命，日本发布的《2015年版制造白皮书》建议转型为利用大数据的"下一代"制造业，美国GE发布的《2015工业互联网观察报告》强调大数据分析在工业互联网中的作用，中国发布《中国制造2025》部署全面推进制造强国战略。在此推动下，以云计算、大数据、移动互联网等为代表的新一代信息技术与传统产业的融合不断深入，智能机器人、３Ｄ打印、智慧汽车等智能产业快速兴起，分享经济规模爆发式增长。

第四，竞争方式更趋深化，生态竞争成为焦点。信息技术创新成果不断融入产业跨界融合、全产业链整合的商业模式新体系中，产业生态系统日益成为全球产业竞争的焦点，各大企业纷纷围绕核心业务打造产业生态，强化市场竞争力。ARM通过开放基础架构技术授权构建了移动芯片产业生态系统，形成了以ARM为中心，覆盖300多家设计、1000多家制造、10多万种设备、100多万研发人员、10多亿用户的产业生态。视听产品技术架构、生产体系、产业链形态的IT化步伐不断深化，终端多屏融合、网络统一承载、内容共享复用的智慧家庭智能终端产业生态系统正加速形成。

第五，贸易摩擦愈演愈烈，知识产权纠纷不断。尽管电子信息产业全球化程度较高，但各国对于电子信息产业的贸易摩擦愈演愈烈态势没有改变，发达经济体频繁利用反补贴反倾销（双反）、国家安全等壁垒限制发展中国家产品出口，阻碍企业尤其是中国企业进行跨国并购。与此同时，随着技术创新步伐加快，各国以及各大企业纷纷加大对知识产权保护力度，国际间知识产权纠纷快速增长。

二

新一代信息技术体系化创新并与应用领域加速融合，正引发更广领域、更多维度的生产方式、产品形态、商业模式变革突破。展望2016年，世界电子信息产业在整体规模、核心技术、发展模式等方面的发展态势可归纳为以下几点：

一是电子信息产业规模不断扩大，新兴增长点不断涌现。在全球经济持续好转的大背景下，2016年世界电子信息产业规模有望继续扩大，保持在全球宏观经济中的重要地位。同时，随着人工智能、虚拟现实、智能感知等一批融合性新兴技术的加速发展，移动互联网、物联网、工业互联网等信息技术与传统领域的深度融合将进一步拓展产业发展空间，一批新的产业增长点将快速涌现。虚拟现实逐步走向主流，服务机器人日益普及，人工智能技术不断完善，3D打印机的实际用途拓展到更多产业。

二是技术创新不断加快，智能化成为主旋律。云计算、大数据等新兴技术的快速发展，人工智能逐步实现产品化，未来智能化将成为全球电子信息产业乃至全球经济的主旋律。智能手机尽管还将处于核心地位，但智能硬件、智能电视、可穿戴设备、智能家居等智能电子产品将成为产业发展热点。随着智能化的不断扩散和延伸，智能制造已经成为信息技术与传统制造业融合的制高点，智能汽车、智慧城市等新兴应用领域正在持续发展，智慧化将是下一阶段全球经济竞争的核心。

三是传统产业增速放缓，智能硬件发展进入新阶段。由于智能手机和平板电脑市场日趋饱和，传统智能终端出货量增速下降。2015年，全球智能手机出货量同比增速仅为10.3%，这一数字在2016年将跌至个位数。与之形成鲜明对比的是，各种形态的智能硬件产品一日千里，将成为产业增长的主要动力之一。当前可穿戴设备种类不断增加，并已开始得到消费者认可，虚拟现实技术逐步产业化也将对可穿戴市场产生深远的积极影响；智能电视技术进步和产品创新加快，超高清、激光投影、量子点、OLED、网络多媒体、新型人机交互、绿色节能等新技术深化发展，智能电视新产品持续涌现，催生新的消费热点。

四是互联网与制造业深度融合，加快电子信息制造业升级。云计算、大数据、移动互联网等新一代信息技术的快速发展，使得传统行业界限日益模糊，跨界、跨行成为企业创新的新战场。当前世界主要国家和地区大力推动的互联网与制造业深度融合，将进一步改变现有制造业的资源配置、生产模式、竞争格局，重塑产业组织和制造模式，催生大量新业态、新服务，加快制造业转型升级，在为电子信息制造业提供广阔发展空间的同时，也对电子信息制造业转型发展提出了新要求。

五是兼并重组进入新高度，企业竞争向深层次发展。当前，信息技术快速演进，新模式、新产品快速迭代，并购重组逐步成为企业生态体系建设、海外市场拓展、竞争态势转变的重要手段。一方面，通过并购重组等方式抢占产业链的控制地位，扩大业务规模。另一方面，通过兼并重组形成了一个完备的生态系统或生态圈。2016年，全球电子信息产业技术创新步伐不断加快，市场竞争更趋激烈，企业竞争向生态竞争深层次发展，因此更多企业将加入并购重组行列，积极打造竞争新优势。

三

基于对上述思考，赛迪智库研究编撰了《2015—2016年世界电子信息产业发展蓝皮书》。本书从推动产业进一步发展的角度出发，系统剖析了世界电子信息产业发展的特点与问题，并根据当年产业发展情况，对产业运行、行业特征、重点区域和企业近况进行了全面阐述与展望。全书分为综合篇、热点篇、行业篇、区域篇、企业篇和展望篇共6个部分。

综合篇，从2015年世界电子信息产业规模、细分领域和主要国家发展情况等角度进行归纳总结。

热点篇，总结论述了2015年世界电子信息产业的热点事件，并对事件做出评析。

行业篇，选取计算机、通信设备、家用视听设备、集成电路、平板显示、太阳能光伏、LED等重点行业进行专题分析，对各重点行业及细分领域在2015年的发展情况进行回顾，并总结了2015年各行业的发展特点。

区域篇，根据世界电子信息产业发展态势，选取美国、欧洲、日本、韩国、中国、中国台湾等重点国家和地区，对各区域的整体发展情况、产业发展特点、主要行业发展情况展开分析。

企业篇，依托于行业篇选取的重点行业，在每个行业选取经营规模、技术水平、核心竞争力居于前列、发展模式具有代表性或独具特色的企业展开研究，主要介绍企业在2015年的总体发展情况和发展策略。

展望篇，综述主要研究机构对2016年世界电子信息产业发展的预测性观点，对世界电子信息产业2016年整体运行情况做出展望与预测，并同时展望了行业篇选取的重点行业的2016年发展态势。

目前，全球电子信息技术创新势头不减，促进了研发设计活动不断加快、资源配置不断优化、生产组织模式不断变革、市场体系不断完善。信息技术向泛在、融合、智能和绿色方向发展，网络通信、计算、软件、服务领域出现群体性突破，电子信息产业的颠覆性创新效应正在重塑全球经济发展新格局。深入了解世界电子信息产业的发展动态，把握电子信息各细分领域发展特点，厘清主要国家电子信息产业发展动向，将有助于我们跟踪新情况、把握新趋势、思考新问题，准确判断并抓住发展的转折点和制高点，在产业转型升级的过程中创造出新的竞争力，开启电子信息产业发展的新篇章。

工业和信息化部电子信息司司长 于某

目 录

区 域 篇

企 业 篇

展 望 篇

综合篇

第一章 2015年世界电子信息产业发展状况

第一节 产业规模

2015年，世界电子信息产业整体增长平稳，新兴经济体表现突出。全球市场规模约为2.1万亿美元，同比增长4%。从区域发展格局看，亚洲和其他新兴经济体市场份额继续保持稳定增长，美、欧、日等发达国家市场份额微弱下降，新兴国家市场全球增长引擎作用进一步凸显。从整体发展来看，全球电子信息产业发展特点可以概括为以下几个方面。

技术创新加快，服务化趋势明显。美国、欧盟和日本等都将新一代信息技术开发和应用作为新兴产业来重点发展。工业智能系统、先进通信技术、基于互联网的智能基础设施等成为2015年的焦点。个性化、定制化、以用户体验为核心的信息技术服务成为ICT巨头企业转型的重要方向。

并购重组加速，助力竞争格局重塑。2015年，在全球经济普遍低迷的不利态势下，并购交易却异常火爆，成为自2007年以来增长势头最为强劲的一年。在信息技术快速演进，新模式、新产品快速迭代的电子信息领域，并购重组成为企业生态体系建设、海外市场拓展、竞争态势转变的重要手段。通过并购提高规模效益，实现产品线之间的互补，对业务进行全面整合，提供一站式服务，成为未来一段时期全球电子信息产业发展的重要方向。大企业通过并购、重组等方式抢占产业链上游的控制地位，在扩大业务规模的同时，还可以利用专利收购打击或反制竞争对手。

企业竞争向生态竞争深层次发展。跨国企业之间的竞争延伸到整个产业链和商业模式的竞争，形成了一个完备的生态系统或生态圈。生产性服务业贯穿于电子信息产业的生产、流通、分配、消费环节，极大提高了生产过程不同阶段产出价值和运行效率。

第二节　细分领域发展情况

计算机。个人计算机方面，2015 年全球 PC 出货量为 2.887 亿台，同比萎缩 8%。其中，笔记本电脑出货量约为 1.644 亿台，年衰退幅度达 6.3%。全球个人电脑市场集中化继续加剧。2015 年，六大企业占据的市场份额高达 73.1%，高于 2014 年的 70.4%。联想出现了连续三个季度的出货量减少，但由于其萎缩幅度低于行业平均水平，因此其行业领先的优势地位继续扩大。从市场份额看，联想排名第一，占 19.8%，惠普和戴尔以 18.2% 和 13.6% 分居第二、三名。苹果是唯一一家实现出货量增长的企业，其第四季度 PC 出货量为 568 万台，同比小幅增长了 2.8%。在商务市场，Windows10 操作系统虽然获得广泛好评，但由于大多数企业仍然在对系统进行测试，大规模购买新电脑的市场行为还需时日，因此新系统并未能全面激活企业电脑市场。在服务器方面，2015 年前三季度全球服务器市场营收达到 397 亿美元，季度同比增长分别为 17.2%、6.1% 和 5.1%，服务器市场增长由软件定义，分类系统和网络边缘部署的物联网运算共同推进。

表 1-1　2015 年 Q3 全球服务器系统厂商营收排名

Vendor	3Q15 Revenue（＄M）	3Q15 Market Share	3Q14 Revenue（＄M）	3Q14 Market Share	3Q15/3Q14 Revenue Growth
1.HP	＄3681.2	27.5%	＄3378.4	26.5%	9.0%
2.Dell	＄2431.1	18.1%	＄2265.9	17.8%	7.3%
3.IBM	＄1287.6	9.6%	＄2323.7	18.2%	-44.6%
4.Lenovo	＄1052.1	7.8%	＄165.4	1.3%	536.1%
5.Cisoo	＄885.6	6.6%	＄785.7	6.2%	12.7%
ODM Direct	＄1210.0	9.0%	＄1129.5	8.9%	7.1%
Others	＄2857.8	21.3%	＄2706.3	21.2%	5.6%
Total	＄13,405	100%	＄12,755	100%	5.1%

资料来源：IDC 全球服务器市场季度追踪报告，2015 年 12 月。

智能手机。TrendForce 的报告显示，2015 年全球智能手机销量达到 12.92 亿部，同比增长 10.3%。增速大幅放缓。三星继续保持头号智能手机生产商的头衔，但出货量仅较前一年增长 2% 至 3.25 亿部，在全球智能手机上的市场份额为 21.4%，高于 2014 年的 19.9%。苹果位居第二，全年出货量为 2.315 亿部，增长 20%，在全球智能手机市场上的份额为 16.2%，较前一年的 14.8% 有所提高。中国智能手机制造商在 2015 年实现了巨大跨越，总出货量达到 5.39 亿部。

家用视听。2015 年以电视为主体的全球家用视听产业虽然规模持续扩大，技术创新活跃度继续提升，但增速有所放缓。据 TrendForce 旗下光电事业处 WitsView 最新数据显示，2015 年全球液晶电视总出货量为 2.15 亿台，同比衰退 0.6%，是继 2013 年后，再一次呈现液晶电视年度出货负成长的一年。其中三星、乐金电子、TCL、海信与索尼位列前五。在显示技术方面，2015 年依然延续了 2014 年的多元化发展态势，OLED、ULED、量子点、激光显示、裸眼 3D、8K 电视等新型显示技术"百花齐放"。特别是在 OLED 电视领域，随着三星的回归以及中国彩电厂商的加入和大力推动，2015 年成为 OLED "启动元年"。除此之外，4K 电视、智能电视的渗透率持续提升，成为彩电更新换代的重要推动力和着力点。

光伏产业。2015 年，全球多晶硅产量预计达到 34 万吨，同比增长 12.6%；硅片产量增至 61GW，同比增长 23%；电池产量达到 60GW，同比增长约 19.3%；组件产量达 60GW，同比增长 15.4%；新增光伏装机量预计达到 55GW，同比增长 27.9%，其中光伏装机量主要来自中国、美国、日本及新兴市场。另外，据 PV-Tech 报道截至 2015 年 10 月底，全球光伏企业已宣布新的产能扩张累计达 23.8GW，其中包括薄膜（3.1GW）、晶硅太阳能电池（6.9GW）、组件装配（6.2GW）以及计划的一体化电池 / 组件扩张（6.3GW）。

第三节　全球研发支出保持增长态势

根据普华永道战略咨询业务部门思略特（Strategy&）发布的《2015 年全球创新 1000 强：创新的全球新秩序》的报告显示，2015 财年（截至 2015 年 6 月 30 日），全球创新 1000 强的研发支出为 6800 亿美元，同比增长 5.1%，创下自 2012 年以来的最大增幅。

从行业层面看，计算机与电子、医疗和汽车位列研发支出前三甲，而软件与互联网行业的同比增幅最大（27%），位列第四位。其中计算机与电子行业研发支出虽然最多，但颓势已然显现，2015年计算机与电子行业的研发支出为1664亿美元，占全球研发总支出的24.4%，但出现了0.7%的负增长。而医疗行业研发正快速赶上，有望在2019年成为研发支出最多的行业。在计算机与电子行业，中国位列2015年计算机与电子行业研发支出第一位，印度取代美国（10%）成为第二。

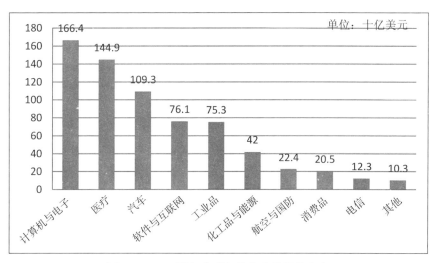

图1-1 2015财年全球各行业企业研发支出

资料来源：普华永道战略咨询业务部门思略特（Strategy&）。

从地区及国家层面看，亚洲成为企业研发支出最多的地区，而欧洲则落至第三位。2015财年，亚洲企业研发支出占35%，超过北美（33%）和欧洲（28%）。亚洲研发支出的快速增长主要是由于企业更看好新兴市场，希望能够更大幅度地降低生产成本以及更贴近供应商。美国依然是全球最大的研发支出国。2015财年，美国的研发支出达到1450亿美元，占全球的21%。虽然美国的研发支出不断增加，但由于其他国家在研发总支出中的占比不断扩大，导致其领先优势不断缩小。

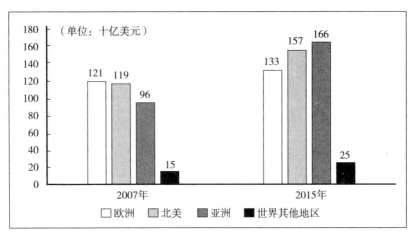

图1-2　2007与2015年全球各地区研发支出变化情况

资料来源：普华永道战略咨询业务部门思略特（Strategy&）。

从企业层面看，2015财年，大众、三星、英特尔、微软和罗氏继续保持全球研发支出前五名。前20强中医疗企业占据8席，计算机与电子、软件和互联网企业共占据7席，汽车企业占5席。与2014年比较，谷歌、亚马逊、辉瑞及思科排名上升，而丰田、诺华、强生、通用汽车、默克排名下降。苹果首次入围全球研发支出20强，但其研发支出占收入的比重只有3.3%，远低于榜单中其他19家企业的均值12.5%。

表 1-2　2015 年全球企业研发支出 20 强

排名	企业	与2014年相比排名变化	行业	2015年研发支出（十亿美元）	强度（研发支出占收入比例）
1	大众		汽车	15.33	5.7%
2	三星		计算机与电子	14.1	7.2%
3	英特尔		计算机与电子	11.5	20.6%
4	微软		软件与互联网	11.4	13.1%
5	罗氏		医疗	10.8	20.8%
6	谷歌	↑	软件与互联网	9.8	14.9%
7	亚马逊	↑	软件与互联网	9.3	10.4%
8	丰田	↓	汽车	9.2	3.7%
9	诺华	↓	医疗	9.1	17.3%
10	强生	↓	医疗	8.5	11.4%

（续表）

排名	企业	与2014年相比排名变化	行业	2015年研发支出（十亿美元）	强度（研发支出占收入比例）
11	辉瑞	↑	医疗	8.4	16.9%
12	戴姆勒		汽车	7.6	4.4%
13	通用汽车	↓	汽车	7.4	4.7%
14	默克	↓	医疗	7.2	17.0%
15	福特		汽车	6.9	4.8%
16	赛诺华		医疗	6.4	14.1%
17	思科	↑	计算机与电子	6.3	13.4%
18	苹果	新上榜	计算机与电子	6	3.3%
19	葛兰素史克		医疗	5.7	15.0%
20	阿斯利康	新上榜	医疗	5.6	21.4%

资料来源：普华永道战略咨询业务部门思略特（Strategy&）。

第四节　主要国家发展状况

美国。2015 年，美国科技公司的 IPO 热潮正在降温。科技公司在美股市场公开募集金额共 95 亿美元，比 2014 年的 408 亿美元同比降低了 76.7%。IPO 公司的数量也从 2014 年的 62 家下降到 29 家。据市场研究公司复兴资本的数据显示，美股科技公司 IPO 数量正降至近 7 年来最低水平。2015 年，美国股市只有 11% 的 IPO 来自科技公司，创下自 2008 年以来的最低水平。在 2015 年 10 月出版的《美国国家创新战略》中提出了联邦政府将打造三大创新领域，分别是：创新生态环境基础要素、推动私营部门创新、打造创新者国家，同时确定了九大优先发展领域：卫生保健、先进汽车、精密医疗、大脑计划、教育技术、智慧城市、清洁能源与节能技术、太空探索和高性能计算。另外，技术创新、网络安全、云计算、移动互联网等成为国家重点推动发展的领域。在医疗健康方面，精准医疗受到重视，将在未来 3 到 4 年内政府将为精准医疗提供 2.15 亿美元的资金用于加强研发和科技成果转化。

英国。据英国杂志《制造商》（*The Manufacturer*）发布的英国制造业 2015 年年报资料显示，英国 2015 年 ICT 产业投资情况较近几年来有所改善。在经历了几年的停滞之后，2015 年 ICT 企业又开始为 ICT 基础设施的升级换代加大投入。同时大部分企业对于产品改良的重视程度明显提升。在智能家居方面，据市场研究机构 Strategy Analytics 公布的数据显示，2015 年英国拥有智能家居系统的家庭数量由 2014 年的 307 万户增至 400 万户，同比增长 30%，占全国家庭总数的 14%，这些家庭平均花费 256 英镑（约合人民币 2474 元）用于实现家居智能，已形成 9.4 亿英镑的市场规模。在智能交通领域，2015 年 2 月，英国交通部宣布允许进行无人驾驶汽车实际道路测试，英国因此成为欧洲批准无人驾驶汽车道路测试的第一个国家。为了取得先发优势，英国政府先后在格林尼治等 4 座城市投入 1900 万英镑用于资助道路测试。在英国 3 月份公布的核心科学年度预算中，无人驾驶汽车技术研发领域获 1 亿英镑，物联网研发获得 4000 万英镑。

法国。2015 年 5 月，法国推出"未来工业"战略，主要目标是建立更具竞争力的法国工业。自 2013 年 9 月 12 日，法国公布"工业新法国"计划后，法国在清洁能源、交通可持续发展领域已取得丰硕成果：第一架全电能飞机在 2014 年 4 月 28 日首飞；每百公里耗油仅 2 升的节能汽车研发工作正着手进行，预计到 2020 年实现商业化。建成拥有 16000 多个充电点的欧洲第一个充电停车场。"未来工业"战略把可持续发展城市、新型物流、新型能源、未来医疗、生态出行和未来交通、数据经济、智慧物体、数字安全和智慧饮食等九个信息化项目作为发展重点，旨在通过信息技术促进工业转型升级。2015 年，法国的电子商务发展十分迅猛，其中第二季度同比增速为 16%，是近三年以来的最高值，未来发展前景也十分广阔。

德国。2015 年，德国的研发经费预算高达 149 亿欧元，比 2005 年增长了 72%。生命科学、智能汽车、新能源、网络安全及数字化经济和社会研究等成为研发经费重点投入领域。通过对这些领域的重点支持，争取把德国打造成为欧洲技术和创新的领军国家。事实证明，研发投入的增加极大促进了德国创新能力的增强：据欧盟委员会发表的"2015 年创新联盟排行榜"，前 10 位最具创新能力企业中德国企业占了 5 席。2015 年，德国还推行了诸多增强创新能力及综合竞争力的计划：如"能源转型的哥白尼克斯计划"、IT 安全研究计划以及建立新的工业 4.0 合作平台等。

加拿大。2015 年 4 月，加拿大政府推出了"2015 经济行动计划"（EAP2015）。

该计划包括：向制造企业提供 10 年的税收激励，以鼓励其增加投资；提供高达 1 亿加元的资金推行"汽车零部件创新计划"，以支持新产品研发；为加拿大创新基金会追加 13.3 亿加元，支持世界级技术研究；为打造更高效的全国性数字基础设施，为加拿大世界级高速网络研究和教育网络提供 1.05 亿加元资金，。

日本。2015 年 1—10 月，日本电子信息产业产值维持在平均每月 1.036 万亿日元。1—9 月，日本电子信息产品进口额维持在每月 9104.18 亿日元。电子元器件依旧是其优势产业。消费电子设备受中国、美国等移动终端企业冲击，增速放缓。另据 JEITA（日本电子信息技术产业协会）预测，到 2015 年底，JEITA 会员企业全球产值将比上年增长 7%，达到 42.8 万亿日元。2015 年日本的电子工业产值将比上年增长 7%，为 12.6 万亿日元。

第五节　互联网科技企业品牌竞争力持续增强

2015 年 10 月，品牌咨询机构 Interbrand 发布了 2015 年全球品牌价值排行榜（Interbrand's Best Global Brands 2015）。在榜单所列出的 100 家公司中，科技公司占了 28 家，占比达到三分之一，从品牌价值层面上来看，占比也超过了三分之一，且苹果和谷歌连续三年占据排行榜前两位。这份榜单意味着互联网科技公司品牌价值度相比于其他行业而言价值更高。进入该榜单前十的品牌还有可口可乐、微软、IBM、丰田汽车、三星电子、通用电气、麦当劳和亚马逊。其他上榜的科技公司还有英特尔（第 14）、思科（第 15）、甲骨文（第 16）、惠普（第 18）、Facebook（第 23）等。其中，Facebook 从 29 位提升至 23 位，上升幅度最大。两家中国企业华为（88）和联想（100 位）榜上有名。

表 1-3　2015 年全球品牌排行榜 top20

公司	排名	品牌价值（亿美元）	价值变化
苹果	1	1702.7	+43%
谷歌	2	1203.1	+12%
可口可乐	3	784.2	-4%
微软	4	676.7	+11%
IBM	5	650.9	-10%
丰田	6	490.4	+16%
三星	7	452.9	0%

（续表）

公司	排名	品牌价值（亿美元）	价值变化
通用	8	422.6	−7%
麦当劳	9	398	−6%
亚马逊	10	379.4	+29%
宝马		372.1	+9%
梅赛德斯–奔驰	12	367.1	+7%
迪斯尼	13	365.1	+3%
英特尔	14	351.4	+4%
思科	15	298.5	−3%
甲骨文	16	272.8	+5%
耐克	17	230.7	+16%
惠普	18	230.5	−3%
本田	19	229.7	+6%
路易威登	20	222.5	−1%

资料来源：品牌咨询机构 Interbrand。

就互联网科技企业来说，通过与此前 Interbrand 发布的全球品牌榜单排名对比发现存在如下变化：第一，互联网科技公司的品牌价值逐年上升。以苹果公司为例，苹果公司 2011 年排名第 8，2012 年上升到第 2 位，其后则一直稳居榜首。公司品牌价值也从 2011 年的 334.9 亿美元，增长到 2015 年的 1702.76 亿美元，年均增长率为 55.8%。第二，互联网科技公司在榜单排名中比较靠前。榜单的前五名除了可口可乐之外，其余全部是科技公司，分别是苹果公司、Google、微软、IBM。在排名前十的公司中，科技公司占 70%，排名前 20 位中科技公司也占了半数以上。第三，榜单中互联网科技公司数量显著增长。2013 年上榜的互联网科技公司有 15 家，2015 年互联网科技公司数量增至 28 家，增幅达 87%。

表 1–4　2011—2015 年苹果公司品牌价值排行变化情况

时间	排名	品牌价值（亿美元）	同比增长
2011年	17	334.9	58%
2012年	2	765.7	129%
2013年	1	983	28%
2014年	1	1188.63	21%
2015年	1	1702.76	43%

资料来源：品牌咨询机构 Interbrand。

由于 Interbrand 的评定主要基于品牌产品或服务的财务表现、品牌在影响消费者选择的能力和品牌在控制溢价或公司安全盈利方面的实力。由此可以看出互联网科技公司的快速崛起主要是由于：第一，互联网科技公司的盈利能力持续提升。以谷歌为例，2015 年 8 月，谷歌公司第二季度财报显示，当季营收 177 亿美元，同比增长 11%，实现利润 39.3 亿美元，高于去年同期的 33.5 亿美元。而据苹果公司第三财季财报显示，第三财季利润达到 106.8 亿美元，比上年同期增长 35%。第二，互联网科技公司的科技创新能力显著增强。在智能化、网络化、移动化、数字化时代，极具创新精神的互联网科技公司优势凸显。

热 点 篇

第二章　2015年世界电子信息产业热点事件

第一节　安华高收购博通

一、事件背景

2015 年 5 月 28 日，半导体公司安华高和博通公司共同宣布双方达成最终协议，安华高将以总计约 370 亿美元的现金和股票收购博通，成为全球半导体行业历史上最大规模的一桩并购案。此次收购是安华高继 2014 年收购存储芯片企业 LSI、PCI 连线企业 PLX、企业级存储器企业 Emulex 后，又一次大手笔的投资。研究此次并购的内外在因素及影响，希望对我国集成电路产业发展有所裨益。

芯片市场逐渐走向成熟，企业竞争压力逐渐增大。近几年，随着通信设备领域的高速增长，芯片市场逐渐走向成熟，一度高速增长的芯片企业营收增速逐渐放缓。激烈的市场竞争导致产品毛利率逐年下降，很多企业利润逐年减少甚至出现亏损，使得部分企业的股东产生出售企业或拆分相关业务部门的意愿。很多企业希望通过兼并重组不断扩大产品和服务，寻找业务增长点以提升市场竞争力。同时技术的发展使得单一芯片上可以整合更多的功能，研发新功能势必造成设计和生产成本的攀升，使得整合各公司原有技术并推出功能更强的芯片产品成为企业在竞争中常用的一种手段。在此背景下，近年来半导体行业的并购事件层出不穷，且并购金额屡创新高。

安华高凭借财税优势连续并购，使得公司市值大涨。安华高原为安捷伦的半导体事业部，在 2005 年被私募股权投资机构 Silver Lake Partners 和 KKR 收购后在美国纳斯达克上市。安华高的股东背景为其提供了强大的资本运作能力，近几年通过一系列并购完善了其企业存储与通信基建市场，市值也大幅提升。由于其注册地新加坡的低税率，手握大量现金的安华高在 2013 年花费 66 亿美金收购芯片供应商 LSI，2014 年又以约 3 亿美元收购 PLX，2015 年宣布以 6.06 亿美元现金收购 Emulex。得益于连续的收购行为以及其在一些基础通信组件领域的强大地位，安华高的股价在过去两年间已上涨四倍，此次收购博通前，安华高的市值已超过 340 亿美元。

博通营收增速放缓，亟待降低成本寻求转型。博通作为一家专业的通信芯片企业，主营以太网设备，手机和电脑的无线网芯片以及宽带互联网接入的调制解调器等。高通的一家独大使得博通在竞争中处于劣势，导致其营收增速不断下滑，2014 年公司营收 84.3 亿美元，同比仅增长 1.6%，远低于高通 7.0% 的增长率。加之摩尔定律的发展遭遇技术瓶颈，博通创始人对硅工艺技术的后续发展缺乏信心，导致其萌生了退出数字芯片业的想法。市场的激烈竞争以及研发成本的不断攀升，尤其是博通在移动基带市场的失利，加速催生了此次出售整合的意向。

安华高收购博通案自开始谈判到达成协议，历时较短，主要分为三个阶段。

——收购准备阶段（2015 年 1 月—2015 年 3 月）。安华高和多家银行谈好融资协议，准备把资金作为并购之用，开始寻找潜在的收购标的。

——收购谈判阶段（2015 年 4 月—2015 年 5 月）。安华高 4 月得知博通有出售意向后，即开始接触并进行初步谈判。5 月 27 日并购交易已经进入后期谈判阶段。参与竞购的企业还有英特尔等，安华高最终因价格和谈判条件得以胜出。

——收购协议达成阶段（2015 年 5 月）。双方于 5 月 28 日正式达成合并协议，安华高将以 370 亿美元收购博通全部股权，成为芯片行业迄今为止规模最大的并购交易。安华高向博通股东支付 170 亿美元现金，外加约 1.4 亿股安华高股票，博通原股东总计将持有新公司 32% 的股份，新公司将更名为博通有限（Broadcom Limited），总部位于新加坡，并由安华高的首席执行官担任新公司 CEO。

目前此次收购交易已经获得双方各自董事会的一致通过，但尚需经过主管机关以及双方各自股东大会的批准。合并预计于 2016 年第一季度末结束，预计在未来 18 个月内将能够节省 7.5 亿美元的成本。整合后的公司预计年营收将达到 150 亿美元，而且新公司的企业价值将达到 770 亿美元。由于安华高产品市场面向无线通信、企业存储、有线网络基础设施以及工业，而博通在基础通信设备业务领域拥有较高的市场份额，两家公司合并后可形成更广泛的产品线，成为一家在多种类型的通信芯片有主导市场地位的企业。

二、事件评析

此案说明半导体企业的并购策略将从竞争性收购转向"延伸产品线"。2009年以后,全球半导体行业的增长速度逐渐放缓,研发投入和资本支出逐年递增,并购整合成为企业扩大领先优势最直接的手段。一是半导体企业需要通过延伸产品线来提供尽可能完整的解决方案,提升公司的竞争优势,如模拟芯片厂恩智浦并购MCU企业飞思卡尔,打通了汽车芯片从界面到引擎控制的全产业链。二是通过并购实现产品互补,打造完备的产品线。安华高拥有的功率放大器(PA)、前端射频模组和光通信方案,再结合博通如乙太网路交换器、实体层(PHY Layer)等后端网路协定和终端网路IC,合并后,新公司即掌握网路架构前后端晶片的解决方案,可以提供网通客户一站购足与整合方案服务,将成为联发科、高通(Qualcomm)未来在网路晶片市场的劲敌。再如,安华高拥有企业级存储和传输模拟产品,博通公司提供完整的家庭联网方案,两者将通过产品互补打造云端存储的物联网解决方案。三是产品线的扩大有助于企业多元化产品类别,进一步减少对成熟市场的依赖,增强企业规模效应,如CPU芯片巨头英特尔收购FPGA厂商Altera。

此案为我国提供了一种典型的"以小搏大"的资本运作模式。安华高对LSI和博通"以小搏大"的收购充分体现了资本运作的成果,一是私募基金Silver Lake Partners和KKR的强力支持为安华高募集高额资金提供保障,安华高用于收购的资金通常来自新公司的现金资产、银行的融资以及基金投资,其中基金的优先股权投资保证了资金链的相对稳定。二是安华高通常以高溢价现金收益以及整合后的公司股票吸引被收购公司股东,加上其具备良好的实体业务,股价上涨预期明显,收购行为通常受到投资者的广泛支持。三是安华高的互补收购策略能够方便地保留或剥离某些产品业务,保障了技术团队的整体性。

此案的基金并购经验对我国大基金运作有重要的借鉴意义。Silver Lake Partners和KKR等私募基金依托安华高陆续发动过多起引发业界关注的重大并购案,其成功经验值得我国大基金投资借鉴。一是找准并购载体,基于公司核心业务选择并购对象,并主动向其发出收购要约,以通过并购获取关键技术和知识产权。二是对收购金额较大的项目,发挥基金的杠杆效应,吸引银行、其他基金公司等金融机构以及个人投资者跟投,为并购提供稳定资金来源的同时分散投资风险。三是对实施并购的行为应全盘考虑,对收购对象整合过程中保留互补性核心业务，将不符合公司战略的业务部门分拆出售给国内其他企业，增强企业并购后的稳定性。

第二节 诺基亚收购阿尔卡特—朗讯案

2015 年 4 月 15 日，诺基亚宣布以 156 亿欧元（约合 166 亿美元）的价格全资收购本为竞争对手的电信设备商阿尔卡特—朗讯（以下简称"阿朗"），该交易预计将在 2016 年上半年完成。并购阿朗是诺基亚专注于电信设备领域战略选择的进一步深化，按照上年财报计算，合并后的新公司将跃居电信设备领域全球市场第二的位置，仅次于我国华为。但有观点认为此举是迫不得已的"弱弱联合"，对全球电信设备市场格局影响有限。

一、事件背景

多轮战略转型之后，诺基亚专注于发展电信设备业务。追溯历史，2006 年 6 月，诺基亚与西门子宣布将两家公司的电信设备业务合并，双方各自出资 50% 成立诺基亚西门子网络公司，总交易金额高达 250 亿欧元。2009 年，诺基亚西门子为进入美国市场曾试图收购北电的 CDMA 业务。2011 年 4 月，诺基亚西门子成功并购摩托罗拉的无线设备部门；同年 11 月，诺基亚西门子宣布裁员 17000 人，战略重点转至移动宽带和通信服务领域。2013 年 7 月，诺基亚斥资 17 亿欧元全盘收购西门子持有的诺基亚西门子公司 50% 的股份；同年 9 月，诺基亚向微软公司出售旗下的手机业务，交易金额达到 54.4 亿欧元。在出售掉手机业务之后，诺基亚希望成为一家专注于通信设备领域发展的公司，并一直在寻求机会壮大规模。

业务持续性亏损，阿朗陷入发展低迷期。2006 年 12 月，法国阿尔卡特与美国朗讯科技正式合并成立阿尔卡特—朗讯，成为当时仅次于思科的第二大电信设备商。随后，该公司一直在不断重组和资产出售中摇摆不定。受业务持续不景气影响，阿朗于 2013 年 6 月推出企业转型计划，集中力量发展网络基础设施和云计算。2013 年 10 月，阿朗宣布裁员 1.5 万人，约占总员工数的 15%，2013 年、2014 年分别亏损 13 亿和 33.9 亿欧元。连续多年的财政赤字使公司发展严重受阻。

从 2014 年度通信设备领域全球前五大公司财报看，仅我国华为和中兴取得一定增长，爱立信、诺基亚和阿朗均表现逊色。其中，华为在欧洲市场的开拓，直接削弱了阿朗等欧洲本土企业的份额。当前，全球前五大电信设商主要分为三大阵营，其中，华为和爱立信属于第一阵营，阿朗和诺基亚属于第二阵营，中兴通讯属于第三阵营。面对电信设备市场仍处寒冬的境况和日趋激烈的竞争态势，诺基亚不得不与阿朗合并以进入第一阵营，抵挡华为和爱立信带来的生存压力，以及中兴通讯的赶超。

二、事件评析

从企业规模看，合并后的诺基亚将拥有超过11万名员工，包括4万名研发人员和通信设备领域的大量专利。按合并后的收入计算，2014年新公司营收高达295亿美元，仅次于华为，略高于爱立信，三家公司规模相当、势均力敌。

从市场份额看，目前诺基亚在无线网络设备市场的份额为17%，阿朗为10%，二者合并后成为仅次于爱立信的全球第二大无线网络设备公司。据诺基亚估计，2015年后合并公司的目标市场将比当前诺基亚单独的目标市场扩大约50%，从大约840亿欧元增至约1300亿欧元。预计2014年至2019年间，新公司的年均复合增长率为3.5%左右。

从竞争优势看，尽管双方在无线网络产品上有重叠，但阿朗的光网络和IP网络设备很好地弥补了诺基亚在固定网络上的短板。双方认为，两家公司在产品组合和市场区域等领域互补性强，尤其在美国、欧洲和亚太地区实力强劲。同时，在美日韩市场，由于中国厂商缺席，加上运营商需要至少三家合作伙伴，将大大降低行业竞争烈度，新公司将获得更多机会。

从业务发展看，合并后的新公司将专注于向电信运营商出售设备、软件和服务。新公司将集中阿朗旗下贝尔实验室、诺基亚FutureWorks和诺基亚技术公司这三方优势，重点推动5G、IP、软件定义网络（SDN）、云计算、数据分析以及传感和成像技术等新型技术的发展。新公司还将大力整合业务，包括优化组织结构，整合交叉的产品和服务、中央职能以及地区和销售组织，削减涉及不动产、制造和供应链、信息技术以及整体一般性开支和行政管理开支等。阿朗的GSM-WCDMA-LTE产品线或将解散，上万员工可能被裁。合并后的诺基亚或将出售旗下三大核心业务之一的地图业务。

从对全球电信市场影响看，诺基亚与阿朗的"弱弱联合"，难以撼动华为、爱立信和中兴在电信设备市场的稳固份额。考虑到华为年均增长率高达20%，加上我国大市场的独特优势，未来仍将保持电信设备领域全球第一位置。当前，4G方面，美日韩已过建设高峰期，欧洲、中国可能会延续两年，亚非拉地区的需求参差不齐，而5G尚需要3—5年才能启动。合并后的诺基亚虽然实力得到一定增强，但在5G方面已落后于华为、爱立信和中兴。尽管阿朗在美国市场占据主流地位，并购阿朗使得诺基亚成功拿下了美国市场，但目前电信设备市场正加快向新兴市场转移，此次并购难以对整体市场带来大的影响。

从对我国电信企业启示看，诺基亚和阿朗都曾是全球响当当的"一流品牌"，但仅仅几年时间，就迅速沦落到被迫出售企业核心业务、寻求并购整合的境地。陶醉于既有市场，产业定位不合需求、技术产品演进缓慢、生态体系封闭保守是导致其衰败的主要原因。两家公司的发展轨迹给同行带来了重要启示，我国信息技术龙头企业不仅要思考如何发展，也要考虑如何吸取教训、避免陷入危机。为此，应坚持用户为先，深入了解和把握用户需求；应加强技术产品创新，在5G等新技术领域进行前瞻布局；应坚持开放思维，打造开放的生态体系，汇聚全球产业资源，推动企业自身的持续快速发展。

第三节　日本三洋退出家电业务

2015年3月31日，三洋（SANYO）电机日本国内最后一个子公司——三洋鸟取技术解决方案公司转让正式生效，这也意味着曾经的家电巨头日本三洋彻底退出历史舞台。鼎盛时期三洋的年销售额过千亿人民币，股价远高于松下、东芝等竞争对手，一度成为三星、海尔等家电企业的效仿对象。但是在面临市场需求变化的时候，三洋却没有做好业务的转型，在扩大生产规模时忽略了创新，以至于最终黯然退场，这为我国企业的业务转型和创新发展提供了借鉴和警示。

一、事件背景

家电行业不断发生着日新月异的变化。随着显示、节能、互联网等技术的不断进步，家电行业正在发生着巨大的变化。家电的人机互动性增强，更加注重智能化和节能环保。电视机经过十几年已经从CRT走向LCD、LED，从高清、全高清到4K超高清以及3D显示，屏幕更大、更薄，重要的是电视已经由一个视频终端变成了娱乐工具，上网、游戏、支付、互动，实现与电脑、手机等其他终端的互联互通。数码相机的出现让菲林成为过去，而智能手机的应用又不断蚕食数码相机的市场，洗碗机、扫地机器人、空气净化器等家电随着市场的需求应运而生，改变着用户的生活习惯……这一切都发生在短短十年间，而现在，随着移动互联网改变着各个行业，家电行业会有更多的新技术应用、功能创新出现，甚至带来了销售模式、物流平台和售后服务的创新。

传统优势企业和畅销产品纷走下神坛。历经十几年时间，很多家电和通信领域的产品正在淡出我们的视野，比如胶卷、传呼机、录音机、随身听、大哥大、CRT 电视机等，同时，柯达、诺基亚、摩托罗拉、三洋等企业从行业领头羊变成跟随者甚至被市场淘汰。这些企业有的是因为没有跟上技术进步的步伐，有的是因为没有准确判断市场需求的变化，出现了市场决策的失误，最终失去了市场优势。在市场不断变化的时代，技术路线、产品路线或者营销路线出现错误，对于企业都可能是致命的。

松下等日本企业不断调整产发展方向。日本的家电行业一直在全球处于领先位置，松下、东芝、索尼、日立、夏普等品牌优势明显。随着家电市场竞争日趋激烈，它们也在不断调整和转型。一方面是调整产业方向，发力电机、环保、新能源等领域，向科技型企业转型，并把握行业的标准或者整合全球标准。据悉，家用车的安全标准日本与欧盟会在 2016 年达到统一，在家用车电子化进程中，日本电机产业抢占了先机。另一方面是做高端化和智能化家电产品，近期我国公民赴日采购产品的新闻，涉及的产品大多为智能化家电产品，包括电饭煲、吹风机和马桶盖等。

二、事件评析

缺乏创新动力，三洋走向衰退。三洋创建于 20 世纪 40 年代，发展到 90 年代，三洋已经逐渐具备精细的生产质量控制、完备的零配件供应等日本电器企业的传统优势，开始为其他企业展开代工业务，通过流水线式的生产在短期内创造了高额的利润。而这些也让三洋没有了创新的动力，错失了业务转型的机遇。以彩电业务为例，三洋侧重于彩电机芯的生产，这与三星、索尼、松下等韩日品牌以整机生产为主的模式有较大区别，也最终导致三洋的客户变成了其最重要的竞争者。三洋是日本企业中转型最晚的，一直到 2007 年都在生产 CRT 电视，又没有像索尼、夏普一样切入上游。缺失屏资源、新技术不雄厚等因素导致三洋电视面临生存困难的问题。

2007年，三洋陷入财务丑闻，公司运营更加举步维艰。2008年12月18日，松下宣布收购三洋，而一直到2011年松下出资获取三洋电机和松下电工剩余全部股份，拥有57年上市历史的三洋电机从东京证券交易所退市，历经两年多才完成这一全资收购，品牌原则上向"松下"统一，但在部分事业和地区继续使用"三洋"品牌。与此同时，松下逐渐整合拆分三洋的业务，2011年，美国安森美半导体公司收购了其半导体业务，日本电产则收购了小型马达业务，中国海尔集团则收购三洋电机在日本、印度尼西亚、马来西亚、菲律宾及越南的洗衣机、冰箱和其他家用电器业务。加上2008年三洋将手机业务卖给京瓷，至此，三洋的子业务几乎被拆分完成。

松下转型，三洋彻底退场。近年，松下在住宅照明和汽车导航系统等业务上不断发力，开始在中东和近东地区面向住宅、酒店和商业设施销售LED照明产品，在日本本土主要开发医疗保健设施管理和运营、可穿戴设备、监控摄像设备、汽车导航系统以及电子设备系统等。而三洋技术2013年已经是资不抵债，松下在转型的关键时期需要轻装上阵，也进一步加快了出售的步伐。三洋技术的所有股份于3月31日正式转让生效，接手方为位于日本东京的投资基金"J-Will Partners"，这也意味着拥有68年历史的知名品牌——"三洋"最后终结。

三洋的崛起与创新一直紧密相关，从日本第一台塑料壳收音机，到第一台喷流式电动洗衣机、第一批晶体管收音机……而在代工市场高额利润的温床上，三洋放弃了创新，随着代工专业化分工形成，客户变成竞争对手后，三洋逐步失去了技术优势。有鉴于此，对于我国家电企业而言，第一，如何利用互联网特别是移动互联网、物联网等的发展，加强家电的外观、功能和应用创新，已经成为必须去及时思考和决断的问题。第二，创新应是消费者深度参与的创新，要关注品牌和质量的打造。家电行业同质化竞争日益激烈，但高端市场依然被外资品牌占据，企业一定要关注消费者的诉求，从消费习惯、消费体验和智能化等角度去提升产品的品质。第三，家电企业应谋求向融合类领域的转型，日本家电企业已经在探索转型之路，智能家居、养老医疗、安全等各个领域都与家电产业息息相关，及早谋划才能让企业走得更远。

此案体现了产业链协同的重要性。不管是三星、索尼、夏普等企业切入上游面板领域，还是寻求鸿海这样的企业做家电代工合作，或者海尔这样致力于销售和服务网络建设，产业链延伸或者协同都在一定时期内成为促进企业发展的有效方式。而纵观三洋的发展路径，缺少面板资源、代工未形成规模化等因素直接导致其竞争力下降。未来家电领域必定是基于协同创新的产业发展模式，硬件、软件、内容的集成已经成为趋势，家电企业选择什么样的互联网企业、运营商、内容提供商等建立协同创新体系，打造集成优势，会成为决定胜负的关键。

第四节　飞利浦并购案：吸纳国际资源提升创新能力

2015 年 3 月 31 日，金沙江创投宣布，由它与橡树投资伙伴联合组成的基金"GO Scale Capital"牵头，以约 33 亿美元收购飞利浦公司旗下的 LED 照明公司 Lumileds 80.1% 的股份。收购预计将于 2015 年第三季度完成，届时飞利浦将转移 600 余项 LED 核心专利至 Lumileds。此并购案中，国内资本联合体通过收购国外知名 LED 公司，获得大量该领域核心专利，对我国 LED 产业及整个电子信息产业提升创新能力具有重要意义。

一、事件背景

LED 作为一种绿色照明光源，广泛应用于平板显示、装饰照明、交通信号等领域，已成为全球各国竞相发展的战略性新兴产业。近年来，LED 照明产业发展势头迅猛，根据赛迪智库《2014 年 LED 产业发展白皮书》显示，2010—2014 年，全球 LED 市场规模以年均约 25% 的速度增长，特别是 2014 年，同比增长 35.17%，增速创下近五年新高。从产业链角度看，上游衬底与外延片技术长期被日亚、科锐等日美企业垄断；中游芯片制造则被日本日亚、丰田合成、荷兰飞利浦和德国欧司朗等公司垄断。我国企业主要集中在产业链下游的封装测试与应用环节。

金融资本在产品竞争中扮演越来重要的角色。经过改革开放三十多年，特别是加入世贸组织这十几年的快速发展，我国企业参与国际竞争的层次不断提升，通过跨国并购获得国际优势资源成为近年来企业加快国际化步伐的一个新标志。2010 年 8 月，吉利控股集团以 18 亿美元收购沃尔沃 100% 股权；2012 年 1 月，三一重工与中信产业投资基金共同斥资 3.6 亿欧元收购德国普茨迈斯特公司;2014 年 7 月,清华紫光以 9 亿美元收购锐迪科微电子。据清科集团统计显示,仅在 2014 年前 11 个月,中外创业投资及私募股权投资机构（VC/PE）所进行的相关并购交易已有 801 起,其中披露交易金额的涉及 608.22 亿美元,较上年同期增长 189.5%。

生产与消费国,核心技术缺乏制约 产业升级。2003 年以来,随着"国家半导体照明工程""绿色照明城市"等一系列国家政策的出台,我国 LED 产业得到了蓬勃发展。2014 年,我国 LED 产业整体规模达到 3507 亿元,较上年增长 36%,已成为世界主要的 LED 生产与消费国。我国 LED 企业科技水平也明显提高,在上游衬底领域,晶能光电研发的硅衬底技术具有自主知识产权,逐步与国际上蓝宝石、碳化硅衬底形成竞争局面,同时形成了三安光电、木林森、国星光电等一大批 LED 高新技术企业。下一步,国内 LED 产业要转型升级,企业要走向价值链高端,必须掌握一批核心关键技术。

金沙江创业投资基金牵头收购飞利浦 LED 照明子公司案主要分为三个阶段。

——Lumileds 宣布出售。2014 年 6 月,荷兰皇家飞利浦公司宣布将 Lumileds 与汽车照明事业集团进行合并,成为新的 Lumileds 公司,9 月飞利浦宣布出售 Lumileds。Lumileds 是全球领先的 LED 照明设备制造商,业务覆盖 30 多个国家,2014 年,销售额接近 20 亿美元,毛利达到 2.3 亿美元。Lumileds 作为飞利浦优质资产,此次出售吸引了多家国际投资机构,对其估值达到 25 亿到 30 亿美元。

——国际国内资本竞标。2014 年 10 月前后,多家投资机构开始对收购 Lumileds 进行竞标,其中包括实力极强的国际私募巨头 CVC 资本、KKR 资本、贝恩资本等,以及中国以金沙江创投基金牵头的竞标团体。相较于价格,飞利浦公司更加看重并购完成后 Lumileds 的发展前景。区别于当前主流的蓝宝石衬底 LED 技术,Lumileds 一直致力于硅衬底技术,因此,收购方是否拥有承接和发展这一技术的产业化平台将成为重要考察条件。

——金沙江创投成功收购。金沙江创投一直瞄准国外拥有核心实力的企业作为并购目标,此次凭借专业的并购团队和依托由其控股的国内 LED 企业晶能光电作为产业化平台,参与竞标并获得成功。2015 年 3 月 31 日,飞利浦宣布,以总价约 33 亿美元的价格,将 Lumileds 80.1% 的股份出售给由金沙江创投领衔的中国财团,同时,飞利浦公司将转移 600 余项 LED 专利,以及"飞利浦"品牌的 20 年使用权。

后续发展。金沙江创投牵头成功收购飞利浦 Lumileds 公司，获得了大量 LED 领域的技术专利，这将十分有利于我国 LED 企业打破国外技术壁垒，进一步开拓国际市场；依托晶能光电对 Lumileds 技术、生产能力的承接整合和优势互补，将有利于在国内建立具有全球竞争力的 LED 产业基地，释放产业潜力；同时，拥有了"飞利浦"这一国际知名品牌，为我国企业参与国际竞争，提升产品的附加价值和国际影响力提供了很好的平台。

二、事件评析

利用国际创新资源日益成为我产业提升能力的重要渠道。金沙江创投牵头成功收购 Lumileds，获得相关领域核心知识产权，提高了我国 LED 产业国际竞争力。当前我国多数产业的发展均面临着核心知识产权受制于人的局面，限制了产业的转型升级。未来，企业要在提升自主创新能力的同时，充分利用国际创新资源，通过海外并购、交叉授权等多种方式来获得核心知识产权，增强国际竞争力。

国际化专业的并购团队是高效获取和利用国外先进技术的必要条件。此案的收购方是一支国际化程度高、具有技术专业背景的创投团队。金沙江创投与美国硅谷知名投资基金长期保持着战略合作关系，专注于在国际市场搜寻技术先进、市场前景好的优质资产。金沙江创投还拥有一支国际并购经验丰富的团队，确保它在国际并购程序、法律、法规等规则方面的专业性。未来，随着我国"一带一路"等新型对外开放战略的实施，企业"走出去"步伐不断加快，必须加快建设国际化、专业化并购团队，在国际并购中争取主动权和更多利益。

国内 LED 产业坚实的技术能力和生产能力是国际资源为我所用的重要基础。飞利浦公司十分重视收购方的技术水平和生产能力，并要求企业在收购完成后持续投入技术研发。金沙江创投凭借旗下的晶能光电的技术实力以及后续研发和生产能力，收购成功。当前，我国已是制造业大国，随着《中国制造 2025》的实施，制造业正在由大变强，在此时期，我国企业更要提升自身实力，练好内功，为进一步利用国际资源做好准备。

第五节　丰田开放燃料电池专利案

2015 年初，CES 消费电子展开幕前夕，丰田宣布将向汽车制造商和零部件供应商无偿提供其独有的约 5680 项燃料电池相关专利的使用权，其中包括 1970 项丰田最新的氢燃料电池车专利，开放期限为 2020 年底前，此举与 2014 年 6 月特斯拉开放专利如出一辙，均是龙头企业推动产业间竞争的一项重大举措。此举将有利于氢燃料电池车的发展，氢燃料电池车也将受到更多国家和车企的重视，同时，此案也为企业发展提供了一个创新性的商业策略。

一、事件背景

丰田认准燃料电池路线，加速氢车布局。氢燃料电池车的优势在于：一是续航能力强，一次加氢能够行驶 500 公里以上；二是补充燃料时间短，加氢与传统汽车加油的时间相差无几；三是实现真正意义上的零污染，燃料电池依靠氢和氧提供动力，生成物是清洁的水，完全避免了一氧化碳、碳氢化合物、氮氧化合物、温室气体等能够对环境造成污染的气体的排放；四是燃料来源广泛，氢气可由水制取。近几年，纯电动汽车续航里程短、充电时间长等问题一直难解，相反的，氢燃料电池车因其独特优势持续升温，得到了欧、美、日等诸多国家和众多车企的广泛关注。作为车企巨头的丰田，对氢燃料电池车情有独钟，研发历史可追溯到 20 多年前，近几年，更是放弃了部分纯电动汽车的研发项目，集中精力加速氢燃料电池车研发和布局。2014 年 12 月，丰田的一款名为 Mirai 的氢燃料电池车正式推向市场。

"纯电动"拥护者特斯拉开放专利，燃料电池路线受到一定冲击。2014 年 6 月，特斯拉宣布向社会开放其电动汽车制造技术，不再征收相关专利授权费。这种策略似乎违背了通过授权来获取利益、限制竞争对手发展等传统的专利原则，实则"暗藏玄机"。首先，开放专利可以让其他电动汽车制造商受益于一个共同快速发展的技术平台，借此可加速整个纯电动汽车行业的发展。其次，同行企业在使用特斯拉专利的同时，必将加速特斯拉技术的普及，特斯拉的技术标准可能成为未来纯电动汽车的制造标准；加之特斯拉提倡通过不断创新来突破技术限制的理念，使其在竞争者中处于领先地位，大多数竞争对手将沦为特斯拉的追随者。最后，特斯拉在纯电动汽车基础设施方面的投入也很大，包括超级充电站、超级电池工厂等，随着特斯拉技术的普及和纯电动汽车的发展，其电池出售和充电站服务业务的获利水平将大幅提升。作为新能源领域的两个不同分支，一旦纯电动路线崛起，必然对燃料电池路线产生巨大的冲击。

氢燃料电池车产业链成熟度差，需要更多参与者来做大做强。虽然氢燃料电池车具备诸多优点，能够解决当前纯电动汽车存在的三大问题，但因其在技术、基础设施和产业链等方面尚不成熟，氢燃料电池车在竞争力上与纯电动汽车比较仍存在较大差距。在氢燃料电池车领域"一枝独秀"的丰田，以一己之力与纯电动路线参与者进行抗争显然处于弱势，需要丰田以开放的态度和行动，号召更多的参与者加入燃料电池路线阵营，催熟产业链，提高氢燃料电池车在新能源领域的整体竞争力。

二、事件评析

丰田放开专利有三个可能性：一是燃料电池路线与纯电动路线形成竞争格局。由于丰田专利技术的开放，氢燃料电池车得到快速发展，产业链逐渐成熟，与纯电动汽车形成"并驾齐驱"的竞争格局。二是氢燃料电池车成为主流。大量车企加入燃料电池路线，产业链快速成熟，研发和制造成本大幅降低，氢燃料电池车取代纯电动汽车成为新能源发展主流。三是氢燃料电池车遇冷。丰田开放专利设置了多项限制条件，同时，市场对技术等难题的解决并不乐观，同行对燃料电池的态度依然难有突破，纯电动汽车依然是新能源发展主流。

它带来的印象主要体现在两方面，一是此举将有利于氢燃料电池车的发展。氢燃料电池车的优势显而易见，甚至有专家认为是新能源汽车发展的终极方向。目前，国内外已有诸多车企涉足氢燃料电池车领域，但大多数还处于研发阶段，能够达到商业化应用的很少。丰田在氢燃料电池车领域起步较早，掌握很多核心技术，此次开放专利对于其他车企来说是一个学习的好机会，此案将促使更多车企加速氢燃料电池车的研发和应用，将有利于氢燃料电池车的加速发展。从国家层面讲，美国等发达国家已经开展相关项目支持氢燃料电池车的研发，此案也会引起更多国家对氢燃料电池车重视，氢燃料电池车的政策环境也将逐步向好。

二是这也为企业提供了一个创新性的商策略。丰田无偿开放专利并不是一笔亏本的生意。首先，氢燃料电池车产业链较长，需要大量的基础设施保障，少数几家企业难成气候，丰田通过开放专利降低行业准入门槛，吸引更多的企业和资金进入氢燃料电池车领域，催熟产业链，有着二十多年发展基础的丰田必然是受益最大的一方。其次，同行使用丰田专利技术将削弱自身创新动力，也加速了丰田燃料电池技术的普及，丰田的技术标准可能成为未来氢燃料电池车的制造标准，进一步巩固了其在氢燃料电池车领域的地位。当然，此案效果目前还有待市场检验，但丰田无偿开放专利的这种做法，作为一种创新性商业策略的大胆实践，值得其他企业借鉴。

第六节　Google 重组变身 Alphabet 案

2015 年 8 月 10 日，谷歌宣布重组为一家名为 Alphabet 的全新伞形控股公司。新公司 Alphabet 是一系列公司的集合，旗下除了谷歌，还包括谷歌风投、谷歌资本、谷歌实验室 Google X 和 Nest 等其他子公司。此案一方面表明在技术日新月异的 IT 领域，"大公司病"尤须警惕，另一方面说明摆脱对单一核心业务的依赖而转向企业集团，开展业务的调整和扩展，是科技公司重构升级的主要路径。

一、事件背景

搜索市场竞争激烈，谷歌主营业务遭遇增长瓶颈。谷歌近 90% 的收入来自在线广告业务，且多数源于搜索。但 2014 年第四季度以来，谷歌搜索业务遭遇了来自雅虎、微软 Bing 的挑战。根据流量分析网站 StatCounter 的数据，谷歌在美国的份额跌至 7 年最低值 74.8%，雅虎和 Bing 的份额分别增长至 10.9% 和 12.4%。互联网用户规模与谷歌收入之间有直接的因果关系，发达地区互联网用户渗透率已经非常高，而渗透率有望提升的不发达地区，广告收入增长很缓慢。谷歌再发展新用户的空间很小，加上单次点击价格的下降，谷歌最快可能在明年遭遇收入增长的拐点。

社交网络发展迅猛，谷歌受困"创新者窘境"。谷歌管理层一直试图对抗"创新者窘境"，但效果不佳。谷歌在搜索业务以外推出的多个具有重要战略意义的新产品，但并没有贡献利润，甚至成为拖累。在社交网络领域，Orkut、Google Read、Wave 和 Google buzz 等产品都在短期内被市场淘汰，被称为"Facebook 复制品"的 Google+ 也以分拆宣告失败。Facebook 在移动广告收入上的增长势头也给谷歌造成了巨大威胁。据 eMarketer 统计，在 2014 年 400 亿美元的移动广告市场，Facebook 的份额由 16.6% 升至 18.4%，而谷歌则从 46.6% 下滑至 40.5%。

新兴公司频繁挖角，谷歌人才流失严重。之前数年，因为升职艰难，谷歌相当数量的骨干人才，包括优秀的高管人员和技术人员被频繁挖走。以 Facebook

为例，7名高管中有2名来自谷歌。伴随着创业公司的成长及其呈现出的巨大潜力，更大范围的谷歌员工被高薪、股权、高速发展的前景吸引，如Uber挖走了谷歌工程开发副总裁BrianMcClendon，并几乎挖走了谷歌地图团队的所有专业人才。

华尔街和投资者不满，谷歌面临本市场压力。谷歌一直被华尔街和投资者批评业务透明度不高。与大多数上市公司不同，谷歌没有根据每季度财报之后的投资人反应调整经营，而是在创新项目上加大投资，即使这些项目不能给出明确的回报率预期，而且会使财务报表不好看。长期以来，谷歌发展了各种在财务上看来与核心业务关系不大、又存在高风险的项目，如花费庞大且激怒不少投资人的无人汽车和"登月计划"。

二、事件评析

重组后，Alphabet将着重做以下三件事。

一是给予创新业务足够的自由度。Alphabet将获得创业公司所独有的活力和动力，引领行业发展趋势。新的公司架构可以提高创新型业务在公司的地位，获得战略层面的重视和资源的倾斜与支持，从而进一步推动由技术驱动的变革和创新。二是加大人才吸引力。Alphabet采用去中心化的做法，给每个子公司都提供了足够的资源和重视，这对保留核心员工、避免高级员工离职创业都是有利的。在架构改革后，Alphabet会开放更多内部的高端管理职位机会，阻止人才流失。三是开展灵活的资本运作。谷歌风险投资和谷歌资本作为Alphabet的独立实体，无疑会加大对高新科技和主要市场趋势的投资。Alphabet的伞形架构，在规避并购中的税收和法律问题上的障碍具备独特优势。此外，在Facebook等公司纷纷展开能够加速创新和体量增长的大规模并购时，Alphabet能够提供更大的独立管辖范围而具备足够的能力去进行更大规模的收购。因为收购体量较大的公司，通常倾向于业务独立，在之前的公司架构下，这一点难以保证。

此外，这个事件也将带来一下影响。它反映了"大公司病"对科技公司危害更甚。诺基亚之于智能手机、微软之于移动互联网、谷歌之于社交网络都是"大公司病"的典型案例。公司达到一定规模和体量后，业务繁杂、架构臃肿、市场嗅觉退化、收购盲目化、财务包袱沉重等症状逐渐显现。决策的流程被拖长，无法做到灵活而专注，这与IT技术的日新月异格格不入。在颠覆性技术和商业模式出现时，这样的公司极有可能错失转型或新业务发展的良机，固守主营业务而衰败甚至被淘汰。在政策层面，有必要建立企业跟踪机制，引导和帮助企业确立与经济新常态相适应的战略定位与运营模式，摒弃单纯追求规模扩张和营收增长；支持企业走创新发展道路，降低成本，提升产品附加值，增强产品竞争力。

同时，这个事件也说明高效重组并购可重构企业升级路径。从单一核心业务的公司转向企业集团，将成为科技巨头重构升级路径的有效方式。我国国内BAT均频繁进行重大并购和重组，其目的就是紧抓行业热点，为现有业务提供有益补充，巩固竞争优势。在科技行业，颠覆性创新不断推送着下一个巨大增长领域的到来，一个长青的公司需要积极吸纳新生力量，调整和扩展业务，独立业务线，鼓励创新，让公司运作更加透明化，坚持优胜劣汰。在政策层面上，有必要支持企业积极开展重组和并购从而做大做强，帮助企业拓宽适合科技创新发展规律的多元化融资渠道，联合采取措施加强金融对实体经济的支持。

第七节　IBM出售芯片制造业务

一、事件背景

近年来，移动互联网、大数据、云计算等业态和新技术正在给传统科技行业带来越来越大的冲击。作为商业界基业长青的典范和百年老店，IBM公司同样在这场变革中遭遇阵痛，自2013年以来，IBM遭受了近十年来最严峻的业绩挑战。IBM公司2013年财报显示，2013年全年营业收入997.51亿美元，同比下滑4.55%；盈利164.83亿美元，同比下滑0.73%。其中，芯片业务年损失达15亿美元，成为亏损最严重的业务部门之一。

2014年10月21日，IBM宣布把亏损的芯片制造业务转让给美国Global Foundries公司，作为回报，IBM将在未来三年内向Global foundries支付15亿美元的现金。此举是IBM继剥离硬盘、PC、打印机、X86服务器之后，又一次剥离硬件业务，这也是IBM自1990年初面临财务危机以来，近20年内的最大一次战略调整。

二、事件评析

长期以来，IBM就以对市场的敏感而闻名，面对不断变化的市场行情，IBM

往往能够先于自己的竞争对手做出判断，这使得IBM在残酷的市场环境下一次又一次地化险为夷，此次芯片业务出售，也是基于芯片行业现状和前景以及市场变化的又一次转型。

（一）IBM正在向越来越"名不副实"转变

众多周知，IBM是国际商业机器公司（International Business Machines Corporation）的缩写。在芯片业务出售后，IBM旗下的硬件制造产业只剩下大型服务器、超级计算机、专业图形工作站和少量的存储设备等，IBM正在逐步放弃自己的计算机制造产业，变成一家软件与服务公司。从一家硬件设备厂商转向一家IT解决方案及软件服务商的战略转变是由上上任CEO路易斯·郭士纳先生提出的，他接手IBM时亏损累累，不得已做出如此转变，IBM之前出售PC和低端服务器等硬件业务都是"由硬向软"的尝试。但是，不同于PC和低端服务器，芯片制造业务曾长期担当着IBM的核心业务角色，承担着生产其Power CPU等核心芯片，这次剥离将意味着IBM这家名为"国际商业机器公司"的百年老牌科技巨头将彻底转向软件和IT服务提供商。事实上，随着移动互联网的崛起，以及云计算、大数据、物联网的普及，软件和服务正代替硬件成为IT企业的利润高地，全球知名IT企业纷纷开始出售已成为"鸡肋"的硬件业务，如谷歌将旗下手机制造业务摩托罗拉移动卖给联想，日本索尼公司也宣布将出售旗下个人电脑业务VAIO。

（二）在后摩尔时代，技术红利即将消退

长期以来，摩尔定律就以其惊人的准确性和前瞻性被奉为IT行业发展的"金科玉律"。但随着芯片产业的不断发展，不断有言论宣称摩尔定律即将失效，这其中包括摩尔定律的发现者、Intel公司联合创始人戈登·摩尔（Gordon Moore）本人。虽然以Intel为首的芯片公司，一次又一次地用自己的技术打破了这些末日论，但不可否认，在目前的情况下，尚没有合适的材料可以取代硅晶圆在芯片生产中的地位，而芯片的制程工艺已经逼近于硅晶圆中电子可以通过的物理极限。几年之内，芯片厂商们就会触及这个极限，芯片的性能也会面临瓶颈。这个瓶颈以目前的技术难以打破。

芯片行业在进入后摩尔时代后，技术极限使得技术红利慢慢消失，技术领先的厂家将会被原本落后的厂家追赶上，价格也许将成为各家芯片厂商打开市场的

唯一手段。

（二）"沙价芯片"的时代将到来

"沙价芯片"的概念源于小米公司创始人雷军在一次会议上的讲话："三五年内芯片会按沙子价卖"，"芯片业应该借鉴互联网实现免费，按照成本价销售"。如今，以我国台湾地区企业联发科为首的亚洲芯片厂商，正在凭借低价高性能的芯片开始"弯道超车"，而德州仪器、IBM 等芯片行业巨人却纷纷开始退出。

长期以来，芯片业一直是高投入、高回报的典型高科技产业，但随着技术的进步，芯片产业的准入门槛将进一步降低，一些原本落后或者新兴的企业将慢慢追平现在的巨头。高价高性能的定价模式已经渐渐不再适用于芯片产业，惨烈的价格战在几年之内就会爆发。事实上，联发科低价芯片在手机市场上的成功已经很明显地表现出这样的倾向。而为了打赢这场价格战，怎样降低生产成本将成为芯片厂商最为重要的研究方向，"沙价芯片"的出现将成为极大可能。

第八节　量子计算机

2015 年人工智能十大标志事件中谷歌量子计算机具有举足轻重的地位。从大众的认知领域来看，量子计算机和传统计算机的决定性不同之处在于其两位量子位（qubit）寄存器可同时存储 00、01、10、11 四个数。这种量子叠加以及量子纠缠的形式与量子隧穿产生的量子效应使得量子计算机可以同时执行许多次的运算，可以同时进行多线程的并行形式的计算，从技术角度、数据计算能力角度考虑量子计算机的运算能力要比传统常见的计算机强劲很多。

一、背景

提升机器学习能力，预示新计算革命的到来。在两年前，Google 和美国国家航空航天局（NASA）就已经着手对 D-Wave 量子计算机的注资、合作、研发，项目目的在于验证量子计算法的核心理论是否能带来计算机性能的本质提升和实质性计算能力的飞跃。两年后，D-Wave 2X 诞生，谷歌称该计算机的每颗芯片上都有超过 1000 个量子位。在 NASA 埃姆斯研究中心的一次会议上，谷歌和 NASA 宣布量子计算法确实能给计算机性能带来巨大的提升。在解决一个涉及945 个二进制变量优化的问题时，D-Wave X2 的速度达到了传统芯片的 1 亿倍，速度较为惊人。计算能力的提升将给众多社会科学、生活服务领域带来巨大变革，原来局限于时间复杂度的问题都有可能得到解决，从而使得新计算革命的到来推动理论和实践上的巨大变革。

互联网企业颠覆式创新，探索下一代计算平台。Google押注量子计算设备和相应的算法，和NASA展开深度合作、技术共享式研发，结合大数据、云计算等关键技术的积累，互联网企业的创新性、颠覆性相信会给量子计算的发展带来意想不到的潜力和推动力，下一代计算平台的探索模式正在一步步落地执行。

量子点编程是技术核心，Google实现关键突破。阻碍量子计算机发展的量子点编程问题如今已被Google和加州大学的研究人员找到了部分性、突破性的解决方案。对量子点进行编程，编程后设备会利用量子物理来表达信息，也能检测某些类型的错误，并防止这些错误对计算产生干扰。这次新进展主要来自由John Martinis所领导的研究人员[1]。

量子计算机的高效运行计算，技术上需要让其连接众多的量子点，使之可以将信息汇总、传递。但这种类型的装置十分容易出现错误，对于只表达0、1类型的比特数据，目前受限于环境等因素只能在超低温和小规模下进行问题的检测工作。这项研究使得量子点可以实现"叠加态"，可以同时有效地、准确地、无误差地表达1和0，实现量子计算机有更快的捷径来进行复杂的计算；也使得量子计算机在现有计算硬件设备条件下更加不易受到热环境的影响以及其他对编码信息和执行计算产生的干扰，保证了计算的准确和有效。

尽管现阶段看来还是只能对少量部分的量子点进行编程，但是Martinis和其团队乐观认为，全套纠错技术在不久也可以实现。一旦实现，量子计算机所带来的科研和商业价值将是不可估量的。

深度学习技术助推，计算能力开放向共享经济发展。量子计算机带来的计算能力的提升，会强力助推、减小现阶段机器学习、神经网络等计算复杂度要求较高算法的实现压力。同时，量子计算机带来的计算能力未来可以分时复用，将强大的计算能力开放出来，实现闲置计算资源的共享经济，在商业化领域未来有足够的市场延展性和市场空间。

---

[1] http://blog.sina.com.cn/s/blog_1324ace960102vt53.html.

二、案例介绍

绝对优势。量子计算机的计算能力、速度、性能稳定性、算法执行效率上都将远超当今的传统计算机；同时量子算法能够完成一些经典算法不可能完成的任务（主要是时间复杂度比较高的算法），比如在"不知道"用户问题的情况下给出搜索结果。传统形式的计算机系统只能使用开和关两种状态来控制电流的流动，由于量子不同于粒子世界的物理特性，量子计算机具有开关状态同时存在的第三状态存在。量子计算机完整系统经过未来的研发，一旦推出，像人工智能、机器学习、深度学习等领域都会得到几何倍数级的发展，过去不能解决的问题也会产生质的飞跃。

发展态势。除了 Google、Intel、D-Wave 等领军企业意外，目前来看业内大体量的公司在量子计算机领域均有布局和长远决策意见。2015 年 7 月，中科院与阿里巴巴集团合作确定成立量子计算实验室，着手提升阿里集团整体大数据和云计算的运算实力；微软在加州大学圣塔芭芭拉分校建立了一座专门研究量子计算的实验室 Station Q；IBM 研究人员的新成果为真正量子计算机的建造、设备的搭建实现方面奠定了坚实基础和积极有效的探索。

三、简评

量子计算机带来的巨大机遇：

机遇一：推动学术创新，助力基础理论研究实践。量子计算机的问世和技术突破，最受鼓舞的应是当代的数学家和物理学家，他们可以用量子计算机来验证自己的理论成果。计算速度的提升足够让物理学家去模拟、验证、推导原子爆炸、宇宙演变和其他的物理过程。量子计算机同时还可以让数学家去解决需要计算时间成本的问题。

机遇二：解决传统计算机微型化、集成化问题。随着电子信息产业的发展速度的加快，电子器件在体积上朝着小型化发展，在功能上朝着高集成化方向发展，但是一直以来传统计算机物质基础的半导体芯片却是性能提升的领跑者，受限于晶体管材质的发展和材料的限制，体积减小的目的已经出现了瓶颈，最终也不能达到原子级别的粒子水平。但是原子尺度的量子计算机，不仅性能上运算速度快，而且内容上存储量大、性能上功耗很低。所以在未来具有极大的市场空间和研究开发的价值。

第九节　Google、百度持续发力无人驾驶汽车

Google Driverless Car 是谷歌公司的 Google X 实验室研发的全自动驾驶汽车。Google 无人驾驶汽车公路测试里程已达到 160 万公里，截至 2015 年 11 月，上路测试的谷歌无人驾驶汽车已经达到 53 辆。谷歌初期目标是创建一个共享驾乘计划，未来可能会寻找更深入的方式来通过无人驾驶汽车盈利，直接挑战流行的搭车共享服务，如 Uber 和 Lyft。

我国百度无人驾驶车项目则于 2013 年起步，由百度研究院主导研发，其技术核心是"百度汽车大脑"，包括高精度地图、定位、感知、智能决策与控制四大模块。至 2015 年 12 月 10 日，百度无人驾驶汽车完成路测，并在同年举行的全球互联网大会上，李彦宏向习近平主席现场介绍该项目情况。

两个互联网公司实践无人驾驶技术的案例，一方面表明在传统汽车制造领域，互联网企业依靠技术优势深度参与其中进行改造，另一方面说明积极布局和助推未来的交通出行方式，依靠大数据和云计算改变交通压力拥有广阔的发展空间和市场前景。

一、背景

无人驾驶市场竞争激烈，传统驱动方式亟待变革。无人驾驶技术的发展有赖于传统的驱动方式由汽油驱动向电动驱动的转变，在移动互联网高速发展之前，车的价值主要在发动机、变速箱等机械结构材质、设计等的推陈出新上，而电动类型的汽车则不再需要这些部件（传统汽车零件是电动车数量的三倍）。对现在的汽车而言，电动汽车的 BMS（电池管理系统）决定了汽车的效率和生命周期，日产和特斯拉在分别跑了十万英里后，日产电池的效率下降了 21%，而特斯拉则只下降了 15%。对于擅长软件和技术的百度、Google 而言，在设计合理的 BMS 上显然要更有优势；结合已经布局的地图产业和强大的云计算和大数据处理能力，在发展无人驾驶技术上具有绝对的领先地位。

互联网企业颠覆式创新，传统制造商存"分歧"。20 世纪 80 年代初，一辆车的代码大概只有 5 万行，目前认为实现无人驾驶后的汽车代码将是 2 亿—3 亿

行不止，无人驾驶汽车分为四个等级，自动跟车系统；车道保持系统；在高速路面上完全的自动驾驶；以及在任何车道、任何路况进行的完全自动驾驶。

在自动驾驶技术实践的路径上，百度、谷歌互联网企业选择的是直接着手进行完全化、系统化、彻底化的自动驾驶技术的研发，更加偏向于顶层设计方式进行切入；而一般汽车厂商（宝马、奥迪、奔驰，包括特斯拉）则是希望从这四个等级的最低级逐级做起，因此呈现出互联网企业希望颠覆式创新和传统汽车制造商之间存在分歧的窘境。

驾驶安全是技术核心，互联网企业优势明显。以时速 120 公里计算，传统的"驾驶员反应＋液压制动"组合平均时间是 1.2 秒，即 40 米距离。而依靠电机传动、无人驾驶系统、丰富的传感器网络无人驾驶汽车反应速度可以下降到 0.2 秒，也就是 6.7 米。这可以大大降低交通事故的发生率。

谷歌无人驾驶汽车，需要绘制行驶范围领域内厘米级精度的地图，包括车道、环形交叉路口、红路灯、路上可能出现的障碍物等信息。同时作为一款无方向盘的全自动汽车，目前其在公共道路的行驶速度被限制在 25 公里／小时，且需要在安全驾驶系统发生故障时迅速启动返程模式。

百度汽车大脑是百度大脑的延伸，自 2013 年成立深度学习研究院后，一直在基于强大的数据云计算处理能力建立智能化的机器学习系统。在政府支持方面，百度和芜湖政府合作，将在芜湖向北京的高铁开通后，在芜湖市区到车站的 9 公里路程先行试验无人驾驶；在合作伙伴方面，百度已经和宝马合作了一年多，百度提供高精度地图、算法、路线规划等，宝马开放接口、并进行控制系统的支持。未来会在更大范围内寻求多领域的跨界合作，包括传感器企业、行业协会、软件和运营商等，将无人驾驶汽车车顶的七八十万的传感器成本降下来。

深度学习技术助推，汽车产业向共享经济发展。百度自动驾驶汽车将借助百度大脑建立的深度学习系统，无人驾驶汽车是一个千亿市场，而在此之上的汽车共享是一个万亿级市场，近 3 年来全球市场范围类似滴滴的打车软件随着资本的助推、市场的培育已经成为较为突出的共享经济典型代表，百度也希望通过无人驾驶技术在未来助力共享经济的发展。

谷歌公司从项目立项初期目标就是创建一个共享驾乘计划。借助于无人驾驶技术一方面可以解放驾驶人员，另一方面可以在未来积极探索更深入的方式来通过无人驾驶汽车盈利，比如直接挑战流行的搭车共享服务，如 Uber 和 Lyft 等。

二、案例介绍

目前技术实现。谷歌、百度无人驾驶技术主要涉及以下几方面。

一是激光雷达传感技术。百度、谷歌无人驾驶汽车上部署了激光雷达、毫米波雷达、视频等感应器来搭建自身的环境感知系统，在测算距离时，其精确度远高于人脑判断。与人脑凭感觉、经验不同，无人驾驶汽车对油门的控制可精确到厘米级。在刹车时的反应上，无人驾驶汽车堪称"神速"，人脑在刹车时需反应 0.5—1.2 秒，无人驾驶汽车只需要 0.2 秒。

二是智能规划决策系统。路径规划控制系统分为全局和局部两种。全局类型可以依赖谷歌地图辅助导航，谷歌地图甚至可以告诉规划具体的行车轨道、行车路径、行车距离。但局部规划就依赖于具体的路况信息。如何检测到突发情况、如何实时构建合理的约束，都涉及一个场景的复杂程度，和其对应计算量的问题。因此谷歌借助于自身的系统优势和云计算服务；百度借助于多年建设的百度大脑来打造智能化规划决策控制系统。

后续发展建议。未来无人驾驶技术将着重做以下三件事。

一是给予创新团队足够的自由度。无人驾驶汽车的团队应该具有创业公司一样的活力和动力，引领行业发展趋势。给予充足的资源和资金的投入，鼓励团队成员敢于尝试、勇于实践新的想法和创举，从而进一步推动由技术驱动的变革和创新，实现无人驾驶技术商业化应用周期缩短。

二是加大人才吸引力。采用去中心化的做法，提供了足够的资源倾斜和资金重视，保留核心员工、避免高级员工离职创业都是有利的。开放更多内部的高端管理职位机会，吸引相关领域高端人才的加入，为无人汽车技术长期性、持续性的发展提供人才输出体系，保障技术研发的连续性。

三是开展灵活的资本运作和合作。做好适时媒介沟通，积极引入资本助推产业，吸引资本聚焦无人驾驶领域形成产业风口，资本的注入会快速拉动、助力技术的更新迭代和产业的升级；同时应该以开放的心态，欢迎更多的互联网公司、传统汽车制造企业加入进来进行合作，一起推动无人驾驶技术的民用化、市场化的实现。

三、简评

无人驾驶技术面临的机遇与挑战：

机遇一：汽车业转型升级，"智能化"成为新方向。 随着技术成熟深入、增值服务模式创新和发展、消费者对智能汽车的认知提高和用户教育的完成，汽车行业将迎来新一轮产业升级。智能化将实现人车互联，汽车已经不只是普通的交通代步工具，而且能够借助辅助、自动等智能驾驶技术解决疲劳驾驶、行驶中通信以及残疾人驾驶等问题，减少交通事故。

机遇二：产业融合加快，"互联网+"催生新业态。 当前信息技术和信息产业日新月异、迅速发展，互联网、云计算、物联网、大数据等与众多产业相互融合渗透，"互联网+"将成为创新驱动的新动力和新的经济增长点。"互联网+汽车"的新型模式将汽车所产生的各方面核心数据实时、精确、有效地传输到数据库平台，利用大数据分析、认知计算等技术进行整合、创新、利用，带动汽车业和相关产业融合、跨界，并衍生出新的产业和模式。

挑战：投资规模巨大，产业配套要求高。 汽车制造产业的生产成本相对较高，统计数据显示具有一定生产规模、效益的制造工厂就需投资多达数十亿元，投资回报周期也较长，制造、销售、后端服务市场等众多市场交易环节同样需要投入大量资金、人力、时间等效益成本，投资回收期普遍较长，对于现阶段热捧的智能汽车、无人驾驶技术在短期内迅速商业化、市场化见到利益还需要时间。此外，汽车的产业配套后端服务等人力成本相较IT类的技术产品更加复杂、业务逻辑和落地执行难度大，配套企业要提供至少超过1万种类型的汽车相关的零部件，而且供应链管理成本、流程等要求也较高。特斯拉CEO埃隆马斯克也宣称制造汽车尤其是智能化的未来汽车非常困难。

第十节　Intel 167亿美元收购Altera

整合CPU技术与FPGA技术。收购FPGA巨头，意味着英特尔如今已在考虑CPU之外的新技术应用。FPGA是可以作为类似GPU一样的加速技术被整合到处理器产品中的。

进一步丰富服务器产品线。服务器芯片是英特尔的摇钱树，尤其是在PC市场不断萎缩以及迟迟打不开移动市场的大环境下，这种价值更是得以凸显。然而目前，英特尔正在为企业客户提供着整合了第三方FPGA产品的芯片解决方案。因此说收购一家FPGA公司，将只会进一步丰富英特尔自身的产品线，尤其是实现了 CPU 和 FPGA 硬件规格深层次 结合之后。FPGA 已被证明是在搜索、排序以及字母配对算法等方面能带来显著加速效果的产品，微软和百度此前都曾表示已在旗下数据中心里使用了 FPGA。

促进英特尔工厂的利用效率。Altera 去年曾与英特尔签署协议，前者的 FPGA 将通过后者的工厂进行生产。英特尔每年要为生产工艺投资数十亿美元，而全面收购 Altera 后，将能最大化利用工厂的先进制程，并在生产大而复杂的 FPGA 过程中累积更多的经验。

为物联网市场布局。FPGA 也是被广泛用于物联网市场的芯片技术，虽然不是在终端设备上，但未来的"智慧城市"和工厂自动化系统将少不了 FPGA 的使用，尤其是支持物联网市场的核心技术——通信基站等，更是缺不了 FPGA 的利用。英特尔收购 FPGA 生产商，将有机会在未来变身成为物联网骨干网的供应商之一，从而该公司也会获得更多机会销售自家的物联网芯片产品。

收购 Altera 可以借机打击竞争对手。Altera 的客户包括了 IBM 和 ARM 等，同时他们也是英特尔的竞争对手。英特尔收购 Altera 后（预计在未来 6 到 9 个月内完成），IBM 和 ARM 将不得不寻求其他的 FPGA 供应商，如 Xilinx、Microsemi、Lattice 等。

行 业 篇

第三章　计算机行业

第一节　发展情况

一、产业规模

2015 年，全球计算机行业总体发展喜忧参半，尽管 PC 市场出货量连续呈现下滑，但服务器市场出货量和整体营收出现明显增长。PC 方面，2015 年前三季度 PC 销量相比上年同期更低，形势严峻。Gartner 数据显示，2015 年第一季度全球 PC 出货量为 7173 万，比上一季度下跌了 5.2%。第二季度全球 PC 出货量下滑 9.5% 至 6840 万台。第三季度全球 PC 出货量同比下降 7.7%，至 7370 万台。IDC 的数据则显示，2015 年第一季度全球 PC 出货量为 6848 万，同比下跌了 6.7%，该下跌幅度是 2009 年以来最低。第二季度全球 PC 出货量为 6610 万台，同比下降 11.8%。第三季度 PC 出货量同比下降 10.0%，至 7100 万台。服务器方面，Gartner 数据显示，2015 年第一季度全球服务器出货量同比增长了 13%，营收同比增长了 17.9%，创下了 2010 年第三季度以来最高的出货增幅。第二季度全球服务器出货量较上年同期增长 8%，收入则较上年同期增加 7.2%。第三季度全球服务器出货量同比增长 9.2%，供应商收入同比增长 7.5%。从地域分布来看，2015 年第一季度，服务器出货量增长最快几个区域分别为：北美地区（美国、加拿大，增速为 22.9%），中东和非洲地区（增速为 20.8%），以及亚太地区（增速为 13.6%）。第二季度，以地区来看，北美的出货量增长最为显著，达到 14.8%。第三季度，除了东欧、日本、拉丁美洲外，其他地区的出货量和厂商收入均呈增长态势。

营收方面，2015 年第一季度，IDC 报告称全球服务器总收入达 128 亿美元，较上年同期增长了 17.2%。而 Gartner 报告称，2015 年第一季度全球服务器收入增长 17.9%，为 134 亿美元。其中，Gartner 数据显示，X86 服务器的市场出货量增长了 13.2%，营业收入增长了 14.5%；RISC/Itanium Unix 服务器方面，市场出货量同比下降了 2.9%，营业收入下滑 3.1%。IDC 报告称，X86 服务器收入为 103 亿美元，较上年同期增长 13.4%。2015 年第二季度，全球服务器市场规模为 135 亿美元，同比增长 6.1%。其中高端服务器系统营业收入达到 23 亿美元，同比增长了 4%，海量服务器营业收入达到 101 亿美元，同比增长了 8.1%。第三季度，全球服务器主流供应商的营业收入达到 135 亿美元，同比增长了 7.5%。

表 3-1　全球 PC 季度出货量及增长率

类别 \ 机构 \ 季度		2014年				2015年			
		Q1	Q2	Q3	Q4	Q1	Q2	Q3	Q4
Gartner	出货量（万台）	7660	7580	7940	8375	7173	6840	7370	—
	增长率	−1.7%	0.1%	−0.5%	1.0%	−5.2%	−9.5%	−7.7%	—
IDC	出货量（万台）	7340	7436	7850	8077	6848	6610	7100	—
	增长率	−4.4%	−1.7%	−1.7%	−2.4%	−6.7%	−11.8%	−10.0%	—

资料来源：赛迪智库整理，2016 年 1 月。

表 3-2　2015Q1 全球 PC 出货量及增长率

	2015Q1 出货量	2015Q1 市场占比	2014Q1 出货量	2014Q1 市场占比	同比增速
联想	1358万	18.9%	1284万	17.0%	5.7%
惠普	1244万	17.3%	1214万	16.0%	2.5%
戴尔	903.8万	12.6%	952.7万	12.6%	−5.1%
华硕	530.6万	7.4%	546.2万	7.2%	−2.9%
宏碁	518.3万	7.2%	556.2万	7.3%	−6.8%
其他	2617万	36.5%	3015万	39.8%	−13.2%
总计	7173万	100.0%	7569万	100.0%	−5.2%

资料来源：Gartner，2015 年 4 月。

表 3-3 2015Q2 全球 PC 出货量及增长率

	2015Q2 出货量	2015Q2 市场占比	2014Q2 出货量	2014Q2 市场占比	同比增速
联想	1346万	19.7%	1444万	19.1%	−6.8%
惠普	1192万	17.4%	1317万	17.4%	−9.5%
戴尔	958.7万	14.0%	1008万	13.3%	−4.9%
华硕	465.3万	6.8%	518.3万	6.9%	−10.2%
宏碁	455.8万	6.7%	571.1万	7.6%	−20.2%
其他	2422万	35.4%	2698万	35.7%	−10.2%
总计	6840万	100.0%	7557万	100.0%	−9.5%

资料来源：Gartner，2015 年 7 月。

表 3-4 2015Q3 全球 PC 出货量及增长率

	2015Q3 出货量	2015Q3 市场占比	2014Q3 出货量	2014Q3 市场占比	同比增速
联想	1499万	20.3%	1562万	19.6%	−4.0%
惠普	1366万	18.5%	1423万	17.8%	−4.0%
戴尔	1016万	13.8%	1011万	12.7%	0.5%
苹果	560.3万	7.6%	552.1万	6.9%	1.5%
华硕	544.8万	7.4%	680.4万	8.5%	−19.9%
宏碁	523.3万	7.1%	582.4万	7.3%	−10.1%
其他	1863万	25.3%	2173万	27.2%	−14.3%
总计	7373万	100.0%	7984万	100.0%	−7.7%

资料来源：Gartner，2015 年 10 月。

与 PC 的市场需求下滑不同的是，2015 年全球服务器市场摆脱 2013 年的疲态和 2014 年低速增长态势，恢复到中速增长区间。前三季度，出货量同比增速分别为 13.0%、8.3%、9.2%，增长速度较快。2015 年全球服务器营收也出现明显上升态势，第一季度时保持 17.9% 的快速增长，第二、三季度虽降至 7.5% 左右，但也实现了较快增长。就地区而言，亚洲 / 太平洋地区由于高达 23.8% 的出货量增长速度，该地区供应商在此时期的收入增长也最大，达 25.4%。全球各地政府、金融、电信、制造业等传统行业和超大型企业组织对云计算、大数据、物联网和移动互联网的大力推广应用是全球服务器营收增长的主要推动力。

表 3-5　全球服务器出货量与营收增长率

类别 ＼ 季度	2014年				2015年			
	Q1	Q2	Q3	Q4	Q1	Q2	Q3	Q4
出货量增长率	1.4%	1.3%	1%	4.8%	13.0%	8.3%	9.2%	—
营收增长率	−4.1%	2.8%	1.7%	2.2%	17.9%	7.2%	7.5%	—

资料来源：赛迪智库整理，2016 年 1 月。

表 3-6　2015Q1 全球服务器出货量及增长率

	2015Q1 出货量	2015Q1 市场占比	2014Q1 出货量	2014Q1 市场占比	同比增速
惠普	534559	20.0%	534652	22.6%	0.0%
戴尔	507433	19.0%	464141	19.7%	9.3%
联想	220379	8.3%	64970	2.8%	239.2%
华为	105803	4.0%	85919	3.6%	23.1%
浪潮	91847	3.4%	80929	3.4%	13.5%
总计	2669340	100.0%	2361712	100.0%	13.0%

资料来源：Gartner，2015 年 5 月。

表 3-7　2015Q2 全球服务器出货量及增长率

	2015Q2 出货量	2015Q2 市场占比	2014Q2 出货量	2014Q2 市场占比	同比增速
惠普	583790	21.7%	569795	22.9%	2.5%
戴尔	485745	18.0%	487923	19.6%	−0.4%
联想	222206	8.3%	77774	3.1%	185.7%
华为	122565	4.6%	88485	3.5%	38.5%
思科	82473	3.1%	79270	3.2%	4.0%
其他	1194464	44.4%	1189454	47.7%	0.4%
总计	2691244	100.0%	2492702	100.0%	8.3%

资料来源：Gartner，2015 年 9 月。

表 3-8　2015Q3 全球服务器出货量及增长率

	2015Q3 出货量	2015Q3 市场占比	2014Q3 出货量	2014Q3 市场占比	同比增速
惠普	613101	22.2%	569426	22.5%	7.7%
戴尔	501262	18.1%	490752	19.4%	2.1%
联想	242005	8.8%	85443	3.4%	183.2%
华为	134163	4.9%	93421	3.7%	43.6%
浪潮	99417	3.6%	91244	3.6%	9.0%
其他	1172725	42.4%	1200592	47.4%	−2.3%
总计	2762672	100.0%	2530878	100.0%	9.2%

资料来源：Gartner，2015 年 12 月。

存储市场方面，2015 年第三季度全球企业存储系统市场规模达到 91 亿美元，同比增长 2.8%；总出货量同比增长 31.5%，达到 33.1EB。市场营收规模增长最主要的动力来自超大规模数据中心和基于服务器的存储两大领域。以直接面向超大规模数据中心用户销售的 ODM 位列，该业务同比大幅增长 23.4%，达到了 13 亿美元；而基于服务器端存储销售也实现了同比 9.9% 的增长，达到了 21 亿美元的规模。外部磁盘存储市场仍然是全球企业级存储市场最大的细分市场，不过市场出现了同比 3.1% 的下滑，规模为 58 亿美元。在第三季度，EMC、HP 存储、Dell、NetAPP、IBM 分列磁盘存储市场前五名。在外部磁盘存储系统市场方面，受到软件定义的影响，整体市场规模正在逐步萎缩。

二、产业创新

ARM 架构产品创新加快，性能追赶 X86 架构。众所周知，桌面计算机芯片、服务器芯片和手机芯片属于不同的领域，PC 和服务器产品的芯片主要是 X86 架构，移动终端芯片主要是 ARM 架构。但近年来 X86 架构芯片的计算性能已经趋于极限，而 ARM 架构的计算性能反而不断提升，并正在逐渐逼近 X86 架构。目前，ARM 架构芯片的性能正在迫近 Intel X86 架构，高通、联发科、三星、海思等移动芯片企业均已经推出了基于 64 位 ARM 架构的手机移动芯片，64 位处理器产品大幅提高了产品的处理性能。AMD、APPlied Micro Circuits、中国申威等国内外企业都开始研发基于 ARM 架构的服务器产品试图对抗英特尔。2015 年 10 月，高通发布首款基于 24 核 ARM v8-A 架构的自研服务器 SoC。HP 已经采用 ARM 架构处理器推出服务器产品，戴尔和联想都有意将 ARM 架构处理器用于自己的服务器产品。

Power 生态国际合作创新取得阶段性成果。在 Power 服务器市场份额不断下滑的背景下，IBM 高层意识到中国市场的重要性，自 2015 年以来，不断深化与中国企业合作的广度和深度，开展先进领域合作，并出现阶段性创新成果。6 月，IBM、中晟宏芯共同发布基于 POWER 架构的第一款"中国芯"CP1 芯片。自工业和信息化部与 IBM 公司签署的支持 POWER 技术合作的谅解备忘录以来，一年以来双方合作取得了一定进展，相关的服务器芯片、服务器整机等产品已经研制成功。在 2015 OpenPOWER 中国高峰论坛上，多家 OpenPOWER 基金会成员企业也宣布了多项创新成果，其中包括基于引进消化技术的 CP1 芯片，以及基于 CP1 的服务器 RedPOWER 等产品。

超融合架构成为云计算领域的新宠。随着云计算的快速发展，超融合架构成为 2015 年的行业热点，VMware、Nutanix、SMARTX 等国际领导厂商和国内云计算、存储设备厂商纷纷推出超融合架构方案，产品主要包含了计算、存储、网络等基础条件的一套体系乃至硬件。超融合架构的价值在于摒弃了专用存储网络，不需要专门的共享存储系统，大大降低存储成本。超融合架构的服务器产品已经应用于企业数据中心、医院信息化建设、政务云等。目前"超融合"生态圈主要有 Nutanix、SMARTX、Simplivity 等超融合存储厂商。

云计算、大数据、信息安全助力中国服务器厂商加快创新步伐。当前，随着云计算、大数据、移动互联网、人工智能和网络安全等产业的发展，国内服务器厂商乘势取得可喜发展。在"中国制造 2025"和"互联网 +"战略的带动下，中国服务器厂商在不断完善自身产品线的同时，也带动了服务器行业的国产化发展。例如，2015 年德国 CeBIT 展会，以联想、华为、浪潮和曙光等为代表的中国服务器骨干企业在德国 CeBIT 大会上全面展示自身产品创新，带来精彩的产业战略演讲诠释。其中，浪潮展示了关键应用主机 K1、模块化数据中心以及高性能计算解决方案、TS860、整机柜服务器 Smartrack 等独具特色的产品。华为展示了 32 路关键业务服务器，OceanStor 9000 等创新产品，同时还展示了最快的闪存阵列、DC 3.0 等前沿技术。曙光在会上探讨了"工业 4.0、数据开发与利用、网络安全"等内容。联想在企业级业务领域，已拥有全球领先产品、技术实力和基础设施、人力资源储备，深度整合 System x 和大客户团队，发挥聚合优势。

多模形态笔记本成为市场黑马。2015 年，微软、英特尔联合 PC 三大厂商联想、戴尔、惠普推出的广告主题——PC does what？（电脑能做什么？）通过展示 PC 与以往不同的功能和外观，来唤醒人们对于 PC 的使用习惯，成了很多 PC 厂商寻求突破的切入口。PC 能做什么？也成了很多 PC 厂商在面对智能手机、智能穿戴的冲击时首先要回答的问题。微软推出 surface book，戴尔的无边框显示屏以及惠普的 360° 旋转屏，均令人眼前一亮。作为联想 PC 产品的先头兵，YOGA 系列的新品也试图重新定义 PC，赋予了 PC 更多的功能。以 YOGA 4 Pro 为例，这是一款与 surface book 类似的多模使用笔记本，它既可以当成笔记本使用，也可以转换成平板电脑，并且从性能、配置、外观、重量上看，也在尽量地满足用户在移动互联网时代下的需求。在联想 CEO 杨元庆看来，未来 PC 领域里，传统 PC、平板电脑和多模电脑将会三分天下。多模电脑很有可能成为未来 PC 领域新的增长点，并且在与未来物联网时代的其他各种智能终端竞争时不落下风，YOGA 系列的推出使得联想在多模电脑市场占得了先机。

第二节 发展特点

一、PC市场需求进一步呈现疲软态势

2015 年以来，全球 PC 市场需求进一步疲软，PC 出货量第一、第二、第三季度的增速分别为 –5.2%，–9.5%，–7.7%，同比下滑均超过上年，第四季度也将继续下滑。关于 PC 需求的疲软，一方面是微软停止支持 Windows XP 之后，企业仍不愿意购买新版本 Windows 操作系统的 PC，或者推迟了采购计划；另一方面是，全球日趋具有挑战性的经济和货币政策大变的环境、过渡期库存激增和智能手机、平板电脑等移动终端设备的热卖，对 PC 造成了同样重大的影响。此外，全球 PC 市场短期内仍面临缺少新产品及低库存等问题，最终导致的 PC 出货量萎缩程度远超预期。PC 行业需求进一步减弱，使得英特尔芯片业务也同样受损，并推迟 10nm 制造工艺的研发使用至 2017 年。IDC 预计，全年 PC 出货量或将进一步下滑 8.7%，且到 2017 年前不会有好转。

二、新兴计算技术与产品发展迅速

近年来，美国政府高度重视人机交互、神经网络计算、超低工艺芯片制造、DNA 生物计算等战略前沿技术的发展，美国企业也纷纷涉足新兴计算领域。例如，

微软推出"Hololens"全息眼镜，带来新的人机交互模式；加州大学圣地亚哥分校成功研制出一种模拟人脑运作方式的新型电脑样机；田纳西州数字推理公司建成包含 1600 亿参数的神经网络模型；IBM 公司成功研制了全球第一个完整集成的单片硅光子芯片，其计算能力高于目前性能最强芯片的 4 倍；等等。此外，各国政府均在前沿计算领域深度布局。英国在微芯片上实现量子隐形传态，在脑信息学中应用大数据分析技术。法国将军用网络安全技术扩展至民用领域。俄罗斯强化境内信息安全管理，促进本土信息存储商的发展。加拿大打造量子计算机逻辑门，支持量子技术的前沿研究及产业化应用。

三、全球存储设备市场迎来剧烈变化

2015 年 10 月 13 日，伴随着戴尔宣布以 670 亿美元的巨资收购存储巨头 EMC 后，全球存储市场，尤其是中国市场，均发生了较大的变化。首先从数据上看，2015 年上半年全球外部存储市场上，EMC 的市场份额是 29%，戴尔则为 7%，两者合并之后，EMC&DELL 的市场份额超过了 1/3，市场垄断地位突显。对中国区而言，华为以 17% 的份额排在第一，EMC 是 14% 排在第二，而 Dell 排名是第 6，份额是 5%。EMC 和 DELL 合并后，EMC&Dell 将重新夺回中国市场的第一名。此外，DELL 和 EMC 合并，对于低端市场格局影响不大，但 EMC&Dell 将在竞争最激烈的中端市场得到加强，拉开和第二名华为的差距。由于 Dell 没有高端存储，因此在高端市场，合并并不会带来格局的变化。当然，合并除了带来市场的格局变化外，产品的冲突将不可避免。EMC 的主力产品是 VNX，Symmetrix 和 XtremIO，还有 Data Domian 和 Isilon。DELL 的主力产品是 PowerVault MD，Compellent 和 EquaLogic。DELL 收购 EMC 也会对全球服务器市场带来较大冲击。

四、定制化服务器成为市场发展新动力

在信息产业迎来用户定义、应用驱动的背景下，定制化服务器蔚然成风，成为市场发展的新动力。谷歌、Facebook、亚马逊等互联网大鳄纷纷开始定制自己数据中心的服务器，甚至自制服务器芯片。中国厂商深入研发定制化服务器，推动市场新需求的发展。其中，曙光公司把服务器分成计算、存储、IO 和网络 4 大模块，针对每个客户按需求配置专属的"标准服务器"。浪潮通过轻度定制，营造生态链，完成从标准化大批量交付到定制化小批量交付的转变。2015 年，浪潮 SmartRack 50000 节点落地应用，定制化产品包括协处理加速整机柜服务

器、高温耐腐蚀整机柜服务器、冷存储整机柜服务器、高密度计算整机柜服务器、高性能存储整机柜服务器等。定制化服务器已经成为传统服务器厂商的创新亮点。

第四章 通信设备行业

第一节 发展情况

一、产业规模

智能终端方面。调研机构 TrendForce 的最新数据显示，2015 年全球智能手机出货量为 12.93 亿部，同比增长 10.3%；平板电脑市场总量约为 1.634 亿台，同比下滑达 14.9%。智能手机和平板电脑增速明显放缓，市场日趋饱和。

表 4-1　2013—2015 年全球移动智能终端出货量概况

类别	2013年		2014年		2015年	
	出货量	增长率	出货量	增长率	出货量	增长率
智能手机	10.04亿部	39.9%	12.86亿部	28.0%	12.93亿部	10.3%
平板电脑	2.18亿台	50.0%	2.34亿台	7.2%	1.634亿台	−14.9%

资料来源：赛迪智库整理，2016 年 1 月。

网络设备方面。2015 年前三季度全球网络设备市场总体呈现增长趋势，不过全球路由器、交换机和 WLAN 市场在不同时期和地区均有增长缓慢、甚至下滑迹象，中国网络设备市场的表现则要整体优于全球水平。2015 年全球光纤网络设备市场规模高达 125 亿美元，增长幅度为 3%。华为、阿尔卡特—朗讯、Cinea、中兴通讯（ZTE）和英飞朗引领 2015 年光硬件市场。

二、产业结构

通信设备主要包含移动终端设备（手机、平板等）和网络设备（路由器、交换机、基站、光通信设备等）两大类。

路由器、交换机、基站方面，全球市场维持稳定增长态势。（移动）互联网流量的持续增长，企业业务需求的变化升级，以及大数据、物联网时代的到来，都将推动全球企业级路由器市场持续增长，但考虑到该市场的成熟度和稳定性，预计增长幅度不会很大。随着（移动）互联网应用的增多，以及云计算的全面兴起和大数据分析需求的增长，大型企业、园区、数据中心、服务提供商等对路由器提出了更高的需求，包括应对流量的几何式增长、提升带宽效率、提升网络配置灵活性等，催生具备单槽位实现 12 口 100G 路由负载处理能力的路由器。与此同时，软件定义 WAN（SD-WAN）开始受到业界关注。802.11ac 无线标准 AP 的普及，给传统的低速端口交换机带来了不小的挑战。随着 2.5G 和 25G 以太网新标准的亮相，基于上述标准的新交换机将逐步成为市场中的热门产品。伴随 SDN（软件定义网络）和 NFV（网络功能虚拟化）的兴起，白盒交换机越来越受企业和运营商的关注，传统网络设备厂商的市场份额受到一定冲击。全球 4G 网络规模稳步增长，截至 2015 年 9 月份，已经有 147 个国家部署了 442 张 LTE 商用网络，但部署区域差异性很大，发展中国家覆盖率只有 19.4%，而发达国家覆盖率已经达到了 91%。中国继续保持高速的 4G 网络基础建设，2015 年 4G 投资达到 900 多亿元，4G 基站规模接近 150 万，占全球 4G 基站数量一半以上，4G 网络质量全球最佳。

光通信行业持续景气，市场表现可圈可点。光通信设备行业市场集中度非常高，全球五大设备商大概占到了全球 80% 的市场份额。华为连续多年来排名第一，且优势在不断扩大。2015 年五大设备商营收全部实现正向增长，特别是国内的两大设备商，增长幅度均超过 10%。在净利润方面只有阿尔卡特—朗讯呈现亏损状况。光通信器件领域，数据中心市场引领发展新潮流。光器件的两大市场，电信市场一直占据核心主导地位，但近几年增长放缓，数据中心市场增长强劲，预计 2015 年数据中心的光器件市场规模将达到 26 亿美元，将占到光器件总体市场的 1/3。2015 年全球光器件将达到 80 亿美元的市场规模，主要的增长将来自数据中心市场。数据中心的年增长率将高达 26.8%。这一部分的增长将主要来自数据中心对高速光模块的大量需求。40G/100G 光收发模块所占的比例越来越高，并且有超过一半用于数据中心的高速光互连。光器件子行业在光通信产业链上竞争最为激烈，全球前十的供应商占到全球市场份额的 63.22%。除了排名第一的 Finisar 超过全球市场份额的 10%，其他都低于 10%。

智能终端方面。2015 年，安卓系统继续稳固全球最大份额。安卓设备单位数量于 2015 年第四季度增长了 16.6%，占全球市场的 80.7%。这是因为安卓受益于中低价位智能手机的持续性需求，以及 iOS 在 2015 年第四季度在高端市场的增长趋缓。在高端市场方面，苹果第四季度销量的年增长率趋缓，但苹果在 2015 年仍减少了其与三星市场占有率之间的差距。Firefox OS 停止研发，这一操作系统宣告死亡。

表 4-2　2015 年 Q4 各操作系统的终端用户全球销量（单位：千部）

类别	2015Q4销量	2015Q4市占率	2014Q4销量	2014Q4市占率
安卓	325394.4	80.7%	279057.5	76.0%
iOS	71525.9	17.7%	74831.7	20.4%
Windows	4395	1.1%	10424.5	2.8%
Blackberry	906.9	0.2%	1733.9	0.5%
其他	887.3	0.2%	1286.9	0.4%

资料来源：Gartner，2016 年 2 月。

三、产业创新

（一）5G 迈入实质性发展阶段

IMT-2020 标志着 5G 系统的总体愿景和目标、进程及其部署时间均已获得官方确定。SK 电讯推出研发中心，希望将厂商、初创企业、终端制造商等力量聚合，共同攻克 5G 技术和服务。SK 电讯宣布将于 2017 年试用 5G 服务。华为、爱立信、诺基亚、大唐等通信企业从新业务、新架构、新空口等角度发力 5G 研究。急于重夺科技高地的欧盟 2015 年 3 月公布了 5G 公私合作愿景，5G 网络将在 2020—2025 年投入运营。德国电信 2015 年初也推出了 5G 创新实验室计划。而一度在 4G 领域落后于对手的美国运营商 Verizon 表示将于 2016 年测试 5G 技术。2015 年 10 月，NTT DoCoMo 成功测试 5G 无线网络。2016 年，5G 热度持续，且呈现前所未有的突破之势，前景可期。

（二）NFV 和 SDN 商业化加速

2015 年业界对 NFV 和 SDN 的关注程度日益提高。北美运营商在 SDN 领域进展最快，比如，AT&T 基于 SDN 技术实现的"随选网络"服务，在 2015 年上半年已扩展至美国 100 个城市。我国三大运营商已全面拥抱 SDN/NFV,以构建"智能化"的网络,适应未来网络发展需求。运营商引入 SDN,基本确定了先数据中心,再核心网、接入网的思路。目前 SDN 已在多省的云数据中心落地,产生了初步成效,并且逐步走向传输网以及企业专网等应用场景中。厂商也将 SDN 作为业务转型的着力点,华三通信携手淘宝网建成了国内最大的 SDN 网络,中兴通讯的 ElasticNet 系列解决方案已在全球部署了 10 多个 SDN/NFV 网络,涵盖运营商网络基础设施、云数据中心、企业网等应用场景,该方案在 2015 年全面参与了国内运营商在 SDN/NFV 各领域的测试实践,华为则在 OIF、ONF、IETF 等主流标准组织担当核心职位并贡献多种应用场景,与西班牙电信、沃达丰等运营商开展 T-SDN 领域联合创新,亦携手天津联通开通全球首个基于 ONOS 开源架构的 SDNIPRAN 企业专线业务,实现 IPRAN 专线业务的快速部署。华为在全球建立了多个 NFV/SDN 开放实验室,与中国移动、英国沃达丰、德国电信、日本 DOCOMO 等全球 30 多家运营商完成 CloudEdge 解决方案概念验证测试和网络预商用,打造多赢的 NFV/SDN 生态环境。同时,电信运营商也将其在云计算、开源、软件定义网络领域内积累的技术应用于 NFV,推动 NFV 的落地实现。

(三)载波聚合、VoLTE、小基站商用步伐不断加快

2015 年,载波聚合、VoLTE、小基站在多个方面均取得快速发展,商业化进程稳步推进。载波聚合被认为是提升无线网络速率的解决之道,在 4G 时期,随着技术走向成熟,载波聚合得到规模商用。因为国家政策、投入等原因,中国移动 4G 网络目前发展最快,最早具备部署 VoLTE 基础。此前中国移动原计划在 2014 年商用 VoLTE,但是却发现现网部署难度十分大。2015 年,中国移动 VoLTE 进展最快,中国电信和中国联通主要聚焦在试商用,为下一步规模商用奠定基础。小基站市场规模再攀高峰。小基站在打破网络容量限制、释放压抑的消费需求、探索新盈利增长点方面起到了至关重要的作用,是运营商深度覆盖精品网的首选。2015 年,它成为 MBB 技术创新的重要领域。

(四)超宽带技术研究进展顺利,为数据传输提供支撑

传统的带宽已无法满足井喷式增长的数据传输需求,互联网新应用需要大带宽支撑才能有效运行。在此背景下,超宽带(Ultra-Broadband)应运而生。2015 年,国外企业围绕超宽带接入网技术研发、超宽带骨干网升级与改造,以及超宽

带下的云应用这三个主题，在超宽带固定接入、超宽带移动网络、高速光传输网络、智能云路由 IP 网络、灵动 IP 业务平台等方面取得了一定进展。宽带部署进入高速建设和高速网络的新时期，市场对高速数据业务的巨大现实需求让各国政府的宽带建设资金迅速落地。意大利政府已出资 22 亿欧元支持全国超高速宽带部署计划，西班牙拨款 3.3 亿欧元向所有学校提供百兆宽带，德国政府拨款 27 亿欧元支持 2018 年前实现全民普及 50Mbps 宽带。英国宽带建设在 2015 年屡结硕果，2015 年 8 月，英国电信的光纤接入网络已覆盖英国 80% 的房屋。在提升普及率的同时，英国电信公司迎来了首批 G.fast 用户。2015 年 12 月，英国电信公司的 G.fast 技术升级版本 XG.fast 将铜线宽带网速提升至 5Gbps。将宽带网络向着超高速升级的运营商为数不少，新加坡电信于第三季度在选定区域推出一项 10Gbps 家庭宽带的试验性部署计划，澳大利亚国家宽带网络公司（NBN）公布了针对混合光纤同轴电缆网络（HFC）的升级计划，网络约覆盖 300 万座楼宇，澳大利亚电信运营商澳都斯（Optus）启动南十字电缆网络（SCCN）上的首个 100Gbps 国际网络服务项目。

第二节　发展特点

一、云计算、大数据对产业发展驱动作用显著增强

通过 SDN 和 NFV 等 IT 技术重构的通信网络，将会形成全新的弹性、智能的网络架构，数据中心成为 ICT 基础设施的核心，数据中心的布局和规划决定未来网络的架构，也决定了未来的竞争力。大数据产业步入加速发展期，并为信息技术行业注入发展活力，大数据业务对于计算能力和存储能力都有相当高的要求，推动数据中心及配套硬件产品的需求增长，各数据节点需要互联互通，大量数据将通过有线或者无线网络进行传输，进一步提升网络数据和网络传输设备市场的景气程度。

二、跨界融合成为企业竞争新方式

2015 年，以烽火、爱立信为代表的通信设备商均实现跨界发展，以拓展其全新成长空间，跨界融合已经成为通信设备商的一大主流发展方向。诺基亚集团以 156 亿欧元收购阿尔卡特—朗讯，成为继 2006 年阿尔卡特收购朗讯、诺基亚收

购西门子通信业务后电信设备企业又一笔重大收购。2015年11月，爱立信与思科合作创建未来网络，拓展业务边界实现新领域纵深，以应对华为、中兴等中国通信设备商的挑战。可以预见，随着通信设备商普遍加大新业务拓展力度，通信设备商长期持续成长将值得期待。

三、软件与服务对通信设备产业的改造效应日益显著

从关注功能向关注最终用户体验转变，从提供语音和带宽向提供丰富、开放的ICT融合信息服务转变，从基于人口红利的增长向应用创新增长转变带来了商业模式、运营模式、研发模式和科技创新的转变，驱动电信行业从封闭走向开放的数字化运营。随着网络数据、用户终端数量流量的激增，以及视频互动分享、设备协同、物联网等应用的蓬勃发展，网络云化、移动化已成潮流所向，网络融合、软件定义、云化、虚拟化及智能化逐渐成为引领下一轮网络技术变革的主导力量。

四、工业升级支撑作用日益凸显

全球制造大国均高度重视信息通信技术对新一轮制造业升级和创新的支撑作用，各国支撑制造业的信息通信技术和产业发展正处于早期阶段，发展潜力巨大。随着移动互联网、"互联网＋"、信息消费、物联网等业务不断增长，信息化和工业化融合不断深化，信息通信设备的需求仍将长期持续增长。未来数年，5G技术、核心路由交换、超高速大容量智能光传输等技术，研发高端服务器、大容量存储、新型路由交换、新型智能终端、新一代基站、网络安全等设备是各国竞争的焦点。

五、光通信领域迎来新发展契机

光通信进一步朝着超高速、超大容量、超长距离方向发展。移动互联网、物联网、云计算、大数据、软件定义网络及数据中心等网络技术及应用使光通信网络进一步向高带宽、大容量、高效承载及全IP化的分组光传送网方向演进与发展，软件定义网络及技术的发展不仅影响光通信网络的体系架构，还触及光通信产业的变革，其影响巨大而深远，数据中心光互联的发展需求以及数据中心向云数据中心的演进与发展又进一步拉动光通信产业的发展，为光器件、光模块、光通信系统带来新发展契机。

第五章　家用视听行业

第一节　发展情况

一、产业规模

2015 年，美欧等发达经济体温和复苏，日本经济则继续停滞不前，而大部分新兴市场国家也面临较大的经济下行压力。我国经济仍处在增长放缓的过程中，新的经济增长点和新时期的经济平衡尚未确立，下行态势还会持续一段时间。在此背景下，以电视为主体的全球家用视听产业虽然规模持续扩大，技术创新活跃度继续提升，但增速有所放缓。

据 TrendForce 旗下光电事业处 WitsView 最新数据显示，2015 年全球液晶电视总出货量为 2.15 亿台，同比衰退 0.6%，是继 2013 年后，再一次呈现液晶电视年度出货负成长的一年。其中韩系厂商三星和乐金电子分别以 4800 万台、3000万台位居全球液晶电视出货量第一、二位。中国厂商 TCL 与海信分别以 1310 万台、1280 万台超越索尼位列第三、四名。而日系品牌索尼以 1210 万台位列第五，且年衰退幅度达 19.3%。

表 5-1　2014—2015 年全球五大液晶电视品牌出货排名

彩电厂商	2015年			2014年	
	排名	出货量（万台）	年增长率（%）	排名	出货量（万台）
三星	1	4800	-1.2	1	4850
LG	2	3000	-7.8	2	3190
TCL	3	1310	0.2	4	1310
海信	4	1280	1.6	5	1260
索尼	5	1210	-19.3	3	1500
全球出货总量	21500		-0.6	21630	

资料来源：WitsView，2016 年 1 月。

二、产业创新

2015 年，显示技术依然延续了 2014 年的多元化发展态势，OLED、ULED、量子点、激光显示、裸眼 3D、8K 电视等新型显示技术不断突破。

OLED 电视在 LG 和中国的创维、康佳、长虹、海尔等企业的大力推动下，在 2015 年获得了长足发展。据 IHS iSuppli 数据显示，2015 年上半年 OLED 电视销售额增长了 317%，达到 75600 台，远超 2014 年全年 18000 台的销售量。LG 计划投资 10 万亿韩元兴建新的 OLED 工厂和生产线。三星在 2014 年宣布暂停 OLED 电视的研发后，于近日宣布计划将韩国天安市的五代线 LCD 面板生产线的所有设备出售，所获资金用于 OLED 的研发和生产。日本松下已经在欧洲推出了 65 英寸的 OLED 有机电视，并计划明年大规模在日本和相关重点彩电消费市场上市销售，再加上中国的创维、长虹、康佳、海尔等的助推，OLED 电视的"春天"应该很快来临。

在激光电视领域，海信从 2007 年开始布局激光技术至今，已经取得 141 项核心专利技术，核心的激光光学引擎 100% 自主研发设计，整机研发、设计、制造完全自主运营。2015 年 12 月 9 日，海信推出全新一代激光影院电视，并联合 14 家上下游企业共同成立首个激光影院电视产业生态联盟，为打造激光电视全产业链奠定坚实基础。

除此之外，夏普公司于 2015 年推出了 8K 液晶电视新品，通过全新四色技术使屏幕达到显示 8K 清晰度的水平。长虹的裸眼 3D 技术也取得突破：真正实现了全视角随意看、3D 细节逐点看以及 2D/3D 独立显示随意切换。

表 5-2 2015 年全球彩电领域典型产品一览表

企业	主要创新成果	主要特点
三星	SUHD TV	采用了4K曲面设计，面板采用了量子点技术，在对比度、亮度和色彩上均有所提升。最大的亮点是搭载了全新的Tizen操作系统，内容更加丰富，娱乐功能突出。
LG	升级版的OLED、webOS 2.0电视	LG在CES展会期间发布了升级版的OLED、webOS 2.0电视。LG在发布会上重申对三大主要功能：设备控制、家庭浏览和和智能客户服务进行了全面升级。
	超薄电视	LG Display展示了这款概念产品，其如墙纸般纤薄。这款55英寸的显示器重量为1.9公斤，厚度不足一毫米。其可以通过磁性材料贴在墙体表面，用户亦可随时从墙上揭下。

（续表）

企业	主要创新成果	主要特点
	超高清曲面OLED电视EG960T	采用LG公司专利WRGB技术，在像素结构上增加了白色子像素，让色域更宽广，色彩更逼真，同时支持无限对比度，让黑色和其他颜色更加完美地实现色彩渲染。
	111英寸双面4K电视	拥有巨大的显示屏，并且呈双边弯曲的波浪形状。尽管它的厚度仅有几毫米，但是它是一款双面电视机，这也使得它能够同时在两面的屏幕中播放不同的视频内容。
索尼	新一代旗舰彩电X9000C系列	索尼新一代旗舰彩电X9000C与2013年、2014年的旗舰新品已经有较大的内涵改变。采用4.9毫米超薄机身、新的X1型号的4K画质处理器、安卓5.0。
飞利浦	4K量子点电视	此款电视搭载了飞利浦4K锐腾核芯技术、独家流光溢彩技术，以及QDVision的ColorIQ技术。ColorIQ量子点光学技术相比普通LED电视的74%色域值，可为各类显示屏提供一个可以达到110%的NTSC全色域色彩表现的优秀解决方案。
夏普	8K电视	8K液晶电视新品，采用了全新四色技术，通过"红绿蓝黄"的像素构造，使屏幕达到显示8K清晰度的水平。
海信	VIDAA 3电视	在海信VIDAA 3电视上，用户最频繁使用的切换应用等操作只需0.1秒。
	ULED曲面电视	采用4K曲面面板，观看视角和舒适度进一步提升。核心背光技术全面升级，动态对比度达900万：1，峰值亮度可达900尼特。
	曲面量子点电视	该款曲面量子点电视采用了海信的ULED精细布光技术、VIDAA3智能操作系统以及QD Vision的Color IQ光学技术。
长虹	第二代CHiQ互联网电视	CHiQ二代电视通过DCC（Device Connection Control，设备连接及控制）协议，实现"M+双芯"智联技术，让电视配置可升级。
	裸眼3D电视	裸眼3D显示技术具有三大优势：一是新型柱状透镜，真正实现了全视角随意看;二是4K/2K的高色域和高透光性，实现了3D细节逐点看;三是景深适应及动态捕捉技术，实现2D/3D独立显示随意切换。
乐视	第三代超级电视	乐视极限旗舰Max超3 Max65采用4核1.4GHz高性能4K智能电视芯片Mstar6A928，Mali T760顶级旗舰GPU。显示方面，选择了LGD的65英寸原装4K面板，支持FPR不闪式3D，物理分辨率为3840 x 2160。
	支持手控的新型电视	以色列、赫兹利亚讯—机器视觉、传感和手势识别技术的领导者—eyeSight与乐视合作，联合推出中国第一款指尖跟踪、手势控制的电视机。该电视可感应到5m之内的动作，可在很暗的环境下识别。
	120英寸电视之王uMax120	全球最大3D、4K电视——120英寸电视uMax120。uMax120搭载全球唯一十代线夏普SDP提供的120英寸4K面板，支持3D，并采用目前业界性能最好的4K智能电视芯片Mstar 6A928。

（续表）

企业	主要创新成果	主要特点
小米	小米电视2	55英寸小米电视2拥有6毫米极窄全铝合金边框和15.2毫米纤薄机身，采用三星真4K屏幕和瑞仪背光模组。搭载了MStar 6A928高性能电视处理器、2GB DDR3内存和8GB高速闪存。
创维	T60超级电视	康佳携GITV、腾讯发布T60超级电视，采用8核智能平台，A9架构，基于安卓4.4，搭载了康佳最新的YIUI易柚操控系统。
	"三合一"智能电视A43	酷开A43独创性地用一块智慧屏幕为儿童、父母、年轻人三类人群打造专属的体验界面。酷开A43接入中央银河互联网电视集成播控平台，拥有央广TV、江苏互联网电视等众多内容服务平台汇聚的海量优质内容
	OLED电视	此次推出的OLED电视采用LG Display提供的4色4K OLED面板，搭载瑞昱提供的处理芯片，音视频效果方面采用Dolby Vision技术。
	全球首台量产4KHDR电视	创维4K HDR电视将液晶屏幕的亮度提升至900尼特，加入的具有自主知识产权的高动态、高亮度、高对比度的背光控制技术，实现了LED动态多分区光源处理。
TCL	55英寸超薄曲面智能电视C1	C1机身薄度仅为5.9毫米，比苹果iPhone 6还要薄上1毫米，这是曲面LED电视前所未有的薄度。
京东方	全球最大尺寸110英寸8K屏	此款超高清显示屏，采用京东方（BOE）独有的ADSDS超硬屏技术，视角达到178度，亮度达600尼特（nit），分辨率为7680×4320，是目前主流高清电视分辨率的16倍。

资料来源：赛迪智库整理，2016 年 1 月。

三、产业结构

智能电视方面，2015 年销售量显著上升，根据 Display Search 数据显示，2015 年 1—6 月份，全球彩电总销量达到 9792 万台，其中智能电视的总销售量高达 4019 万台，占彩电总销量的 41%。也就是说，上半年全球每卖出 10 台电视，有 4 台是智能电视。在中国，智能电视的占比则更高。据中怡康推总数据显示，2015 年上半年智能电视市场份额达 82.2%。在销量上升的同时，渗透率也在持续提升，全球智能电视的渗透率已经超过 43%，中国智能电视渗透率已经超过 70%。智能电视主要厂商在操作系统、内容及应用、人机互动等方面进行了诸多尝试和探索。目前，主要发达国家和地区以及中国大陆地区的智能电视生态已经相当完整，未来智能电视的发展关键将集中在内容营运。

4K 电视方面，在上游面板厂商推动、整机厂商加速产品高端化升级以及

4K 面板和整机价格不断下降等因素的影响，全球 4K 电视渗透率稳步提升。据 Displaysearch 数据显示，2015 年第一季度超级高清（4K）电视机的出货量同比增长了将近 400%，达到 470 万台。中国是 4K 电视的最大市场，第一季度出货量超过 260 万台，占全球的 55%，同比增幅也达到了 244%。2015 年全年 4K 电视渗透率达到 31%，同比增长 17%。在美国，2015 年第三季度 4K 超高清电视销量同比增加了 494%，前三季度共售出超高清电视 200 万台。据 Futuresource Consulting 发布的全球电视市场报告显示，尽管电视销量整体会下降，但 2015 年 4K 电视出货量预计将增长 147%，将突破 3000 万台。

OLED 电视方面，2015 年被业界普遍认为是"推广元年"。随着三星的回归以及越来越多厂商的加入，市场对 OLED 电视的关注热度持续提升。据 IHS iSuppli 数据显示，2015 年上半年 OLED 电视销售额增长了 317%，达到 75600 台，远超 2014 年全年 18000 台的销售量。在中国，据奥维云网发布数据显示，2015 年 OLED 电视零售量为 4.3 万台，占比 0.1%。

第二节 发展特点

一、日系品牌全面衰退，边缘化发展态势已成定局

2015 年，受全球经济放缓、日本整体经济环境低迷以及企业创新能力不足等因素影响，日系彩电市场份额继续萎缩，边缘化发展态势已成定局。2015 年 2 月，松下发布公告关闭了其在华的最后一家彩电工厂，此举意味着松下已全面停止了在中国的彩电自主化生产。尽管其强调还将以贴牌代工方式在中国销售松下彩电，但松下彩电在中国市场已经难觅其踪。3 月，东芝公司宣布将陆续停止研发与销售面向海外市场的电视，仅保留在日本国内市场的研发与销售业务。目前东芝公司电视业务的海外市场主要分布在北美、欧洲与亚洲市场。在北美市场，东芝公司将向仁宝电脑工业提供品牌授权，负责"TOSHIBA"品牌电视的开发、生产直至销售，而东芝则收取授权费。在欧洲和亚洲市场，也将停止自主开发和销售。索尼公司面对低迷和亏损的电视、智能手机业务，在继续剥离消费类业务之外，也在通过关闭海外亏损工厂减少亏损。在 2014 年出售了波兰的电视机工厂后，2015 年初又将位于墨西哥的工厂出售给中国的海信集团。如此一来，索尼主要的电视机生产工厂将全部回流日本。随着日系品牌的日渐没落，韩系彩电

品牌则在近年获得快速发展。根据 WitsView 报告显示，2015 年第三季度全球液晶电视出货量排名中三星电子（Samsung）和乐金电子（LG）位居前两名，韩国品牌正逐步替代日系品牌成为全球高端彩电市场的主流品牌。虽然由于日系电视品牌逐步退出全球市场，给中国、韩国品牌都留下了巨大市场空间，但在高端市场中国品牌依然无法与韩系品牌直接抗衡。但随着中国品牌国际化进程加快以及技术创新能力的增强，双方在全球市场的竞争将更趋白热化。

二、显示技术日趋多元化，技术阵营持续分化

2015 年，显示技术发展日益多元化，OLED、ULED、量子点、激光显示等新型显示技术不断涌现，技术路线之争变得空前激烈。LG 是 OLED 电视最坚定的支持者，同时也在不遗余力地推动 OLED 技术的发展。目前，LG、创维、康佳、长虹、海尔等企业共同组成中国 OLED 显示产业联盟，希望在五年内促进 OLED 电视成为彩电领域的主流产品。另一技术阵营是海信主导的 ULED 技术和激光电视。海信一直认为 OLED 电视良品率低、价格昂贵、残影和寿命短等技术难题无法突破等问题会极大影响其市场影响力及接受度。因此海信另立阵营，选择发展 ULED 和激光电视。海信自主研发的 ULED 电视应用背光独立控制技术和 HiView 画境引擎技术，具有高动态范围、高色域、高清晰度、高流畅度的特点。而且激光电视还将打破传统电视的尺寸限制，无屏显示将成为可能。TCL 则是量子点电视阵营的主导者。继 2014 年底 TCL 正式推出全球首款量子点电视后，2015 年的 4 月 8 日，TCL 在打通了量子点显示技术与曲面显示技术后，推出了量子点曲面电视，实现了量子点电视技术的又一重大突破。由于量子点电视突出的性能优势引来众多厂商争相布局，三星、海信、京东方、华星光电、龙腾光电等国内面板厂商都在共同推动该技术的发展，形成一支量子点显示技术的强大阵营。显示技术之争虽然代表着不同的技术发展理念，但毋庸置疑，竞争的结果一定是彩电品质、性能的极大提升，这会极大促进彩电产业的快速发展，也为消费者提供体验更佳的产品。

三、"高、大、曲、智"渗透率持续提升，精品化战略成为主流

2015 年，智能电视技术和产品创新继续保持活跃，超高清、激光投影、量子点、OLED、网络多媒体、新型人机交互、绿色节能等新技术取得重大突破，智能电视新产品持续涌现，催生新的消费热点。据 Displaysearch 数据显示，2015 年全

球二季度 4K 电视的出货量比上年同期增长 197%，达 620 万台，而第一季度 4K 电视机的出货量同比增长了将近 400%。据 WitsView 数据显示，2015 年全球曲面 LCD 电视总出货量将达到 400 万台，渗透率预计为 1.9%。2016 年全球曲面 LCD 电视年出货量可能将突破 800 万台，市场渗透率估计将达到 3.6%。而 OLED 电视由于价格较高，大规模市场推广时机仍未成熟，WitsView 估计，2015 年 OLED 电视市场渗透率大约为 0.2%。2016 年将接近 0.5%。在美国，据知名的行业组织 DEG（美国数字娱乐集团）数据显示，截至 2015 年第三季度，美国境内 4K 电视增速明显，达到了 494%，呈井喷之势。全美范围内收看高清电视的用户数量约为 9600 万家，有 200 万家庭已经拥有了 4K 超高清电视。在中国，据奥维云网数据显示，2015 年第三季度，UHD 电视的市场占比为 34%，同比增长 19 个百分点。除此之外，智能电视的市场渗透率也有较大提升。据 Displaysearch 预计，2015 年全球智能电视的渗透率将超过 43%，其中中国智能电视渗透率已经将近七成。目前，主要发达国家和地区以及中国大陆地区的智能电视生态已经相当完整，主要品牌厂商针对智能电视在操作系统、内容输入、人机互动等方面进行了诸多有益的探索的尝试。

第六章　集成电路行业

第一节　发展情况

一、产业规模

全球半导体贸易协会（WSTS）的统计数据显示，2015年全球半导体市场规模达到3364亿美元，同比仅增长0.2%，经历了连续三年的快速增长后再次趋缓。虽然光电子、传感器和模拟芯片均有所增长，但由于分立器件和微芯片、逻辑芯片和存储器芯片等集成电路芯片均下降，从而使整体市场相比2014年基本持平。各细分市场中增速最快的是光电子，2015年同比增长12.1%，达到335亿美元。

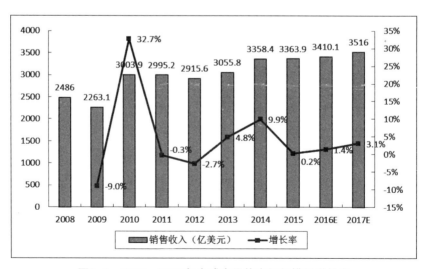

图6-1　2008—2017年全球半导体市场规模及增长率

资料来源：WSTS，2015年12月。

集成电路芯片下降 0.7%，达到 2753 亿美元。模拟芯片同比增长 2.5%，达到 455 亿美元。WSTS 预估 2016 年半导体产值将增长 1.4% 至 3410 亿美元，2017 年续增 3.1%，至 3516 亿美元。

二、产业结构

从具体产品看，半导体市场主要由分立器件、光电器件、传感器和集成电路四大类产品构成，2015 年其市场规模分别为 187.9 亿美元、334.9 亿美元、87.9 亿美元和 2753.2 亿美元，分别占全球半导体市场的 5.6%、10.0%、2.6% 和 81.8%。除了光电器件大幅增长以外，其他均呈现缓慢增长或下滑，同比分别增长 −6.8%、12.1%、3.4%、−0.7%，与 2014 年的高速增长反差明显。

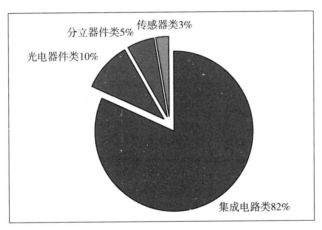

图6-2　2015年全球半导体市场结构

资料来源：WSTS，2015 年 10 月。

集成电路产品又分为模拟芯片、处理器芯片、逻辑芯片和存储芯片四种，2015 年其市场规模分别为 454.8 亿、611.7 亿、902.1 亿和 784.5 亿美元，分别占集成电路市场份额的 16.5%、22.2%、32.8% 和 28.5%，与 2014 年各器件市场份额占比相比基本没有变化。不同于 2014 年各类集成电路均高速增长，2015 年只有模拟器件保持增长，同比增长 2.5%，其他均为下滑，处理器芯片、逻辑芯片和存储器芯片分别下滑 1.5%，1.6% 和 1%。

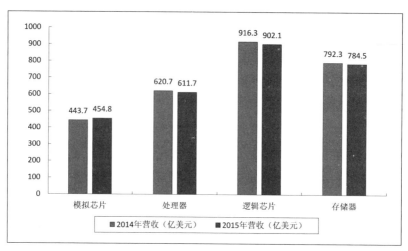

图6-3 2014—2015年全球集成电路产品营收情况

资料来源：WSTS，2015 年 12 月。

三、产业创新

（一）10nm 及以下集成电路先进工艺研制成功

10nm 被普遍认为是 16/14nm 和 7nm 之间的一个过渡节点，而 10nm 以下的技术节点才是重大的产业升级，具有较长的生命周期，所以 7nm 技术得到业界的更多关注。7nm 制程相对于 10nm 面积缩小近 50%，可以容纳 200 亿以上的晶体管，效能可提升 50%。2015 年的国际固态电路会议（ISSCC）上，英特尔继续研究如何遵循摩尔定律，从而将制程推进到 7nm 甚至更小。为了实现 7nm 工艺，英特尔认为新材料的应用将不可避免，其可能在这 7nm 节点放弃传统的硅工艺。最有可能替代硅的材料是 III–V 族半导体，比如砷化铟镓（InGaAs）。由于 III–V 化合物半导体材料具有更大的能隙和更高的电子迁移率，因此可以运行在更高的频率下并承受更高的温度，其用来取代 FinFET 结构中的硅材料制成的鳍片。而化合物半导体的采用并非刚刚出现，IMEC 在 2014 年曾宣布在 22nm 技术节点上应用磷化铟和砷化铟镓开发 FinFET 化合物半导体。如果在 10nm 以下工艺的量产中果真使用 III–V 族化合物半导体，则意味着硅工艺的终结。同时，从英特尔透露的材料中可以推断其在 10nm 以下技术中可能不会使用 EUV 技术。另外，台积电也宣布计划将于 2017 年开始 7nm 的试制，2018 年实现量产。

目前已实现 7nm 工艺测试芯片的是 IBM 公司。2015 年 7 月，IBM 发布全球首款 7nm 工艺的测试芯片，采用硅锗（SiGe）材料部分替代原有的 Si，并采用了 EUV 和 193nm 的混合光刻模式。这一成果由 IBM、GlobalFoundries、三星和半导体设备商等一起合作完成。

7nm 以下的工艺节点被认为是 5nm，其产品商业化还相当遥远。2015 年 10 月，IMEC 与电子设计创新企业 Cadence 设计系统公司宣布实现了 5nm 技术的测试芯片的成功流片。其采用 EUV 和 193nm 浸液式光刻和自对准的 4 次图形光刻技术的混合光刻模式。按照目前的世界半导体技术路线图（ITRS），5nm 工艺将在 2020 年到 2021 年实现量产。目前 5nm 工艺依然有众多选择，包括 2.5D、3D 堆叠技术、先进的 FD-SOI 技术和采用化合物半导体和石墨烯新材料等。

表 6-1　10nm 及以下工艺节点总结

工艺节点	研发时间	量产时间	使用的关键技术
10nm	2015年	2016年底	4次193nm浸液式光刻
7nm	2015年	2018年	SiGe材料、III-V族化合物半导体、EUV和193nm的混合光刻
5nm	2015年	2020—2021年	EUV和193nm的混合光刻、2.5D、3D堆叠技术、先进的FD-SOI技术、采用化合物半导体和石墨烯新材料

资料来源：赛迪智库整理，2016 年 1 月。

（二）石墨烯技术发展迅速

为了实现 7nm 以下的集成电路，寻找新材料来替代硅是一个不容回避的任务。除了化合物半导体和 SiGe，石墨烯也是潜在材料之一。石墨烯是碳的众多同素异形体中的一种，它是一种由碳原子组成的呈蜂窝形状的六角形平面薄膜，是只有一个碳原子厚度的二维单原子层材料，是已知的最薄的材料。石墨烯具备众多优异的力学、光学、电学和微观量子性质。它是目前最薄和最坚硬的纳米材料，同时具备透光性好、导热系数高、电子迁移率高、电阻率低、机械强度高等众多优异性能，有潜力成为 7nm 及以下制程的应用材料。

石墨烯的产业化制备技术正在不断完善，逐渐朝着原料利用率更高、石墨烯尺寸更大、更稳定、更均匀的方向演进。在机械性质技术应用领域，复合材料、吸附剂、过滤膜等形状改变不断突破，应用范围不断扩大。在电子领域技术的应用将成为后续发展的热点，这也是石墨烯被视为革新性材料的重要原因。从各国制定的技术研发路线图可以看出，新型电子器件将层出不穷。在欧盟的石墨烯开发蓝图中，模拟晶体管、逻辑晶体管、太赫兹发生器、锁模激光器、偏振控制器、调制器等均是未来石墨烯半导体应用发展的目标。

（三）量子计算机有突破性进展

量子计算是一种基于量子效应的新型计算方式。基本原理是以量子位作为信息编码和存储的基本单元，通过大量量子位的受控演化来完成计算任务。其中量子位的概念是指一个具有两个量子态的物理系统，如光子的两个偏振态、电子的两个自旋方向，原子中电子的两个能级等都可以构成量子位的两个状态，而基于量子叠加原理，一个量子位可以同时处于 0 状态和 1 状态，当改变量子系统的状态时，叠加的各个状态都可以发生变化。

谷歌于 2013 年从加拿大量子计算公司 D-Wave 购买了被称为"世界上首台商业化量子计算机"的 D-Wave two，它是 D-Wave 公司的第三代产品。根据 D-Wave 公司介绍，512 位量子计算机包含 512 个超导电路，每个电路都是一个微小的电流回路。这些电路被冷却到接近绝对零度，达到一个量子状态，此时这些微小回路中的电流可以同时顺时针和逆时针流动。当用户向量子计算机发出任务请求时，计算机算法会将它们映射到超导电路，然后由它们执行计算其采用了 512 量子比特的处理器，理论运算速度已经远远超越现有任何超级电子计算机。

量子计算机技术的实现依然非常遥远。D-Wave 执行量子退火算法（quantum annealing）的性能远远胜过经典计算机执行模拟退火的性能，而在另一项量子蒙特卡罗算法测试中，量子计算机的速度同样比经典计算机快。但是由于 D-Wave 本身就是一个量子退火系统，所以其解决特定的计算问题会优势尽显，而一些通用任务的处理难以超过传统硅处理器。如果让普通计算机采用更好的模拟退火算法，D-Wave 的速度可能只是快 100 倍，而如果在普通计算机上运行其他更复杂的算法，其计算速度甚至可以击败 D-Wave。

第二节　发展特点

一、市场规模增长放缓，市场驱动因素发生转折

随着传统 PC 业务进一步萎缩，智能终端市场需求下降，全球集成电路市场规模增长逐步放缓。PC 方面：由于多年未出现颠覆性的产品来激发消费者的换机欲望，且 2015 年微软的 Windows 10 操作系统提供免费在线升级服务，使得众多消费者选择了升级系统而不是更新机器来提升 PC 性能，因此根据 IDC 发布的最新数据显示，2015 年第三季度全球 PC 出货量为 7100 万台，同比下降 10.8%。平板电脑方面：随着智能手机的大屏化，平板电脑的功能性被智能手机部分替代，加之平板电脑的更换周期较长，导致市场需求量下滑。全球平板设备出货量为 4870 万，同比下降 12.6%，已连续 4 个季度下滑（IDC）。智能手机方面：随着中国智能手机渗透率的提高，智能手机市场日趋饱和，中国手机市场已逐步转向成熟市场，并导致全球手机市场增速显著放缓。全球智能手机市场总出货量同比增长 6.8%，增速相对于 2014 年第三季度的 25% 显著放缓（IDC）。应用市场的需求下降带来了全球半导体市场增速的放缓。根据美国半导体行业协会（SIA）公布的数据显示，2015 年 7 月全球半导体销售额为 278.83 亿美元，同比下降 0.9%，自 2013 年 5 月来首次出现下滑。而世界半导体贸易统计组织（WSTS）预计 2015 年全球半导体市场将缓慢增长，2015 年增长率为 0.2%，远低于 2014 年 9.9% 的增速。

在 PC 和平板电脑等传统消费电子设备销量面临挑战时，物联网将成为下一个快速拉动集成电路市场的重要增长点。IDC 数据显示，物联网市场的年增长率有望达到 13%，到 2020 年市场规模将达到 3.04 万亿美元，全球将有数十亿部设备联网。集成电路芯片是实现物联网的基础，所有连接物联网的设备都将拥有多颗用来实现感知信息的 MEMS 传感器芯片、传输信息的射频芯片和处理信息的 MCU 芯片，其对集成电路的需求将超越 PC、平板和手机等传统集成电路应用领域。物联网还将带动如可穿戴设备、智能网联汽车、智能电网、网络设备、工业控制、医疗电子、卫星导航等市场对集成电路芯片的巨大需求。全球重点集成电路企业也加强对物联网业务的布局，如英特尔积极部署物联网，包括车联网、智能楼宇、

智能安防，并推出物联网端到端的全球标准；IBM 宣布投资 30 亿美元成立物联网事业部，与大数据紧密结合挖掘商用市场；德州仪器退出移动市场后立刻转战物联网、模拟芯片和嵌入式等市场。

二、联合研发趋势兴起，整机企业趋向自研芯片

随着工艺制程的不断缩小，单一厂商愈发难以满足不断攀升的投资规模，产业模式亦悄然发生着变化，设计企业和制造企业不断开展联合研发。与此前的 IDM 拆分剥离减轻企业负担不同，现在的设计与制造结合是优势资源的集中利用。高通就先后与格罗方德、台积电以及中芯国际等代工企业在 28nm 芯片制程上开展过合作，也与联电共同研发过 18nm 制程。上海华力微电子近期也宣布与联发科合作的 28nm 芯片顺利设计定案。随着工艺制程的复杂度提升，企业合作将更为广泛。在 14nm 节点，继三星与台积电后，联电与 ARM、Synopsys 合作完成 14nm 测试流片，国内的中芯国际、华为、高通和 IMEC 联合投资成立新公司研发 14nm 技术，合作研发愈演愈烈。

终端市场竞争激烈，整机厂商自研芯片有望脱颖而出。当前，大部分终端设备除在工业设计和其他一些小的方面之外并没有太多的实质性差异，各生产厂商所选择的核心芯片也大都来自 Intel、高通等几家主流芯片厂商，产品竞争优势并不明显。"三业"分离的集成电路产业模式为终端厂商做芯片提供了良好的条件。整机厂商通过自主研发芯片，可以根据自身产品的定位与特定性能在功率和性能方面做出调整，不仅能和其他厂商区分开来，而且节约成本。如苹果在 iPhone 4 之前的前三代处理器产品设计和代工都依赖于三星，2008 年开始自行设计芯片。目前苹果已经成为全球第四大芯片设计公司，其拥有的 AP、ISP 和 SSD 控制器等产品使其手机、平板、计算机等终端拥有较大的特色及独立自主权。国内的华为从 1993 年研发程控交换机芯片开始，通过自行设计芯片，提高了整机产品的竞争力。华为旗下海思半导体开发出麒麟系列手机处理器芯片，有效地支撑了华为手机业务的发展。除此之外，许多非传统的半导体公司也陆续开展了集成电路芯片设计。如希捷收购安华高的 SSD 控制器业务，开发芯片节省其存储产品的中间成本；西部数据也已进入 SSD 控制器芯片研发领域；谷歌正在计划自主设计移动处理器，有望将现实增强、虚拟现实的特定性能加入 Android 系统的生态体系中，实现软件和硬件更紧密的结合。国内的小米与联芯的合作研发中低端手

机芯片；海信日前也发布自主研发 SOC 级画质芯片。

三、摩尔定律演进趋缓，新材料新工艺不断涌现

集成电路技术主要沿着三个方向发展：一是延续摩尔定律（More Moore），即集成电路芯片的特征尺寸仍在不断缩小；二是扩展摩尔定律（More than Moore），以系统级封装为代表的功能多样化道路成为半导体技术发展的新方向；三是超越 CMOS（Beyond CMOS），探索新原理、新材料和器件与电路的新结构向着纳米、亚纳米以及多功能化器件方向发展，以碳基纳电子学、自旋电子器件、分子开关等为代表的后 CMOS 技术将会快速发展。从标准集成电路制造工艺技术来看，在英特尔的推动下，基本仍然按照摩尔定律演进。但是随着特征尺寸的持续缩小，传统工艺和硅材料逼近物理极限，以及研发费用的剧增，摩尔定律的速度开始放缓。如英特尔公司继 2011 年量产 22nm 技术后，桌面 CPU 的 14nm 工艺推迟到 2015 年 8 月才量产，比预计的时间推迟了 1 年半。业内预测 10nm 可能要到 2018 年以后才能量产，7nm 将会在 2020 年以后得到应用。

制造技术节点更新难度越来越大，因此企业纷纷在新型器件和新材料上寻求突破，如 III-V 族材料、石墨烯、碳纳米管等材料由于优良的特性开始在特定应用领域得到使用。近日，来自德、日、美三国的科学家团队将酞菁分子放置在砷化铟晶体的衬底上，制造出了分子级别的晶体管，将晶体管体积缩小到了 167 皮米，比 IBM 最小的 7nm 芯片缩小了 42 倍。各种新型存储器技术一直吸引着产业界的关注，包括 PRAM（相变随机存储器）、MRAM（磁性随机存储器）、RRAM（阻变随机存储器）等。美国 Nantero 公司以碳纳米管为基础研发了 NRAM，速度比 NAND Flash 闪存快一千倍，公司已经进行多轮融资，新产品即将推向市场。

四、产业并购数额巨大，强强联合成为并购常态

全球集成电路产业发展已经进入了成熟期，不少领域已形成 2—3 家企业垄断局面，产业格局面临重塑。随着物联网等新兴领域带来的发展机遇，半导体研发成本的逐年上升，以及市场竞争压力等因素，使得 2015 年全球行业并购案频发。根据 IC Insights 的数据显示，2015 年全球并购交易规模超过 1000 亿美元，短短上半年时间，已经宣布的半导体收购案涉及金额高达 726 亿美元，这是过去 5 年（2010—2014 年）并购交易平均值的近 6 倍。其中不乏涉及金额在百亿美元以上的并购案，如 2015 年 5 月，安华高以总计约 370 亿美元的现金和股票收购博通，

成为全球半导体行业历史上最大规模的一桩并购案；随后英特尔宣布以167亿美元收购FPGA企业Altera，成为该公司有史以来涉及金额最大的一次收购案；近期美国西部数据豪掷190亿美元收购闪存大厂闪迪，整合固态硬盘产业；恩智浦以118亿收购飞思卡尔，延长汽车电子和物联网产品线。国内资本也开始走上国际并购的舞台，如华创投资以19亿美元与OV达成并购协议，建广资本18亿美元收购NXP的RF部门，武岳峰资本7.3亿美元购得ISSI，长电7.8亿美元并购星科金朋，盛世宏明收购Silex 98%的股权，以及最近紫光集团入股我国的台湾力成、南茂等。

随着市场竞争加剧，半导体企业选择抱团取暖，强强联合的并购方式成为并购新常态。如恩智浦和飞思卡尔在合并前，在车用半导体市场排名分别在第四、第五左右，但合并后的新恩智浦立刻跃升为汽车电子市场的龙头，一举超越日本的瑞萨电子、德国的英飞凌和美国的德州仪器等传统强势企业。安华高收购全球排名第九的博通，打造云端存储的物联网解决方案，合并后的新公司将跃居全球第六。近期，全球排名第三、第四的两家芯片设备公司科林研发（Lam）和科天（KLA-Tencor）宣布合并，积极布局10nm工艺技术，也将跃居集成电路设备领域的龙头企业。

第七章　平板显示行业

第一节　发展情况

一、产业规模

受电视平均尺寸增加，大屏手机、车载显示和公共显示迅猛发展的拉动，近年来全球新型显示产业保持了持续增长态势。2015年全球新型显示产业销售收入超过2000亿美元，其中面板产值超过1400亿美元。2015年新型显示面板出货面积为1.72亿平方米，同比增长5%。从2012年开始新型显示面板需求面积的复合年增长率（CAGR）预计将达5%，到2020年增长至2.24亿平方米。2015年平板显示行业大尺寸显示器继续盛行。

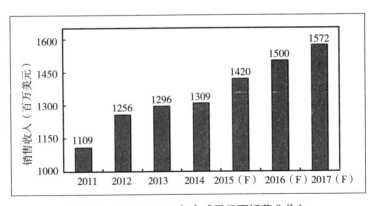

图7-1　2011—2017年全球显示面板营业收入

资料来源：赛迪智库，2016年3月。

2015年，中小尺寸平板显示市场整体出货量，包括TFT-LCD、AMOLED和主动式电子纸显示器（AMEPDs），增长了约8%（达到了25亿片）；不过，随着多功能智能手机在全球市场的不断渗入，数码相机、便携式游戏设备、便携式音乐播放器、摄影机和其他设备的需求逐渐下降。IHS DisplaySearch 研究表明，移动手机面板出货量比去年增长 10%，中小尺寸平板电脑面板出货量增长 7%，车用显示器面板的出货量增长了 33%，约为 8730 万片。

二、产业结构

大尺寸面板方面，据 WitsView 统计，2015 年全球六大电视面板厂总体出货为 2.69 亿片，比 2014 年的 2.48 亿片增长了 8.9%。其中我国京东方新产品线引入效果明显，自 2015 年 3 月重庆 8.5 代线量产后，出货量增长迅猛，2015 年电视面板出货量达到 3500 万片，同比增幅高达 148.5%。受中国市场快速增加的影响，韩国 LGD 面板领跑全球，出货量为 5530 万片，同比增长 6.4%，我国台湾地区的群创和三星紧随其后，出货量分别为 5170 万片和 5090 万片。我国台湾地区的友达和大陆的华星光电分别位列第五第六。

小尺寸面板方面，2015 年全球智能手机面板出货量达到 18.2 亿片，其中 LTPS/Oxide 背板的智能手机面板出货比重达到 29.8%。受超高清面板在中高端手机的应用中进一步增加，传统 a–Si 的手机面板出货将进一步降低，更多的传统 a–Si 面板将转向车载显示或工控显示方面。在 LTPS 产能方面，主要供货商有 JDI、LGD 和夏普，此外，友达、群创、天马和京东方等企业也陆续有产能开出，新鲜血液的加入将进一步降低手机用面板的价格，同时扩张 LTPS 面板的市场规模。

AMOLED 方面，受三星公司开始向外部提供 AMOLED 面板的影响，AMOLED 面板在智能手机面板出货比重达到了 12.1%。AMOLED 面板为全球智能手机市场同质化竞争中带来的机会，AMOLED 面板的轻薄、省电、高色彩饱和度以及独特的屏幕体验为手机品牌企业带来了差异化的空间，随着三星开始外放产能，越来越多的高端手机开始采用 AMOLED 面板，为 AMOELD 面板快速占领市场带来机会，预计 2015 年 AMOLED 面板营收将占到三星显示器面板出货的 20%。

三、产业创新

随着产业进入成熟期，企业间的技术竞争逐渐取代产能竞争。4K×2K、超窄边框、高分辨率、硬屏技术（IPS/FFS）、高色彩饱和度、AMOLED 以及 LTPS（低温多晶硅）和 IGZO（氧化铟镓锌）等新型背板技术成为最具潜力的新型平面显示技术。α–Si（非晶硅）在未来相当一段时间仍将占据统治地位，但市场份额将逐步下降。

三星和 LGD 作为全球显示面板的领军企业，在技术创新方面采取了不同的策略，三星公司将大量采用量子点技术，计划通过加大 UHD 电视的出货比例，提升产品利润率，同时做好细分化市场管理。三星公司的 SUHD 电视采用了量子点技术，通过在液晶面板中应用量子点薄膜来实现更高的色彩表现力。

LGD 则大大增加了 M+ 技术，该技术是基于 RGBW 的超高清面板技术上增加白色像素，该技术可以降低耗电量，LGD 通过技术创新克服了 W 像素增加导致的屏幕暗色，帮助电视拥有更高的显示质量。目前，LG 出品的大多数中低等价位的电视中已经应用了该技术，随着未来技术的不断突破，还将应用到主力型号。

第二节　发展特点

一、OLED加速走上舞台，升级换代将提前来临

OLED 显示作为下一代显示技术，一直为市场所关注，2015 年，随着 OLED 面板在电视、手机、平板电脑和可穿戴设备等产品应用的不断增加，AMOLED 面板营收将出现 30% 以上的较大增长，加速对 TFT-LCD 面板市场份额的挤占速度。据 IHS 预测，到 2022 年，OLED 市场规模将从 2014 年的 87 亿美元猛增到 283 亿美元。AMOLED 的快速发展引起各大面板企业的广泛关注，三星从 2011 年起，已经连续关闭了 3 条 LCD 生产线，同时不断扩大 OLED 投资计划。LGD 则计划在未来的三年向 OLED 领域至少投资 85 亿美元，用于电视等大尺寸产品的 OLED 屏幕以及智能机和可穿戴设备产品所用柔性屏幕的生产。

二、中国大陆成为全球新型显示产业增长的重要引擎

全球平板显示产业的发展重心正在向我国转移，我国大陆已经成为全球平板显示产业新的投资热点地区。多条高世代线投产推动产业整体高速增长。2015 年中国大陆共有 3 条 8.5 代面板线建成投产，并在年底陆续进入量产阶段，预计全年销售收入将超过 1600 亿人民币，同比增加 16% 以上，显示面板出货面积突破 5000 万平方米，全球占比超过 20%，是全球第三大显示器件生产地区。二是新增投资拉动全球产业发展。2015 年中国大陆地区，占全球新型显示产业生产资本支出的 70% 以上。预计 2016 年中国大陆地区将有 2 条以上的高世代线面板

建成投产，3 条以上高世代线开工，是全球产线建设最为活跃的国家，为全球新型显示设备和原材料提供了主要市场。三是智能终端产业发展加大市场需求，中国大陆智能手机渗透率高达 86%，全球智能手机品牌前 10 位中有 6 家是中国大陆品牌。电视平均尺寸为 43 英寸，比全球平均水平高 1.5 英寸；4K 电视中国大陆市场占据 80%。在多条产线建设和庞大下游市场的多重作用下，中国大陆地区对全球新型显示产业发展的影响力还将不断加大，中国新型显示产业整体仍将保持高速增长。

三、配套产业垄断性日趋明显

目前，全球平板显示配套材料主要集中在日本、韩国、中国台湾以及欧美等国家和地区。其中，日本在平板显示上游材料和零组件方面占据较大优势，在上游关键配套材料方面日本企业占据绝对主动权。虽然近年来日本在面板生产方面已经逐渐落后，但是凭借在关键配套材料领域的话语权，日本在全球平板显示产业格局中仍然占据重要地位。

韩国在平板显示产业处于领导者地位，不仅在面板的技术和产能方面具备优势，通过与国际企业合作以及国内龙头企业带动产业链上下游合作，近年来韩国在配套材料的完整度和先进性方面也逐渐后来居上。韩国企业在偏光片、OLED材料等方面已经具备国际先进水平。

中国台湾地区通过产业集群发展以及与日本企业建立紧密联系，在配套材料方面也已形成较为完善的产业链。同时，凭借在集成电路设计业的优势，中国台湾地区在驱动 IC 方面具备较强实力。

经过几次产业转移，欧美等国家和地区基本已退出平板显示面板制造行业，仅保留了利润高、垄断性强的独占性配套行业，在玻璃基板、液晶材料、AMOLED 材料等方面具备很强的竞争实力。

四、龙头企业建设重点分化明显

为了在愈加激烈的市场竞争中占据优势，全球各主要面板企业开始根据自身优势，选择性地进行重点市场开拓，以期取得更大利润。

2015 年，韩国面板企业共占据全球面板出货量的 49.6%。为保持在 AMOLED产业的优势，LGD 和三星加大产线投资规模，联合产业链企业提高韩国面板企业的核心竞争力，垂直整合造就韩国企业在 AMOLED 产业的绝对优势。LG Display

正将部分 8 代线工厂产能向 oxide（氧化物）背板转移，以生产 AMOLED 电视面板。同时，它也正扩大其广州 8 代线工厂的产能。未来，LG Display 将增加大尺寸面板如 43 英寸、49 英寸和 65 英寸的产量。三星显示也同样在扩大 AMOLED 面板产能。三星显示计划减少 32 英寸面板的产量，同时扩大 40 英寸、48 英寸、55 英寸、65 英寸及更大尺寸面板生产。值得一提的是 2015 年，韩国企业在 4K 显示面板市场取得巨大成功，三星凭借大型 4K 曲面面板方面的优势一跃成为全球第一，市场占有率接近 30%。

我国台湾地区的企业则积极扩展新型显示应用市场，在智能手机、车载显示、公共显示等方面扩大市场份额，2015 年台湾面板企业群创和友达的 4K × 2K 面板出货量占到全球市场的四分之一以上。群创在全球 4K × 2K 电视面板出货量名列第 2，达到 620 万片，友达则为 370 万片。群创通过丰富产品类别来提升营收水平，2015 年智能手机与商用产品得到持续增长，电视面板的营收也从 2014 年的 50% 增长到 2015 年的 53%。2015 年，友达光电凭借在高中低产品布局完整，液晶显示器出货达到 2600 万片，超过群创排名第二，群创出货为 2550 万片，比上年同期下降 28%，排名滑落到第 3 位。在笔记本电脑领域，友达通过迎合高分辨率产品的需求趋势，加快全高清产品和整合性触控产品的量产步伐，2015 年出货规模达到 3670 万片，排名第 3。排在前两位的分别为 LGD 和群创。

日本虽然近年来在液晶电视市场节节败退，但是自 2012 年由索尼、日立和东芝合并成立的 JDI 显示公司在中小尺寸市场却获得成功，特别是在车载液晶显示方面，JDI 在车载 TFT 液晶显示器出货量方面占据最大市场份额，达 20%。2014 年更是集结 Sony、Panasonic 等日本企业所拥有的 OLED 成膜技术、氧化物半导体技术以及柔性面板技术等全球最高水准的 OLED 面板相关技术，并将融合 JDI 的面板技术，研发使用于平板电脑 / 笔电以及电子广告牌等用途的 OLED 面板产品，目标为成为 OLED 面板的领导厂商。JOLED 计划于 2016 年下半年设置 OLED 面板的试产产线，目标为在 2017 年下半年正式量产使用于笔电、平板电脑的 OLED 面板。JOLED 将采用 Panasonic 的"印刷式"量产技术，主要将生产 10—20 英寸 OLED 面板。

第八章　太阳能光伏行业

第一节　发展情况

一、产业规模

2015年，全球多晶硅产量预计达到35万吨，同比增长16.7%；硅片产量增至60.3GW，同比增长20%；电池产量达到65.5GW，同比增长约30.2%；组件产量达63.2GW，同比增长21.5%；新增光伏装机量预计达到51GW，同比增长18.6%，其中光伏装机量主要来自中国、美国、日本及新兴市场。另外，据PV-Tech报道截至2015年10月底，全球光伏企业已宣布新的产能扩张累计达23.8GW，其中包括薄膜（3.1GW）、晶硅太阳能电池（6.9GW）、组件装配（6.2GW）以及计划的一体化电池/组件（6.3GW）。

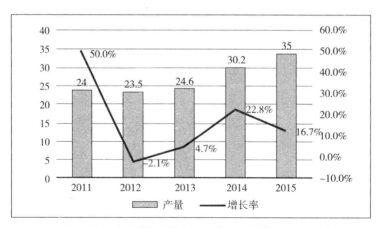

图8-1　2011—2015年全球多晶硅产量及增长情况（万吨）

资料来源：中国光伏行业协会，2016年1月。

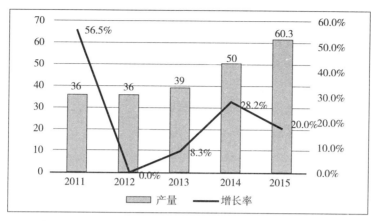

图8-2 2011—2015年全球硅片产量及增长情况（GW）

资料来源：中国光伏行业协会，2016年1月。

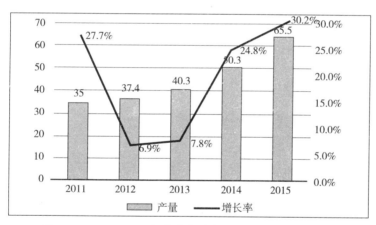

图8-3 2011—2015年全球电池产量及增长情况（GW）

资料来源：中国光伏行业协会，2016年1月。

2015年光伏行业融资活动频繁，在全球经济下行趋势中仍然获得了投资市场的青睐，据Mercom Capital Group公布数据，2015年全球太阳能企业融资，包括上市公司筹集的风险投资/私募股权投资（VC）、债务融资和公开市场融资总共达253亿美元，略低于2014年的265亿美元。

其中2015年全球风险投资83笔总金额达到了11亿美元，略低于2014年的85笔投资总资额13亿美元。而风险投资中有69%（即7.27亿美元）为光伏行业的下游企业所占有，光伏技术企业筹资达1.73亿美元，系统平衡（BOS）企业等资达 8700 万美元，薄膜企业筹资达 4400 万美元，服务提供商筹资 1500 万美元，CPV（聚光光伏）和 CSP（聚光太阳能光热发电）类企业筹资 300 万美元。有超过 1 亿美元的风投资金流向了关注非洲、印度和南亚离网市场的企业。

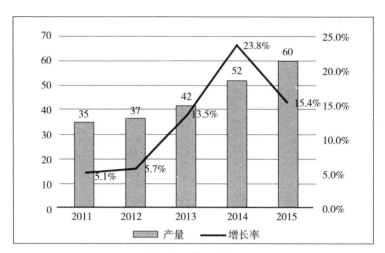

图8-4　2011—2015年全球光伏组件产量与增长情况（GW）

资料来源：中国光伏行业协会，2016 年 1 月。

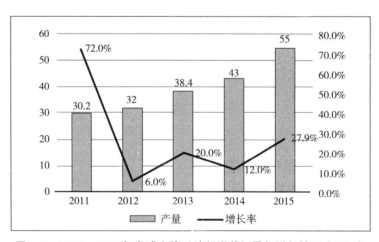

图8-5　2011—2015年全球光伏系统新增装机量与增长情况（GW）

资料来源：中国光伏行业协会，2016 年 1 月。

债务融资在 2015 年共筹集资金 183 亿美元，略低于 2014 年的 200 亿美元。半数以上的债务融资来自中国，共计 33 笔交易总额达到 109 亿美元。

2015 年，公开市场融资 38 笔，共筹集资金接近 60 亿美元，高于 2014 年 52 亿美元（52 笔）。股票发行的首次公开募股（IPO）共筹集资金超过 18 亿美元，这些股票有 Sunrun、Xinte Energy、CHORUS Clean Energy、SolarEdge Technologies 和 Grenergy Renovables。

二、产业结构

（一）市场结构

中国光伏利好政策和美国投资税减免到期的"抢装潮"推动了两国光伏市场的旺盛发展，预计中国新增光伏装机量达到 15GW，位列全球第一，美国新增光伏装机量超 7.3GW 仅次于日本 10GW 的新增光伏装机量位居第三。欧洲的主要光伏大国英国和德国光伏装机需求逐渐放缓，英国的新增光伏装机量为 4GW 左右位居第 4 位，德国的新增光伏装机量不到 1.5GW 落后于新兴的印度市场，2015 年印度新增光伏装机量为 2GW，位居全球第五位。

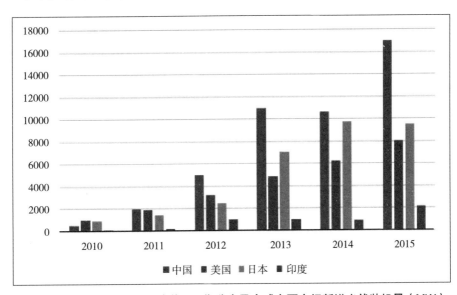

图8-6　2015年全球新增光伏装机预期分布及全球主要市场新增光伏装机量（MW）

资料来源：MercomCapital，2015 年 12 月。

IHS 预计亚洲地区新增光伏装机总量约为 34.6GW，占全球新增装机总量的 60%；美洲地区新增装机总量约为 12.674GW，占全球份额将达到 22%；欧洲地区新增装机总量约为 8.775GW，所占份额为 15%；非洲与中东地区年新增并网光伏装机总量约为 1.743GW，占全球份额的比重为 3%。

（二）产品结构

多晶硅属于供应链中较为敏感的部分，过去四年中由于全球光伏市场疲软，多晶硅产能供大于求，2015 年市场多晶硅产能过剩压力得到释放，多数企业出货量回升。硅片产量也随着行业需求而回升，下半年出货量明显提升；电池端的焦点在 PERC（背钝化电池）技术的采用，主要以我国台湾地区厂商为主，我国大陆阿特斯（CSI）、晶科（Jinko）、天合（Trina）、晶澳（JA Solar）等都陆续增加了 PERC 产能，其他则以 Solarworld、Hanwha Q CELLS 为代表，2015 年 PREC 电池产能在 7GW 左右。

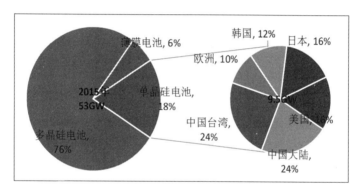

图8-7　2015年全球电池需求预期与单晶硅电池区域分布

资料来源：EnergyTrend，2015 年 11 月。

（三）区域结构

由于全球光伏市场的回暖，企业为降低生产本以及规避光伏贸易壁垒，将印度、韩国、马来西亚和泰国等亚太地区作为新的光伏生产基地。晶澳太阳能（JA Solar）2015 年 5 月表示，其正在规划建设马来西亚的 400MW 电池厂，以规避美国反倾销税，并预计该工厂将于 2015 年第四季度竣工投生产。美国太阳能硅制造商 Silicor Materials 同丹麦承包商 MT Højgaard 签订协议在冰岛建设一家新的多晶硅工厂，已获得低成本多晶硅。

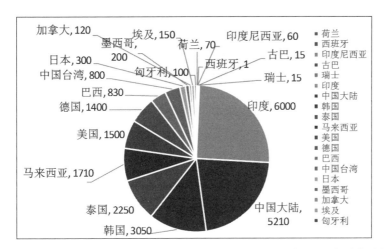

图8-8　全球光伏企业（2015年9月）宣布的产能扩张区域分布（电池/组件/技术升级，MW）

资料来源：PVTECH，2015年12月。

三、产业创新

2015年，全球光伏企业为进一步获得市场竞争力，纷纷加大工艺技术研发力度，生产工艺水平不断进步。在多晶硅方面，硅烷流化床法等产业化进程加快，迫使综合成本降至9万元/吨，行业平均综合电耗已降至100kWh/kg；在硅片方面，硅片薄片化技术不断推进，金刚线切割技术得到规模化应用，特别是在单晶硅片切割领域；在晶硅电池方面，单晶及多晶电池技术持续改进，产业化效率分别达到19.5%和18.3%，钝化发射极背面接触（PERC）量产效率达到20%以上，异质结（HIT）电池已可制备出效率为22.5%的组件，N型电池、多次印刷、背电极等技术路线也加快发展；薄膜电池技术方面也发展迅速，薄膜CIS电池量产效率突破16%，实验室效率达到22.3%，薄膜碲化镉组件效率已可超过多晶硅组件，达到创纪录的18.6%；组件方面，大面积高效组件受到市场青睐，60片P型多晶硅电池组件业内额定功率达到260—265W并有望提升到275—280W，抗PID技术在组件中普遍应用，领先企业组件生产成本降至2.8元/瓦，光伏发电系统投资成本降至8元/瓦以下，度电成本降至0.6—0.9元/千瓦时；同时，1500V组件及系统技术由于可进一步降低系统成本，也已出现小规模应用。

第二节 发展特点

一、补贴政策差异化发展

2015 年各国政府根据本国国情，针对光伏产业采用了不同扶持政策，其中以美国、中国、英国、日本为主要代表。而早期最大的全球光伏市场德国为缓解可再生能源补贴成本的快速上升，已于 2014 年通过"德国可再生能源改革计划"将可再生能源平均补贴由 17 欧分 / 度降低到 12 欧分 / 度，并将最迟在 2017 年推出可再生能源的竞价发展模式。

美国延长光伏投资减免税政策。联邦政府 30% 的投资税抵免（ITC）作为美国可再生能源发展的基础政策起源于 2005 年的能源法案，其有效期于 2008 年延长至 2016 年，从该政策实施到如今，美国境内的光伏装机量增长了 16 倍。为进一步保证美国本土光伏市场的发展，美国众议院于 2015 年 12 月 16 日再次延长了 ITC 政策至 2019 年。同时美国还有产品税务抵免政策（PTC），对每使用一度可再生能源电力给予 0.22 美元的税务抵免；以及为符合资格的太阳能设备提供设备成本 30% 奖励金的美国复苏与再投资法案。除此之外，美联邦政府还专门设立基金用于扶持可再生能源发展和推进能效改进；各州财政还有以税收优惠为主的激励计划。

中国下调光伏标杆电价。为适应光伏发电成本下降趋势，同时降低可再生能源电价附加资金补贴压力，国家发改委于 2015 年底适度调降了三类地区光伏发电项目的上网标杆电价：2016 年光伏发电标杆电价，一、二类资源区分别降低 10 分钱、7 分钱，三类资源区降低 2 分钱。中国各地方政府也积极支持光伏产业及市场发展，纷纷出台相关政策措施。据不完全统计，截至 2015 年 10 月，已有 18 个省级、38 个地级以及 21 个县级地方政府出台了光伏支持政策，包括一次性补贴（电站 20 万—50 万元 /MW，家庭 2—4 元 /W）、上网电价补贴（0.2—0.3 元 /kWh）等。同时，中国政府还在规范行业标准和运营监管方面出台了多项政策。

英国大幅下调上网电价补贴。英国政府在 2015 年 12 月接连宣布，将在 2016 年 2 月 8 日将上网电价补贴降低至现有水平的 64%；现行再生能源义务法案（Renewables Obligation, RO）也将在 2016 年 3 月 31 日终止，未来无论屋顶或是地面型光伏项目都不再适用；移除"祖父条款"（Grandfathering），凡是在 2016 年 7 月的终止日之后完工的电站都不再享受"祖父条款"所保障的"终身"补贴。英国 RO 于 2001 年颁布，旨在要求电力业者将再生能源生产比例提高到一定的比重，以达成国家减排目标，RO 对光伏项目的支持为每年每户 3 英镑，只在 RO 整体预算的 6%，在 2015 年 9 月 5MW 以上的光伏系统就不再享受 RO 的补贴。另一方面，英国政府也在规划后续的补助方案，将于 2016 年 2—3 月间开始对英格兰、韦尔斯地区的太阳能状况展开调查，预计在 2016 年 6 月之后实施。鉴于欧洲部分地区的光伏发电成本已同欧美天然气及燃煤发电成本接近，有分析机构认为英国有望在 2020 年实现无补贴光伏的蓬勃发展。

日本大幅下调光伏发电收购价格。日本经济产业省于 2015 年 2 月 24 日公布了 2015 年度（2015 年 4 月起的会计年度）再生能源的收购价格方案，其中输出在 10kW 以上的产业用大规模太阳能发电的收购价格（指每 kWh 的价格、不含税）将自 2014 年度的 32 日元降低 5 日元（将分两阶段调降，4 月先降至 29 日元、7 月再降至 27 日元），创下史上最大降幅纪录。输出未满 10kW 的家庭用太阳能收购价格，也将自 2014 年度的 37 日元调降至 33—35 日元；产业用、家庭用太阳能收购价格皆为连续第 3 年进行调降。

二、电池技术竞争激烈

高效低成本太阳电池技术一直以来是各国企业竞争的焦点，各种技术路线共同的发展趋势是实现高效率、高稳定性、低成本技术的大规模产业化。

薄膜光伏技术目前占据 8% 的光伏市场，其中 CIGS 虽然只占 2%，但由于轻质量和柔性 CIGS 产品适合 BIPV 和屋顶安装等优势而具有较好的市场前景，目前的 CIGS 厂商在扩大产能的同时依然积极投身于研发工作，以期进一步降低成本提高组件效率。日本 Solar Frontier, 中国汉能持有的 Solibro、Global 和 MiaSolé 等都计划在未来几年内扩大产能。2015 年 3 月，欧洲光伏学术界与产业界创立了 CIGSSharc25 计划，其宗旨是研究和开发超过晶硅转换率的 CIGS 技术，将其现有转换效率记录 21.7% 提升到 25%。

在 HJT 异质结电池方面，欧盟联合研究中心也在筹划"百万千瓦级先进光伏制造工厂计划"（X-GWp），该计划将通过产学研联合推动欧洲光伏产业从技术研发—制造工艺—产品—商业模式全价值链持续创新，核心内容是实现新型高效率（22%—25%）异质结电池（N型硅＋非晶硅薄膜）先进技术规模化量产，并结合金刚石线锯切片和智能栅线连接等先进制造工艺。美国系统集成商Solar City公司和碲化镉薄膜巨头First Solar公司分别通过收购中国杭州赛昂和美国Tetrasum公司进军高效HJT电池领域。

美国的Sunpower公司继续开发其高效IBC电池，并通过聚光的方式降低成本；韩国公司Q cells，台湾昱晶、德国Solarworld等企业则采用PERC技术改造现有生产线提高电池效率；电池浆料的提供商杜邦、贺利士等也推出针对PERC工艺的正面银浆，贺利士的SOL9621在Solarworld的PERC电池上实现了21.7%的效率；中国的天合光能N型IBC电池转化效率达到22.94%，HJT异质结电池转化效率达到22.0%，PERC电池转化效率达到22.13%，处于世界领先地位。

表8-1　2015年全球部分企业最新电池及组件效率

2015年4月28日	德国Manz公司CIGS商业化薄膜电池转化效率达到16%
2015年4月29日	中国台湾台积电公司CIGS商业化薄膜电池（1.09m²）转化效率达到16.5%
2015年6月	美国First Solar公司CdTe碲化镉电池组件转化效率最高达到18.6%
2015年7月	中国天合光能公司PREC电池最高转换效率达到22.13%
2015年10月2日	美国SolarCity公司HJT电池组件最高转化效率达到22.04%
2015年10月6日	日本Panasonic公司HJT电池组件最高转化效率达到22.5%
2015年12月	德国SolarWorld公司PERC电池最高效率达到22.04%

资料来源：赛迪智库，2015年12月。

三、兼并重组持续推进

2015年以市场为主导的资源整合依然不断深入，充分发挥了市场在资源配置中的决定性作用，为提升行业集中度、增强产业核心竞争力、优化产业区域布局打下了良好基础。同时，部分企业通过兼并重组度过经营危机，或退出光伏业务。

表8-2　2015年全球光伏行业主要兼并重组事件

并购日期	参与主体	主要内容
1月14日	中国江苏中来	拟在意大利设立境外全资子公司，并由该公司收购FILMCUTTER S.P.A.以拥有与太阳能电池背板相关的经营性资产。
2月3日	加拿大阿特斯	将以2.65亿美元（约合人民币16.56亿元）收购夏普位于美国的子公司，光伏项目开发商Recurrent Energy。
2月6日	瑞士Capvis	瑞士Capvis公司收购光伏设备和湿法工艺专家RENA GmbH所有运营资产，包括其现有订单和转移的员工。
2月9日	美国enACT Systems	收购Energy Finance Strategies（EFS），吸收其在可再生能源开发和融资方面的能力。
4月9日	迪拜ALJEES	迪拜Abdul Latif Jameel Energy and Environmental Services收购西班牙光伏项目开发商Fotowatio Solar Renewable Ventures。
6月1日	中国SPI绿能宝	SPI绿能宝收购德国知名光伏分销商Energiebau，为完成欧洲光伏分销市场布局迈出重要一步。
6月1日	中国台湾茂迪	中国台湾茂迪并购联景，电池产能达到3GW
7月21日	美国SunEdison	SunEdison收购英国能源供应商Mark Group，获得面向英国家庭和商业市场直接销售的渠道。
7月21日	美国KKR	10亿美元收购Gestamp Renewables在Gestamp Asetym Solar,S.L的80%的股权。
9月29日	意大利Enel Green Power	意大利可再生能源开发商Enel Green Power收购印度可再生能源公司Bharat Light and Power旗下子公司、公共事业规模风能和太阳能运营商BLP Energy的多数股权，进军印度市场。
11月24日	美国UGE International	分布式可再生能源公司UGE International将收购多伦多太阳能公司Endura Energy Project Corp，以提高其在安大略的市场份额。
11月23日	美国H.B. Fuller	美国工业胶粘剂供应商H.B. Fuller收购中国胶粘剂专业公司北京天山新材料技术股份有限公司后，致力于为光伏制造商开发新技术。
12月3日	美国Tri Global Energy	设立一个新的太阳能业务部门TGE Solar，收购加州屋顶太阳能供应商K12Solar以致力于全面开发可再生能源投资组合。
12月7日	美国Platform Specialty Products	光伏表面涂层专家MacDermid的母公司日前完成收购Alent，通过其Alpha和Enthone部门分别提供电池互联和电子化学品。

资料来源：赛迪智库，2016年1月。

四、贸易保护愈演愈烈

美国二次"双反"尘埃落定。2015年1月21日，美国国际贸易委员会认定自中国进口的晶体硅光伏产品对美国产业构成实质损害，美方将据此征收"双反"关税。但二次"双反"主要针对进口第三国电池组装并出口的中国产品，目的在于堵死首次"双反"的避税途径。根据终裁报告，产自中国的光伏电池及组件出口的关税仍沿用首次"双反"裁定的结果，因此，这部分光伏产品的出口并未受到二次"双反"的影响。7月9日，美国商务部公布对华光伏产品反倾销、反补贴案第一次行政复审终裁结果，中国强制应诉企业的倾销税率为0.79%和33.08%，获得分别税率的企业为9.67%，其他涉案企业的税率为238.95%；中国强制应诉企业的补贴税率为15.43%和23.28%，其他涉案企业的税率为20.94%。

欧盟价格承诺又出变数。4月1日起，中欧光伏价格承诺中组件价格将提升至0.56欧元/瓦，同时太阳能电池最低进口价格将上升到0.28欧元/瓦，中国光伏产品在欧洲竞争优势进一步削弱。同时，欧盟委员会又发起了此次"双反"案的反规避调查，先后将昱辉阳光、中盛光电、阿特斯太阳能、正信太阳能、正泰太阳能、杭州浙大桑尼能源从中欧光伏组件最低价格（MIP）中除名。在欧盟光伏双反案价格承诺于2015年12月6日到期终止前又发起复审调查，并且在可能长达15个月的调查期内，维持对中国产品的"双反"措施和价格承诺机制。为此，中国天合光能也主动宣布退出价格承诺协议。

加拿大对中国光伏产品发起"双反"调查。2015年2月3日，加拿大开始对原产于或出口自中国的晶硅光伏组件和层压件产品进行反倾销和反补贴立案调查。3月5日，加拿大边境服务署（CBSA）作出反倾销和反补贴调查初步裁定，合并税率最高达到286.1%。6月3日，加拿大边境服务署（CBSA）作出终裁，认定中国光伏行业为非市场经济行业。9家中国应诉企业倾销幅度为9.30%至154.4%，补贴量为0.003元/W至0.074元/W；其他非应诉中国企业倾销幅度为154.4%，补贴量为0.34元/W。7月，对于中国组件和电池的贸易关税日前得到加拿大国际贸易法庭（CITT）的批准。2014年，中国太阳能电池对加出口额为1.94亿美元，占总出口额的1.6%。

中国封堵多晶硅加工贸易。2015年8月31日，中国商务部、海关总署联合发布公告〔2014〕58号"关于暂停多晶硅加工贸易进口的公告"生效，中国政府针对进口太阳能级多晶硅的贸易救济措施漏洞进行封堵。为缓解中国多晶硅产业的生存危机，提升中国企业的市场竞争力，中国国务院关税税则委员会于2014年1月20日起，对进口原产于美国和韩国的太阳能级多晶硅征收反倾销税，期限为5年;同时对进口原产于美国的太阳能级多晶硅征收反补贴税,期限为5年;于2014年5月1日起，对原产于欧盟的进口太阳能级多晶硅征收反倾销税和反补贴税，期限为2年。58号公告为杜绝美、韩及欧盟企业通过加工贸易规避"双反"而发布，同时给予了多晶硅企业加工贸易一年的延缓期。

第九章 半导体照明（LED）行业

第一节 发展情况

一、产业规模

由于替代性光源和全球白炽灯替换热潮的推动，2014年全球LED照明市场快速增长，同比2013年的106亿美元大幅上涨68%，为近几年最大增幅，市场规模达到178亿美元。整体LED照明产品出货量为13.2亿只，较2013年增长68%。2015年由于替代性光源产品（含灯管、球泡灯）等产品价格大幅下跌，产品利润不如预期，使得LED照明市场增长动力不足，LED照明市场规模增长有所放缓，2015年全球LED照明市场规模为257亿美元，同比2014年增长44%，

图9-1 2013—2018年全球LED照明市场规模及增长率

资料来源：LEDinside，2016年3月。

LED 照明市场渗透率达到 31%。预计 2016 年到 2018 年全球 LED 照明市场增长逐渐趋于稳定，部分替代性光源已经更换完成，市场增长率稳定在 20% 左右，照明企业开始把重心转移到专业照明领域，如商业照明、工程照明和建筑照明等。预计 2016 年 LED 照明市场规模为 305 亿美元，市场渗透率提升到 36%。

二、产业结构

LED 产业的主要市场拉动力经历了三个发展阶段，分别为显示和小尺寸背光应用阶段、中大尺寸背光源应用阶段、LED 照明应用阶段。2015 年，LED 背光应用市场逐渐饱和，市场占有率从 14% 下降到 13%；LED 显示应用占比从 26% 下降到 25%；LED 通用照明应用市场比重持续提升，从 2013 年的 34% 提升至 40%，其中汽车照明应用占比为 10%。照明应用成为全球 LED 应用新一波高速增长的动力。

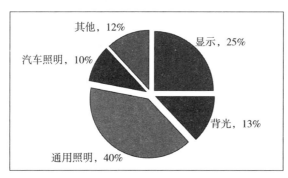

图9-2 2015年全球LED应用产品结构

资料来源：赛迪智库整理，2016 年 3 月。

欧洲、美国、日本等是发展 LED 产业较早的国家和地区，近几年更是发展迅速，在产业规模和产品质量方面都走在前列。随着中国大陆 LED 产业的迅速崛起，欧美企业希望通过产品的多样化和差异化提升竞争优势。2015 年美国照明市场需求在全球中表现比较强劲，其中特别是商业照明、工程照明、植物照明、海运照明等领域成为照明市场的主要拉动力。如商业 / 工程照明领域，LED 平板灯、隧道灯、天井等等产品市场需求增长迅速，而且逐渐向智能照明和光通信等新兴应用领域拓展。在其他细分领域方面，植物照明市场应用的发展值得关注，美国纷纷开始研发相关应用的 LED 产品，在技术水平上走在世界前列。

新兴国家和地区如印度、俄罗斯、非洲、东南亚等市场在国家政策、经济发展和产业转型升级的支持下，LED照明市场进一步打开。印度政府预计在2016年底前招标2亿颗LED灯泡，而且对路灯替换LED项目也开始公开招标，使得印度的LED照明市场在2016年将进一步释放。东南亚市场主要包括泰国、新加坡、马来西亚、越南、印度尼西亚及菲律宾六个国家，LED照明市场规模和渗透率均稳步提升。

三、产业创新

LED技术创新发展迅速，在产业链的上中下游都出现了一些新进展。

（一）上游外延芯片

主要技术创新在衬底材料、图形衬底技术、外延材料和3D LED芯片等方面。目前LED衬底材料包括蓝宝石、硅衬底、碳化硅衬底等。蓝宝石衬底由于高硬度、高可靠性、高强度等特性被用于手机屏幕的制造中。苹果在智能手表（APPle Watch）上使用了两块蓝宝石屏幕，随后国产手机品牌华为、vivo、魅族等纷纷联合蓝宝石厂商进行手机屏幕开发。

（二）中游封装

主要技术创新在COB封装和去电源方案。COB（Chip On Board）即板上芯片，由于成本和应用优势，COB将成为未来灯具化设计的主流方向。COB封装的优势在于提高亮度的同时扩大封装的散热面积，使热量更容易传导至外壳；目前的问题在于生产效率偏低、光源标准化问题等。去电源化的设计思路主要有AC-LED和HV-LED。

（三）下游应用

主要创新技术为植物照明、不可见光LED、智能照明、可见光通信和车用LED等。

表 9-1　LED 领域技术与产品创新情况

产业链	创新内容	涉及领域	创新企业或机构	主要特点
上游	蓝宝石屏幕	衬底材料	苹果、华为、vivo等手机厂商	由于蓝宝石材料拥有坚固、防刮、防污、透光性强等特性，在手机或智能手表屏幕应用相对目前的玻璃盖板有独特的优势。华为、vivo等在内的国产品牌纷纷布局。面临问题：透光率差、反射率大、成本昂贵、良率低等。
	纳米柱PSS	图形化衬底	英国塞伦公司	在蓝宝石衬底上采用独特的纳米光刻技术，形成表面的纳米柱，其直径是几百纳米。在此衬底上外延生长可缓解应力85%，从而大幅度减少缺陷，在不增加成本情况下，可大幅提高发光亮度，LED光效的产业化水平可达200lm/W，并改善Droop效应，衰减减缓约30%。
	同质衬底	外延材料	东芝、日亚、Cree等	同质衬底是以GaN作衬底，并在此衬底上生长GaN。GaN衬底的优点：位错密度低（105—106个/cm²），内量子效率可达80%以上，生长时间短约2小时，节省大量原材料，可大幅度降低成本（目前衬底较贵）。
	3DLED芯片	芯片技术	欧司朗	3D LED芯片能在350mA电流下，提高蓝光与绿光放射亮度5%到10%；白光LED亮度能提高10%到20%。在提高输入电流时，3D LED芯片能减少发光效率下降问题，并降低前向电压（forward voltage），提升LED效率。
中游	COB	个性化封装	晶电、欧司朗、Cree、瑞丰、鸿利光电	与传统LEDSMD贴片式封装以及大功率封装相比，COB封装可将多颗芯片直接封装在金属基印刷电路板MCPCB，通过基板直接散热，不仅能减少支架的制造工艺及其成本，还具有减少热阻的散热优势；问题在于生产效率偏低、未实现光源标准化等。
	去电源方案	芯片级封装	首尔半导体、新力光源、长运通光电	通过LED芯片结构外加简易的桥式整流元件，不需要外加驱动和AC-DC转换器即可使得AC/HV LED直接操作在交流电压的环境下。优势在于大幅改善和提升能源利用率，有效达到节能减排的效果；缺点在于由于交流电的周期性变化，导致LED在发光时会产生严重的频闪现象，对人眼的伤害很大。
下游	可见光通信	LED应用	日本NEC、GE	能够同时实现照明与通信的功能，具有传输数据率高，保密性强，无电磁干扰，无须频谱认证等优点，是理想的室内高速无线接入方案之一；缺陷在于传输速度、距离和稳定性有待提升。

（续表）

产业链	创新内容	涉及领域	创新企业或机构	主要特点
	智能照明	LED照明	飞利浦、欧司朗、阳光照明、小米	利用计算机、无线通信数据传输、扩频电力载波通信技术、计算机智能化信息处理及节能型电器控制等技术组成的分布式无线遥测、遥控、遥讯控制系统，来实现对照明设备的智能化控制。与传统照明相比，智能照明有安全、节能、舒适、高效等优势；但存在市场认可度不高、协议不统一、质量不过关等问题。
	植物照明	LED照明	加拿大、日本等高校，夏普、松下、富士通、GE	LED植物生长灯以LED为光源，用灯光代替太阳光给植物提供生长发育环境。LED植物灯，有助缩短植物的生长周期，适合应用于可控设施环境中的植物栽培，如植物组织培养、设施园艺与工厂化育苗和航天生态生保系统等；缺点在于综合型人才缺乏、成本投入高等因素限制，还没有产业化，并且也暂时只能针对中高端市场。
	车用LED	LED照明	飞利浦、晶电、亿光等	车灯照明逐渐走向体积小、造型多变等需求，逐渐转向LED灯泡。国际照明大厂和奔驰、奥迪等汽车厂商联合，加快开发新型车用LED照明技术。LED车灯具有寿命长、高效率、可随意变换模式等优势；面临成本高、无行业标准、散热性差等问题。
	紫外LED	LED照明	鸿利光电、西安中为、青岛杰生等	紫外LED技术主要应用于生物医疗、防伪鉴定、空气净化、数据存储及军事航空领域，以特种照明为主。紫外LED具有可自由控制波段、不受温度、浓度、活性等化学平衡条件影响等优势；存在市场需求不足、产品良率不可控等问题。

资料来源：赛迪智库整理，2016年3月。

第二节 发展特点

一、LED照明应用市场细分化

2015年，国际照明大厂飞利浦的LED灯泡从10—12美元下降到几美元，欧司朗用低于10美元的价格抢占市场。由于发光效率比节能灯高、价格比节能灯低、寿命比节能灯长，LED照明产品已经成为节能灯的有力替代产品。面对价格下降的趋势，全球LED企业纷纷寻找细分领域发力。重点企业走向价值链高端，加强工业照明、汽车照明、植物照明、智能照明等细分领域的创新研发，针对不同的应用环境提供可供选择的照明方案。

工业领域照明产品种类多样，不同于消费级通用照明产品价格竞争激烈，产品价格和利润较高，因此越来越多的企业进军工业照明领域以提升盈利能力。2015 年全球 LED 工业照明市场规模将达到 23.66 亿美元，预计 2018 年达到 39.35 亿美元，年复合增长率为 18.5%。在工业领域中，LED 天井灯为占比最大的照明产品，其中又分为专业工矿用和普通用（如仓库、体育场等室外场地），为开发工业照明的重要产品市场。随着 LED 技术水平和散热水平的提升，80—250W 的 LED 天井等成为目前市场的主流，大功率技术和产品散热性能的优化成为企业进入该领域的重要门槛。目前全球重点 LED 企业都进入该领域，如美国通用电气、CREE，日本东芝、岩崎电气等。

二、全球高亮度LED产业规模增长速度放缓

LED 市场在过去几十年以来，都呈现出高速增长的态势。一是在 2007 年以前，LED 主要应用于手机屏幕和键盘背光中，带来市场需求迅速上涨。二是自 2009 年以后，LED 大量应用于电视背光中，随着智能手机、平板电脑等终端应用的爆发，给 LED 应用带来了新的应用市场。通用 LED 照明在全球禁止白炽灯计划的推动下，市场渗透率逐步提升。过去几十年来，不同的应用市场使得高亮度 LED 产业的年复合增长率稳定在 20%—30%。但是近年来，产值的增长幅度明显下滑，2014 年高亮度 LED 产值为 142 亿美元，增长率从上年的 19% 下降到 9%。2015 年产值只有小幅度上涨达到 145 亿美元，同比增长 2%。

表 9–2　2007—2015 年全球高亮度 LED 产业规模和增长率

年份	2007	2008	2009	2010	2011	2012	2013	2014	2015
产业规模（亿美元）	46	52	54	83	88	109	130	142	145
增长率	29%	13%	4%	53%	6%	24%	19%	9%	2%

资料来源：LEDinside，2016 年 2 月。

高亮度 LED 产业规模增长放缓，主要有以下几个原因，一是在照明应用需求的带动下，虽然 LED 的使用数量和出货量大幅增长，但是随着 LED 技术水平和发光效率的持续提升，使得单个照明产品中 LED 的使用数量减少，同时受 LED 价格持续下跌的影响，使得整个高亮度 LED 产业增长率逐渐放缓。二是

LED 的主流终端应用市场增长放缓，如全球 PC 产量已经连续多个季度出现负增长，智能手机出货量增长率也持续下滑，汽车电子产值增长率从 2014 年的 44% 下降到 2015 年的 9%，预计 2015 到 2020 年年复合增长率大概只有 3% 左右，使得在这些终端领域的 LED 背光、显示、照明等应用增长受到影响。

三、国际LED巨头企业并购分拆风起云涌

2015 年，整个 LED 行业重点企业陆续宣布出售或分拆 LED 照明业务，使得整个行业的格局发生变化。飞利浦公司作为照明企业的龙头，最早开始了一系列拆分和重组计划。去年宣布以 33 亿美元将旗下照明公司 Lumileds 80% 的股份出售给中国资本 GSR GO Scale Capital，但是随后由于未被审核通过被驳回，目前正在重新寻找买家；今年又与美国一家制造 OLED 光引擎和面板的制造公司达成协议，该公司将收购其 OLED 光源器件业务；目前飞利浦正计划将其照明业务和医疗业务进行分拆，预计 2016 年第一季度分拆完毕。欧司朗作为欧洲照明企业的龙头，2015 年将持有的佛山照明 13.47% 的股份卖给了广晟集团；目前正准备将光源部分业务分拆出来出售，引发了众多企业和资本的竞购，其中国内飞乐音响和木林森在购买之列。日本巨头松下照明也是动作频频，2014 年分别关掉了在中国的上海灯具厂和杭州工厂，未来还将继续关闭印尼的荧光灯厂和日本的两间工厂，全面收缩照明业务。美国传统照明大厂通用照明，2015 年宣布将 LED 照明业务与太阳能能源相关业务进行整合，重新成立新公司 Current，使得照明业务有更多的独立性和发展空间。日本东芝由于日元汇率下降和业务连连亏损等影响，2015 年宣布退出白光 LED 业务，之前曾大力推动 8 英寸硅基 LED 技术的发展和应用。在竞争积累的市场压力下，美国巨头科锐 Cree 也将功率器件与射频器件业务从总公司分拆出来，成立分公司，以此缩小低利润的照明产品业务，提升核心业务竞争力。

照明巨头企业纷纷剥离和进行业务重组，一是照明业务利润率低，成为发展制约因素。LED 产业链较长，从芯片、封装到终端产品，终端产品又分彩电、手机等的 LED 背光模组、LED 显示屏和 LED 照明。大部分的国际重点 LED 企业从传统照明转型为 LED 照明企业，覆盖了全产业链的研发和生产，LED 照明是其业务的重要组成部分。但是近年来随着市场竞争加剧，LED 照明的利润率下降。三星 LED 板块营收中，高达 90% 以上是由使用在面板背光模块的 LED 芯片所贡

献，在 LED 照明市场上影响力较弱；飞利浦拥有全球照明行业市场第一照明品牌和最高的市场占有率，然而近年来盈利长期徘徊于 10% 以下，远低于其医疗业务；欧司朗计划分拆的传统灯泡、镇流器及 LED 灯具与系统部门同样获利不佳。因此迫于公司进一步发展和投资者的压力，这些公司纷纷将低利润的照明业务分离。

二是中国 LED 照明企业崛起，市场竞争压力大。中国拥有全球最大的 LED 照明生产和应用市场，由于低成本和高效率的优势，使得中国的大量企业能更快地推出新产品，价格也更加贴近普通消费者，并出口到全球各个地区。随着全球 LED 照明产业竞争加剧，国际重点 LED 企业纷纷降价以抢占市场份额。2014 年，飞利浦的 LED 灯泡从 30 美元下降到 10—12 美元，欧司朗推出 10 美元以下的照明产品。同时大公司受机构臃肿和效率低下的影响，生产成本更高，市场优势逐渐丧失。因此随着中国 LED 照明企业的崛起，这些企业纷纷剥离照明业务以应对市场挑战。

三是主营业务转型，专注产业链高端部分。国际企业在制定发展战略的过程中，往往强调业务向企业的核心能力聚集，资源向核心业务集中，从而提高企业的竞争优势和核心竞争力。三星电子停止韩国以外的 LED 照明业务，为了实现更加有效、集中的运营战略；飞利浦从最早的退出芯片制造和电视机业务，到现在的出售照明业务，将更多资源集中到技术门槛更高、盈利能力更强的医疗保健业务；欧司朗分拆通用照明业务的动作，也是为了将业务聚焦在车用照明、智能照明和解决方案等高利润的市场。因此这些公司剥离照明业务的举措，都希望在业务转型的过程中能聚集更多的资源在产业链的高端部分。

区 域 篇

第十章　美国

第一节　发展情况

众所周知，美国是全球领域电子信息产业的领导者、先驱者、实践者，拥有一批诸如微软、IBM、英特尔、惠普、甲骨文、Facebook、思科、苹果、谷歌、戴尔等知名的电子信息相关世界级企业，在应用软件和集成电路设计等领域长期处于绝对性质的垄断地位。在软件层面，操作系统、数据库、开发工具等在全球市场的占有率高达80%以上；在硬件层面，通用微型处理器、高端网络服务芯片、高端数字和模拟芯片以及可编程逻辑芯片（CPLD和FPGA等）、半导体加工设备等集成电路产品和设备在全球市场中居于绝对性领先优势。

2015年，美国电子信息产业出货金额实现同比增长，占美国制造业发货金额的9.1%。根据统计数据显示，在出货种类中发现医疗类电子设备、测量及控制设备、计算机、电气类型设备、芯片级电子元器件、通信设备等占据了50%左右的比例。

第二节　发展特点

一、产业竞争力持续遥遥领先

美国在经受了近几年来的金融风波和经济危机之后，对于经济行业和电子信息的产业发展都有了更多的承受力。美国现阶段整体的IT产业的发展实力依然十分强劲，美国IT产业在全球范围内的竞争实力和行业优势仍然具有绝对的主导地位。多年来，英国《经济学家》和美国商业软件联盟联合发布的《IT产业竞争指数》报告提出，从总体商业环境、技术设施、人力资源、研发实力和法律环境等多个方面出发，对全球60多个国家和地区的IT产业创新实力进行了分析和排名，结果显示美国IT产业的竞争力一直名列榜首。2015年，全球电子信息产业格局有所变化，但技术和商业模式的创新都发源于美国，美国仍是全球电子信息产业第一强国。

二、技术水平位居全球制高点

经济合作与发展组织于2012年10月发布的《2012互联网经济展望》报告统计数据显示，在经济合作组织成员所构成的共250家信息和通信技术类企业中，有近三分之一的企业是位于美国，数量总体也在各成员中位居首位，拥有绝对的优势地位。由于信息技术具有强大的渗透性和广泛的应用性，且发展水平较高，电子信息产业已成为美国高新技术的核心，也成为美国经济最重要的支柱。美国在信息技术领域代表了全球的最先进水平，此外，美国拥有世界上最雄厚的技术创新成果储备和最充裕的人才储备，信息技术研发投入也位居全球第一，这些都是其他国家或地区在一个相当长的时期内所无法比拟和超越的。美国总统科技顾问委员会曾在一份递交给总统的研究报告中总结和归纳，首先因为拥有众多在微处理器（MCU）、操作系统（OS）和网络搜索（Search）等领域处于市场主导地位的世界级一流企业（比如英特尔、微软等），其次是具备强大的技术商业化体制和成果的转化模式，此外美国高等教育和科研体系实力极其强大，这些都成就了美国的IT行业的全球霸主地位和绝对的行业竞争优势。

三、IT产业持续复苏趋势显著

2015年，受益于美国经济的复苏，美国就业市场连续实现最佳表现，电子信息产业、IT产业和新能源开发等成为美国经济复苏的新动力和发展原点。如今，美国在信息通信技术、能源技术革命、制造业高端技术的研发和利用方面具有极为突出的比较优势，电子信息产业迎来了新的发展机遇。计算机和电子产品制造领域、计算机系统设计和相关服务领域的从业人员数增加明显，薪酬上涨。以苹果、英特尔为代表的大型IT企业业绩回升。美国政府也为了应对曾经的经济危机带来的风险出台了一系列经济刺激计划和未来的行业发展规划，从而将宽带网、智能电网和医疗信息技术等作为投资重点。美国政府看到和认识到了这些IT领域和相关的服务行业对于拉动经济增长所能发挥的短期显著效应，很大程度上也着眼于它们在推动经济结构转型、促进经济可持续发展以及解决重大经济社会问题等方面将会产生的长效深远作用。

四、企业参与活跃度明显增强

在市场环境和市场需求转暖的背景下,美国电子信息企业积极开展市场合作、并购重组。如苹果和 IBM 合作打造适用于苹果移动设备的企业级应用,积极进军企业级市场;英特尔以 90 亿元(约合 15 亿美元)入股紫光的控股公司,届时英特尔将获得紫光旗下持有展讯通信和锐迪科的控股公司的 20% 股权,拓展移动芯片业务;IBM 在中国成立 openpower 联盟,在芯片、系统、软件和研发等领域与中国产业展开技术合作;戴尔以世界上最大私人科技公司的身份成功转型,成为"全球增长速度最快的集成技术解决方案公司";惠普分拆为两家公司,一家提供企业硬件与服务业务,另一家提供个人计算机与打印机业务。

第三节　主要行业发展情况

一、消费电子产品制造

2016 年美国拉斯维加斯消费电子展(CES)于 1 月 9 日闭幕。在 CES 2016 上,美国消费电子制造企业所引领的新技术领域包括 VR、智能家电以及智能汽车,可穿戴设备正在更加广泛地走向大众,传统与怀旧的电子产品也被人重新唤醒。

VR 代表的虚拟现实领域,美国企业 Oculus 作为领军代表一直在树立行业的标杆。消费者版 Oculus Rift 硬件上搭载 VR 显示设备、手柄控制器;软件上有 VR 相关的游戏、视频、电影等内容生态的建设,Oculus 从底层硬件设计到 VR 内容应用层面搭建了完整的服务体系。Oculus Rift 的设备应用领域十分广泛,不仅是在游戏领域,现阶段来看有越来越多的软件服务提供商已经开始为其开发、适配甚至专门设计相关的软件应用,比如用于建筑设计三维展示、医疗教育的模型展示甚至是用于治疗自闭症、恐惧症、创伤后应激障碍等领域。

无人驾驶汽车的典型代表是 Google 和特斯拉。Google 的无人驾驶汽车是谷歌公司的 Google X 项目实验室研发的全自动、非人工、自主学习的汽车驾驶系统,其无人驾驶汽车公路测试里程已达到 160 万公里,截至 2015 年 11 月短短几年的时间周期内,实现上路进行实地测试的谷歌无人驾驶汽车已经达到 53 辆,并且在未来的周期内会有更多的无人驾驶汽车投入实际生活场景的测试当中。谷歌初期目标是创建一个共享汽车的驾乘和服务商业模式，未来谷歌公司可能会寻找更深入、系统、多元化的方式来通过无人驾驶汽车盈利，直接挑战流行的搭车共享服务，如 Uber 和 Lyft。特斯拉的无人驾驶更多是强调辅助驾驶的能力，而并非真正的全解放双手操作，特斯拉是以互联网企业的方式来对电动车行业进行深度变革，使用互联网思维来做智能车载系统，通过第一时间迅速推向市场，结合用户大量实践进行反馈升级从而实现系统的快速迭代。

可穿戴设备企业 Fitbit、Jawbone UP 在 2014 年全球领域掀起一场智能手环可穿戴设备的潮流。根据 IDC 公布的 2015 年全球手环出货量显示，Fitbit 名列第一，小米名列第二。通过其首创的随身可穿戴式手环记录佩戴者一天的运动追踪数据，大量用户的数据经过沉淀、积累最终汇聚成大数据，分析、处理和机器学习实现运动数据的个性化定制和运动健身服务的专业化推送服务。

苹果公司是毫无疑问的消费电子领域的霸主。技术领域苹果公司够凭借强大的硬件、软件和工业设计能力为用户创造独一无二的体验是苹果的魅力所在，iPhone 设备是苹果工业设计的完整体现；生态系统搭建和完善的领域苹果公司依托于自有设备的硬件设备（手机、平板等产品）为核心的方式让苹果在硬件的设计和销售上具有核心的控制市场地位的优势，结合自有软件平台（APP Store 等软件开发分成模式）发展自己的生态体系，在移动设备领域拥有对手根本无法复制的强大竞争优势，利用软件免费服务后端收费的模式（软件后端收费的商业模式）来促进硬件设备的销售、推广、普及和发展，通过持续扩大的用户基数，实现增强网络效应的目的。

二、软件开发服务

2015 年 8 月 10 日，谷歌宣布重组为一家名为 Alphabet 的全新伞形控股公司。新公司 Alphabet 是一系列公司的集合，旗下除了谷歌，还包括谷歌风投、谷歌资本、谷歌实验室 Google X 和 nest 等其他子公司。

随着移动互联网的发展，谷歌面临着伟大的机遇和强大的挑战：搜索市场竞争激烈，谷歌主营业务遭遇增长瓶颈，以 APP 应用为代表的数据孤岛逐渐封闭了开放的互联网的用户数据，原来大量提供搜索获取的数据现在逐步被层出不穷的 APP 所取代；社交网络发展迅猛，谷歌受困"创新者窘境"，以 Facebook、微信为代表的社交网络更多地占据了大众的网络使用时间，更多的用户停留在社交网络；新兴公司频繁挖角，谷歌人才流失严重，谷歌相当数量的骨干人才，包括优秀的高管人员和技术人员被频繁挖走，以 Facebook 为例，7 名高管中有 2 名来自谷歌；华尔街和投资者不满，谷歌面临资本市场压力，谷歌发展和创新了大量在财务上看来与核心业务关系不大、存在高风险的项目，如花费庞大且激怒不少投资人的无人驾驶汽车和"登月计划"等，短期之内还不能获得具体的财务投资回报，但是从长远看来会深刻影响人类社会变革的先进技术的创新。

IBM 希望创造基于算法的自动化"服务"和基于人工智能的"咨询"，试图把咨询服务推进到下一个阶段：大数据时代的自动化认知咨询服务。在这个阶段，服务由程序以自动化的方式执行，咨询由人工智能算法提供。IBM 公司力求实现以沃森认知计算为代表的全公司的转型，2 年内的一系列巨变包括：收购公有云 IaaS 企业 Softlayer，12 亿美元兴建全球范围内的 40 个云数据计算和分析的数据中心，10 亿美元投资 PaaS 平台 BlueMix 研发，10 亿美元组建以认知计算和机器学习为代表的沃森人工智能集团，23 亿美元将 X86 服务器业务卖给联想，倒贴15 亿美元将芯片制造业务卖给 GobalFoundries，30 亿美元投资新型芯片的研发等。在十几个月的时间周期内，IBM 集团内部就已经完成了超过百亿美元级别的关于认知计算、机器学习领域的产业布局。

同传统计算机学习系统相比，IBM 的认知计算具有四方面优势。一是辅助决策的能力。在认知计算和机器学习以及深度神经网络算法的帮助下，可以带来工作效率的提高和工作流程的梳理，可以广泛而深入地利用信息，利用最少的时间成本使个人或者机构成为各个领域的"资深行业专家"。二是推理和理解能力。深度学习的系统可以更好理解需求，在纷繁信息中发现其内在关联同时分析出潜在趋势。三是决策能力。认知计算系统在企业制定发展战略、政府部门出台政策措施，可以汇集和分析信息，提供相应决策依据。四是发现洞察能力。认知计算最高层次的能力，是机器具备类似人脑的"认知"模式，发现当今计算技术无法判断的新机遇及新价值，同时为趋势的发展提供相应的依据和模型支撑。

三、半导体制造

半导体芯片制造领域的核心推动者是 Intel 和高通，分别代表着 X86 和 ARM不同架构之间的对决。

英特尔公司的主要优势在于个人电脑市场与企业级服务器市场，这两个领域的系统都是微软的 Windows 系统占据主导和绝对优势的地位，相比较来说开源的 Linux 系统只是在部分的服务器市场有一定的市场空间。英特尔和微软之间的搭档合作，将微软公司新开发的新系统和英特尔的新芯片进行相应的适配和软件系统的定制服务，英特尔和微软公司的搭配共同助推和支持着全球整体上 IT 行业技术和硬件设备的更新发展和不断创新，但是从消极意义的层面来看也形成了实质上的技术壁垒和封闭式的垄断，不利于整体全球 IT 的公平竞争和创新发展。英特尔和微软所建立的软硬件的产业联盟在一定程度上占据了 IBM 公司在个人电脑市场上的绝对核心地位，双方也通过控制下游个人电脑的相关的制造和生产企业而不断从软件系统和硬件设计上获取暴利和巨额的资金收入优势。英特尔这样的芯片制造和生产企业自身通过微软公司的 Windows 系统进入全球领域的各大硬件生产、设计制造企业，建立合作、互惠伙伴的关系，包括芯片生产制造商、软件开发服务提供商、设计和辅助工具开发商、硬件身缠制造商和移动设备商等等，同时这些企业也围绕英特尔公司形成了具有核心竞争力的产业集群和行业社团。英特尔基于自身提出的"平台整合"的一体化、跨平台服务的概念设计，已经将 CPU 研发、主板设计、芯片组整合以及网卡等网络运行组件或技术高度集成化、系统化、统一化，一方面可以实现满足用户综合应用体验的核心需求，另一方面也可以强化整个行业体系的竞争门槛，不断降低芯片制造企业这样的行业对手在微软系统生态系统中的占有比例，从而做到了长期在桌面系统主导时代的压倒性的霸主地位。

在移动互联网领域，高通实现了向移动互联网征税。在高端移动 CPU 市场的竞争格局中，高通公司目前是全球领域当之无愧的霸主。在技术创新层面上，高通公司的高端移动 CPU 等系列产品线，已经搭建起来完善的技术服务和生态应用体系；在中低端产品设计和研发的层面，已经做到从入门级到旗舰级移动 CPU 芯片的全生产线芯片设计和研发体系。例如在 3G 网络向 4G 网络的过渡过程中，高通因为自身强大的知识产权、专利系统的完善，一方面可以对使用高通处理器的智能手机、移动设备生产制造商收取 5% 的 CDMA 系列技术许可费，另一方面对于不使用高通芯片的生产商收取 5.75% 的专利许可授权费，强制移动设备生产商使用自己的芯片和服务产品，因此创新走出了芯片销售盈利和专利授权使用的公司盈利模式。

第十一章 欧洲

欧洲在世界电子信息产业发展的重要地位不言而喻，同时欧盟作为欧洲地区规模较大的区域经济合作组织，一直以来主导、引领、创新着欧洲整个区域电子信息产业发展。欧委会发布 2015 年《冬季经济预测》报告显示，虽然从整体经济发展恢复情况来看欧盟已进入第三年复苏，但增长动力和持续发展的原动力依然不足，投入产出比尚未恢复至危机前水平。预计 2015 年整年，欧盟成员国将全部实现经济水平的正增长，失业率稳步实现下降，通胀率继续维持较低水平，赤字率和债务率持续下降，整体经济水平将继续保持良性化、稳定化的恢复发展状况。

第一节 主要国家发展情况

欧洲电子信息产业整体来看在 2015 年并未出现明显加速增长的市场趋势，但整体市场行情开始逐步复苏，市场预期目标也基本得以实现。德国一直以来作为欧盟区域经济的"领头羊"，在 2015 年获得巨大的发展动力，整体经济形势呈现回暖态势，为整个欧洲经济的复苏发挥了核心引擎助推的作用。在光伏领域，根据德国联邦网络运营商（Federalnetwork Operator）发布数据显示，2014 年德国新增光伏装机量仅 1.89GW，同比下降 42.7%。截至年底，德国累计光伏装机容量达 38.23GW，依然位居全球首位。医疗电子方面，德国是欧洲最大医疗设备生产国和出口国，德国拥有全球仅次于美国的医疗电子产业规模，2015 年总产值约 300 亿美元。德国约有 170 多家医疗电子设备生产商，其中绝大部分为中小规模公司。德国公司生产的医疗设备中大约有 2/3 用于出口。

英国经济发展受全球经济复苏带动于 2014 年开始有所反弹。在光伏产业方面，据英国能源与气候变化部（DECC）数据，2014 年的英国新增光伏装机量已经达到 2.2GW，其中 700MW 为屋顶光伏系统，占新增装机总量的 31.8%。截至年底，英国累计光伏装机量达到 5GW。英国的医疗电子市场规模大致与法国相当，其医疗电子产品进口额远高于出口，是世界上最大进口医疗设备国家，进口医疗电子产品总额高达 80.77 亿美元，同比增长 6.32%。英国人口老龄化和社会工业化造成的疾病困扰，将使医疗电子产业在未来几年以 8.2% 左右的速度保持快速增长，预计到 2016 年产业规模达到 94.5 亿美元。

受主权债务危机的深层影响，法国经济最近一年增长乏力，经济疲软态势虽较去年有所缓解但整体来看还是对电子信息制造业产生不利影响。但法国仍然是欧洲第二大医疗设备生产国，也是欧洲主要医疗设备出口国之一。2015 年，法国医疗电子市场总销售额高达 60.6 亿美元，约占欧洲市场总份额的 16%。法国进口医疗电子产品与出口医疗电子产品价值相当，进口产品主要集中在 MRI、PET、螺旋 CT 等先进电子诊断成像设备以及植入式医疗电子设备。

第二节　发展特点

一、"工业4.0"战略快速发展

在智能制造方面，欧盟的 ESPRIT 项目一直大力资助有市场潜力的信息技术，1994 年在此基础上又启动了新的研发项目，选择了 39 项核心技术，其中三项（信息技术、分子生物学和先进制造技术）中涉及智能制造。2012 年 10 月，"工业4.0 研究小组"向德国联邦教研部和联邦经济技术部上呈了《未来项目"工业 4.0"落实建议》，全面描绘了"工业 4.0"的新型工业化模式远景，明确了"工业 4.0"的目标、意义以及重点任务。围绕"把握住新工业革命的先机，确保德国保持其制造业的国际领先地位"的核心目标，计划投资 2 亿欧元提升制造业的智能化水平，建立具有适应性、资源效率及人因工程学的智慧工厂，在商业流程及价值流程中整合客户及商业伙伴。

"工业 4.0"重点任务概括为两大主题，一是"智能工厂"技术研究，二是"智能生产"模式研究。根据此两项主题，可将任务分为五类：一类是构建融合化、网络化的制造过程的生产体系；第二是加强信息通信技术在生产制造过程中的运用与创新；第三是组建标准统一、规范使用的模式；第四是建立以人机交互为基础的创新型企业组织模式；第五是强化安全性和专有性技术的推广与研发。为保障五大任务的实施，德国制定了相应的落实措施：依托德国三大工业协会设立一系列专职的推进工作组，将重点工作分解落实；强化对于人才的培养和继续教育；组织实施工业安全保障规划；加强面向"工业 4.0"的立法预研和准备工作，重点研究责任、版权、产品剽窃、知识产权保护、与垄断相关的法律问题。

德国"工业 4.0"的发展方向已逐步明晰，第一是主动推行 CPS 技术研究，力求成为 CPS 技术在全球的主要提供方；第二是加快为 CPS 技术和产品开发新兴市场空间，使 CPS 成为全球高端制造业核心技术。在战略的制定过程中特别注意了产学研用的结合，政府充分调动了企业、行业组织、技术协会、科研机构参与的积极性。清晰的发展路径和企业主体的积极参与，确保了"工业 4.0"战略从项目推进和市场推广两个方面均得到了快速发展。

二、全面推进数字化发展建设

欧盟议会通过"个人数据保护规定"。欧盟委员会 7 月宣布，欧盟各成员国应积极迎接"大数据"时代，拟推出一系列措施助推大数据发展，包括建立大数据领域的公私合作关系、依托"地平线 2020"科研规划,创立开放化的数据孵化器、根据"数据所有权"及数据提供责任给予新规定、确定数据标准、成立多个超级计算中心、在成员国创建数据处理设施网络等。

10 月 13 日，欧委会与欧洲大数据价值协会签署谅解备忘录，共同承诺建立公共私营合作伙伴关系，在 2020 年以前投入 25 亿欧元推动大数据发展，其中欧委会将拨款 5 亿欧元研发资金，源讯、Orange、SAP 和西门子等企业以及弗劳恩霍夫、德国人工智能研究中心等私营部门将投资至少 20 亿欧元。

欧委会已通过决定，将大数据技术列入欧盟未来新兴技术（FET）行动计划，加大技术研发创新资助力度。截至目前，欧委会公共财政资助支持的大数据技术研发创新重点优先领域主要包括：云计算研发战略及其行动计划、未来物联网及其大通量超高速低能耗传输技术研制开发、大型数据集虚拟现实工具新兴技术开发应用、面对大数据人类感知与生理反应的移情同感数据系统研究开发、大数据经验感应仪研制开发等等。随着经济形势趋向好转，区域市场需求逐渐上升。市场研究机构 Pierre Audoin Consultants 报告显示，2014 年 1/3 以上的欧洲企业将在数字化转型方面投入越来越多的资金，约 1/2 的欧洲企业还将在移动办公方面投入更多资金。

三、扭转半导体行业发展局面

为扭转欧洲半导体行业的下滑态势，确保欧洲半导体领域的技术优势，欧盟在 2014 年 7 月宣布实施《欧洲微型和纳米电子元器件及系统战略路线图》（以下简称《路线图》）。《路线图》分为五个部分。第一部分总结了欧洲近十年来半导体产能逐步缩减的原因；第二部分从三个方面分析了欧洲半导体产业发展的现状；第三部分指出未来半导体产业发展的新型领域：一是物联网技术提升半导体产业市场空间，二是无线通信的快速发展成为半导体市场驱动力；第四部分指出欧洲的半导体产业发展路线图将遵循三条主线，一是继续提升欧洲在半导体领域的领先优势，ELG 建议在 2014 年推行"万物智能"和"灯塔"两个重点项目，二是强化供应链和生产能力；三是强化基础设施建设，建立统一的 EDA 工具平台。

《欧洲微型和纳米电子元器件及系统战略路线图》的制定旨在扭转欧盟半导体产业目前产能下降的困境，增强欧洲半导体产业的技术实力，提升其在传统和新兴领域的竞争力，实现 2020—2025 年产值翻番的目标。该路线图结合欧洲的优势和传统，首先明确了未来几年欧洲半导体产业主要进军三个市场需求发展迅速的领域：一是在传统领域，如汽车、能源、工业自动化和安防等；二是高速增长的新兴领域，尤其是物联网和智能制造等，以便让欧洲抢占发展先机；三是发展日新月异的移动市场，例如在低功耗处理器设计和先进半导体制造方面保持领先地位。

其次在强化供应链方面提出：一是充分利用、扩张和提升现有的生产能力，同时利用潜在的新设施和新的合作形式提升产能，以未来的产能实现未来的预期目标；二是对材料和设备继续投资，以生产 300mm 晶圆，以及下一代 450mm 晶圆；三是设立一个关于芯片设计和架构的计划，旨在强化设计和委托代工产业，使他们能更好地与欧洲伙伴进行合作；四是在整个创新生态系统加强合作，促进中小企业易于得到欧洲世界级研究机构的技术；五是支持突破性的技术开发，增强欧洲在该行业的领先优势。在强化产业链整合方面提出：一是建设掌握半导体相关技术的人才资源池，为半导体技术人员提供进修机会，鼓励企业定期开展培训及技术沙龙。二是通过专利布局和知识产权建设对半导体技术形成保护，同时通过进出口管制和国际 WTO 规则标准对其他地区形成竞争壁垒；三是助力半导体初创企业和中小型企业的成长，帮助企业用全球化的视野提升研发实力；四是建设安全可靠互联网和信息通信产业基础设施。

四、完善移动通信基础设施建设

2013 年初，法国政府推行了"超高速宽带计划"，意欲于 2022 年之前完成光纤网络覆盖全法国的目标。2014 年 7 月 25 日，法国 Axione 公司通过发行债券为其在法国超高速宽带计划框架下的基础设施建设融资，此举不仅获得了欧盟和欧洲投资银行"项目债券信用升级措施"（Project Bond Credit Enhancement Initiative）的支持，还成为欧洲首个获得该措施支持的电信基础设施建设项目。通过融资，预计 Axione 将获得 1.89 亿欧元的资金，用以完成在法国境内的高速和超高速宽带基础设施建设。

欧洲议会投票支持 2015 年 12 月取消漫游费，同时支持欧委会提出的"互联大陆法案"（单一电信市场），该法案将保证互联网对所有人开放，禁止封锁或删减内容。单一电信市场是欧盟单一数字市场的重要组成部分和基础。根据规划，欧委会将在 2015 年提出建设单一数字市场的战略建议和措施。单一数字市场建设的工作重点之一是保证网络的接入、联通和投资，建设数字经济。单一数字市场的建设需要充分的技术储备，如大数据、云计算、物联网等。设立一个单一的监管机构来制定包括从移动频谱划定到漫游费用定价等所有规则，运营商无须再分别处理目前存在的 27 套不同的规则。最终，欧洲地区将只有四五家大型运营商来为用户提供跨国界的服务，这可使得电信公司发展更健康、盈利能力更强，从而加大在通信设备采购上的投资。

为了防止欧洲在移动宽带建设领域落后于其他国家，欧盟委员会决定将目前免费接收电视的频段移交至宽带网络运营商。同时，欧盟委员会宣布将目前使用的 700MHz 广播电视频段，于 2020 年用于移动网络的计划。此外，咨询公司 IHS 在测算了欧洲五个国家在宽带投资方面的情况之后，指出公共和私人部门将于 2017 年对欧盟中五个最大的经济体——德国、英国、法国、西班牙和意大利共同投资，在下一代宽带网络基础建设中投资 300 亿欧元。

五、高度重视网络安全服务

欧盟首先高度重视和强调在网络空间治理中发挥各国政府的积极作用。为有效应对网络安全问题，提升公众对信息网络的信心，早在 2003 年，就成立了欧盟网络和信息安全局（ ENISA ），主要负责加强欧盟网络安全的顶层设计。2012 年，欧盟网络和信息安全局发布国家网络安全战略实践指导白皮书，提出了国家网络安全战略的四个阶段：制定、实施、评估和调整。2014 年 11 月，欧盟网络和信息安全局参考了 18 个欧盟成员国和 8 个非欧盟成员国的国家网络安全战略最佳实践，发布了《国家网络安全战略评估框架》，为政策专家和政府官员评估国家网络安全战略提供指导框架，有助于欧盟成员国提升其国家安全战略的制定水平。

同时，欧盟还加强区域间的交流和战略合作。欧盟正在推进其数据保护规则的改革进程，2014 年 1 月，欧盟与美国协商如何加强安全港协议框架以确保其能够继续提供有力的数据保护，提高透明度以及得到有效执行等。美国联邦贸易委员会与欧盟机构的官员以及亚太经合组织一同宣布，欧盟与亚太经合组织将发布共同的计划文件，满足双方在隐私保护框架方面的共同需求。

此外，欧盟重视提升民众网络安全意识。根据欧盟网络安全战略和"安全网络计划"（ 2014—2018 ）的要求，每年 10 月举办"欧洲网络安全月"意识教育活动。该活动针对不同的目标对象策划出更为具体而有效的主题，开展了形式多样的宣传教育活动，包括针对专业安全技术人员进行网络安全演练、针对在校学生举行代码编程等主题活动、针对公共和私营组织进行员工培训、针对所有网络用户开展计算机和移动保护以及隐私保护的宣传等。

第三节　主要行业发展情况

一、通信设备

欧盟拥备众多高端人才和优势性的研发能力，其 ICT 行业长期位于世界领先地位，在通信设备上优势明显。欧洲在 5G 标准制定上拥有全球影响力，5GPPP 和 ITU 组织都在欧洲。根据 Infonetics 发布的"全球电信和数据通信市场趋势及驱动力"研究报告，2015 年，欧洲五大服务供应商，德国电信、法国 Orange、意大利电信、西班牙 Telefonica 和英国沃达丰，收入均下滑，这导致了通信设备的需求疲软，拖累全球电信收入增长。爱立信、诺基亚、阿尔卡特—朗讯等企业纷纷启动转型，寻找新的增长点，并积极拓展外部市场。

二、光伏产业

欧洲光伏设备企业占据全球光伏设备市场约一半的份额，并且光伏行业的回暖态势开始逐步向上游设备制造业传导。

三、物联网

欧盟作为世界上最大的区域经济体，在技术研发、指标制定、应用领域、管理监控、未来目标等方面陆续出台了较为全面的报告文件，建立了相对完善的物联网政策体系。同时，欧盟在技术研究上还设立了专门的基金促进欧盟内部的协同合作。尤其在智能交通应用方面，欧盟依托其车企的传统优势，通过联盟协作在车联网的研究应用中遥遥领先。

四、医疗电子

2015 年德国、法国、英国、意大利、西班牙等西欧 11 国医疗电子设备市场销售额约为 422 亿美元，同比增长 6.5%。由于老龄化社会、大批计划外移民涌入和医疗设备更新的需要，市场需求仍将继续保持增长。

第十二章　日本

第一节　发展情况

2015 年，受超薄电视、电子元器件利好以及汇率变动影响，电子信息产业日本企业生产额（含海外生产部分）有所上升，达 42 兆 7968 亿日元，同比增长 7%，实现连续 3 年正增长。2016 年，随着全球市场对高可靠性、高端产品意向的高涨，以及节能、小型化趋势的发展，日本企业将具备优越性，针对日本市场的 IT 投资将增加，日本电子信息企业生产额预计将达 43 兆 4816 亿日元，同比增长 2%。受安倍经济政策影响，日本企业经营环境将向好。超薄电视方面，海外市场对大画面、高机能、高性能、高价格带产品需求强劲。另外，依托智能手机等产品的强劲需求，高可靠性、节能性等日本厂商擅长技术将推动电子元件、显示器件、半导体产业发展向好。

2015 年，电子工业日本国内生产额为 12 兆 5802 亿日元，同比增长 7%，延续 2014 年的正增长态势，实现连续两年正增长。预期受惠于电子元器件出口扩大、国内需求改善影响，2016 年将达 12 兆 9426 亿日元，同比增长 3%，实现连续 3 年正增长。日本企业国内生产比率为 35%，其中显示器件日本国内生产比率为 92%，服务器、存储器为 77%，医疗电子设备为 70%，电气计测器为 68%，半导体为 66%，而日本企业会继续在高可靠性、高品质产品领域维持高水准国内生产。

日本国内经济在实际工资上升，个人消费、住宅投资恢复，企业增益大背景下，设备投资将平稳发展。电子工业方面，作为出口支柱的显示器件、半导体电子元件等将成为拉动日本国内生产增加的引擎。其中重要原因是受智能手机大画面、多频带化带动，电子元器件搭载数将增加。另外，电气计测器、打印机等国内生产也正在恢复，电子工业 2015 年国内生产额同比增长 7%。

表 12-1　2015 年日本电子工业生产情况

产品类别	生产总值（百万日元）	同比增长（%）
消费电子设备	668254	−3.6
通信设备	1206291	5.3
计算机与信息终端	1077060	−10.4
应用电子设备	862404	2.0
电测仪器	386445	15.0
电子元件	2643916	9.5
电子器件	5490939	8.0

资料来源：JEITA，2016 年 3 月。

表 12-2　2015 年日本电子工业出口情况

产品类别	生产总值（百万日元）	同比增长（%）
视频设备	486531	−6.8
音频设备	35080	0.6
通信设备	330531	5.7
计算机与信息终端	423552	5.9
应用电子设备	492652	10.0
电测仪器	287139	5.7
电子元件	1807743	6.9
电子器件	3428854	4.8

资料来源：JEITA，2016 年 3 月。

表 12-3　2015 年 1—11 月日本电子工业进口情况

产品类别	生产总值（百万日元）	同比增长（%）
视频设备	457031	1.1
音频设备	164924	−6.3
通信设备	2435971	5.5
计算机与信息终端	1910760	−5.9
应用电子设备	349680	−0.1
电测仪器	224590	10.9
电子元件	615654	9.8
电子器件	2685247	5.2

资料来源：JEITA，2016 年 3 月。

2015 年 1 月和 3 月，日本的电子信息产品进口额低于上年同期，其余各月均高于同期，最高增幅为 26.4%。截至 9 月，平均增幅为 6.8%。出口额各月均高于上年同期，最高增幅达到 14.2%，出口平均增幅比进口略高为 8.5%。总体进出口额均呈现增长趋势。日本大型企业自 2014 年 4 月起每月将工资提高了 2.59%，这是自 1998 年以来最大的工资涨幅，刺激了国内消费和进口。日本在技术含量高、尖端电子元器件上优势依然明显，国际竞争力强。受 2015 年加入 TPP 等政策利好，出口比上年同期有所增长。2015 年，日系企业全球产值将上年增长 7%，达到 42.8 万亿日元。预计 2016 年将比 2015 年增长 2%，达到 43.5 万亿日元。

展望 2016 年，世界经济将维持缓慢增长。面对德国工业 4.0 和美国工业互联网将给全球制造业带来的巨变，日本显示出强烈危机感，日本制造业积极发挥信息技术的作用以转型为利用大数据的"下一代"制造业。电子元器件方面，得益于汽车 IT 化、IoT 设备需求扩大等因素，对日本企业高机能、高可靠性产品的需求将进一步增加。IT 解决方案、IT 服务方面，针对日本市场的 IT 经营活动、信息安全对策，预计新的 IT 投资将增加，加之 2020 年东京奥运会、残运会，面向各产业、社会基础设施的 IT 投资将活跃化，电子信息产业整体预期实现积极成长。2016 年，受智能手机高性能化、车载电子装配率上升等需求驱动，日本国内生产的小型、薄型、节能型高可靠性电子元件、半导体器件搭载数预计将更进一步增加。企业增益使 IT 投资扩大，服务器、PC 需求增加，2016 年预期实现积极成长。

第二节　发展特点

一、日本电子巨头积极转型

2015 年，日本电子信息产业持续衰落。东芝宣布 2015 财年公司预计将出现 5500 亿日元的净亏损，这创下了东芝 140 年历史上最大亏损纪录。昔日的电子巨头不得不积极向医疗、新能源等商用领域转型。一些曾经的日本尖端电子公司考虑转战汽车产业市场，例如将计算机芯片技术运用于电动汽车电池中，获取高额回报。索尼欲将其专业数码相机传感技术用于高级先进的汽车安全系统中，而有很多日本电子公司已经在着手准备相关事宜，各公司都欲争取到更多份额，竞争激烈。

二、日本企业纷纷从海外回流本土

2015 年，大批在海外拥有工厂的日本企业把工厂迁回本土。日元贬值、中国制造成本问题、市场营销和推广问题以及中国制造企业的崛起导致日本大厂财报接连不景气，索尼、东芝、松下等停掉部分业务线，日本工厂陆续从中国境内撤出。日本东芝公司正式宣告彻底结束在日本以外世界彩电市场的自主研发、销售和经营。在消费电子领域，日本整机产品与中国整机产品竞争激烈，日本产品市场表现不好，日本企业近来纷纷撤掉在中国的整机工厂，加大产能回迁力度。松下、夏普、TDK、大金、佳能等日本公司已经或者将要把海外的部分工厂撤回国内。例如，松下将把部分立式洗衣机、滚筒洗衣机、家用空调和微波炉的产能从中国回迁至日本国内，甚至重新打出了"日本制造，出口亚洲"的旗号，夏普计划在日本本土生产更多机型的液晶电视和冰箱，TDK 将把部分电子零部件的生产从中国转移至日本秋田等地，大金空调也把格力空调代工的部分产能回迁至日本本土。

第三节　主要行业发展情况

一、消费电子设备

2015 年，日本车载导航系统和液晶电视出货量相对较高，波动较大，在 3 月均达到了峰值，分别为 61.9 万台和 62.7 万台。车载 ETC、车载光盘播放机和蓝光刻录机 / 播放器出货量相对居中，其中车载光盘播放机、蓝光刻录机 / 播放器变化较为平缓，车载 ETC 的波动最大。数码摄像机、无线电接收器、卫星广播天线和便携式音频系统等出货量相对较低，除数码摄像机波动较大外，其余变化均相对平缓。

二、电子元器件

2015 年全球电子元器件市场不断扩大。JEITA 统计显示，日本电子元器件厂商 2015 年 6 月的全球出货额为 3324 亿日元，同比增加 12.8%，连续 28 个月增加。每部手机所需的存储器和液晶屏数量并没有变化，而所需的电子元器件数量变多，因此各公司都在专注于扩大智能手机零部件的生产规模。日本 TDK 作为世界著名电子工业品牌，一直在电子原材料及元器件上占有领导地位。TDK 已经在亚洲、欧洲、北美洲和南美洲拥有设计、制造基地和销售办事处网络，产品广泛应用于信息和通信技术以及消费、汽车和工业电子领域。2015 年底，TDK 计划以高达 2.14 亿瑞郎（合 2.15 亿美元）收购瑞士企业 Micronas Semiconductor Holding AG，TDK 在开拓欧洲市场方面又前进了一大步。

三、家用电器

2015 年是日本家电企业大规模集体撤离世界家电舞台的一年。2015 年上半年，日本民用消费电子产品的出货额为 5984 亿日元，同比下降 11.4%。其中，电视机、摄像机等产品的出货额为 2954 亿日元，同比下降 9.4%。2015 年上半年，日本白色家电表现同样不佳。JEMA（日本电机工业协会）统计数据显示，日本白色家电出货额为 10627.03 亿日元，同比下降 11.3%。2015 年 6 月，日本彩电、音响等民用消费电子产品出货额同比下降 3.4%，是日本民用消费电子产品出货额连续 15 个月出现同比下降。2015 年中国家电企业大规模收编日本彩电、白色家电品牌。2015 年，松下将旗下的三洋电机彻底吸收合并，并让其退出世界家电舞台，于山东关闭了其在中国的最后一座液晶电视生产工厂，中国长虹也收编了松下旗下三洋电视中国区的业务。

四、计算机

2015 年，日本全年 PC 出货量骤减 32.2% 至 735.5 万台，连续第 3 年衰退，且创有数据可供比较的 2007 年以来史上最大降幅纪录。第二季度日本企业用 PC 出货量 132 万台，同比下降 42.1%，家用 PC 出货量 121 万台，同比下降 27.9%，共计 253 万台，同比下降 36.0%。第二季度客户端 PC 出货量延续了第一季度的下降趋势，总出货量 253 万台。客户端 PC 出货量下降的主要原因是日元贬值，以及 2014 年底停止对 Windows XP 的支持。JEITA 公布统计数据指出，2015 年 12 月份日本国内 PC（桌上型电脑 + 笔记本电脑）出货量较 2014 年同月大减 13.8% 至 82.3 万台，已连续第 19 个月呈现下滑。12 月份日本桌上型电脑出货量较 2014 年同月下滑 25.8% 至 18.8 万台，连续第 18 个月下滑，笔记本电脑出货量下滑 9.5% 至 63.5 万台，连续第 19 个月呈现下滑。2015 年 NEC 联想集团、富士通、东芝、惠普、戴尔等前五名厂商在日本 PC 市场的出货量也呈现明显负增长，同比下降 3% 到 5%。

第十三章　韩国

第一节　发展情况

韩国电子信息产业形成以几家大公司为龙头的完整的技术创新链条和产业链条，部分电子信息产品在国际市场上的占有率处于领先地位，具有较强的竞争力。2015年韩国进出口快速增长，国际化成效显著。近年来，韩国经济由于生产性低下、投资减少等原因，潜在增长率连续下滑，经济进入低增长周期。三星电子2015年第三季度营业利润环比增长5.8%。公司利润继续下滑，可能将同比下滑35%至39%，降到5万亿韩元（约合45.5亿美元）至5.4万亿韩元。三星显示器由于注重在高阶产品的布局，2015年出货量1980万片，排名第5位。三星电子市值总额在全球信息通信技术（ICT）企业中排在第13位，自2005年以来首次被挤出前十。为摆脱这种困境，韩国选择发展本国具有技术优势的信息通信技术（ICT）产业，并促进其他产业与ICT的融合，创造新的高附加值和经济成长机会，以ICT为先导实现"创造的韩国"。2015年3月，韩国政府发布了《K-ICT战略》，选定交通、能源、观光、城建、教育和医疗六大领域重点推进ICT产业融合，目标是以ICT产业为先导，带动整体经济发展，核心内容是在未来5年中投资9万亿韩元，使ICT产业年增长率达到8%，到2020年ICT生产值达到240万亿韩元，出口额达到2100亿美元，2015年至2019年累计投资将超过2万亿韩元。

第二节　发展特点

一、注重自有品牌建设

韩国政府和企业注重创造自主品牌，韩国政府鼓励大企业发展，在参与全球信息产业的竞争中也全力推广民族品牌，政府通过财政政策鼓励私营企业技术创新，给新技术创业企业提供无息贷款、办公室及资金等，私营企业进行技术开发，可以享受三年的税收减免，韩国的产业政策创造了世界级的品牌。例如三星通过一系列的品牌运作活动，伴随着产品和技术的国际化，三星从 20 世纪 70 年代低价品的代名词，一跃成为世界级的品牌。

二、大型企业是技术创新和发展的主体

韩国政府努力建设均衡发展的国家创新体系，特别是注重企业在技术开发和创新活动中的作用。在韩国信息产业发展过程中，韩国积极调动企业的力量，提高国家创新能力，伴随着产业竞争力的提升，一批具有国际竞争力的大企业成长起来。

第三节　主要行业发展情况

一、计算机

2015 年第三季度韩国 PC 出货量不到 100 万台，季度下滑幅度第一次创十年新低。据 IDC 数据，2015 年 7 月至 9 月期间，韩国 PC 出货量下降 4.6% 至 99 万台，其中笔记本电脑出货量为 46 万台。韩国企业正努力应对 IT 支出压力，在黯淡经济前景下，韩国 PC 市场将继续保持颓势。

二、平板显示

韩国的平板显示产业拥有雄厚的技术力量，显示器技术专利数量明显超过全球其他地区制造商，并且这一趋势在未来一段时间里还将继续下去。三星、LG 等一批具备国际竞争力的显示器生产企业对提高国家知名度、加强竞争力起到举足轻重的作用。全球最大的平板显示公司 LG Display 在韩国举办的国际信息显示展览会 IMID 2015 上展示了以 OLED 和 RGBW 为首的多项新型显示技术和产品。韩国企业为应对全球环境的变化，正在从多角度转换生产基地。韩国 LCD Cell 企业纷纷在中国设立并运转 LCD Cell 工厂。目前生产的 LCD Cell 主要供给中国内需市场，但提升生产 CAPA 时还有望出口到第三国家。从 LCD 模块来看，已进军中国、欧盟等地区运营平板组装工序的模块工厂。2015 年全球平板显示产业进入深度调整和高速发展期，转型升级步伐不断加快，产品竞争日益激烈。三

星和 LG 都对"下一代显示技术"AMOLED 投下重注，加大布局，依旧处于全球领先的地位。韩国、中国、日本企业正竞相加大在 AMOLED 上的投资布局。随着以京东方、和辉光电等为首的中国企业的 AMOLED 面板生产线逐步量产，成功实现国产化，目前韩国企业的垄断格局将有可能被打破。

三、物联网

2015 年韩国物联网市场规模达到 4.8125 万亿韩元（约合 39.7 亿美元），较 2014 年的 3.7597 万亿韩元增长 28%。物联网相关设备的收入达 2.2058 万亿韩元，占市场总规模的 45.8%。物联网网络以 1.4848 万亿韩元位居第二，市场占比达 30.9%。在物联网相关业务方面，包括智能家居和医疗保健在内的个人服务占比为 31%，支付业务占比为 19.5%，旅游和文化合计占比 8.5%。目前，韩国共有 1212 家公司从事物联网业务。员工规模在 10—49 人的公司占 51.4%，许多初创企业和小型企业都在从事物联网业务。韩国未来创造科学部称，政府将加大力度扶持从事物联网业务的初创公司和中小企业。

四、大数据

2015 年韩国大数据行业市场规模已达 13 万亿韩元（约合人民币 722 亿元）。自 2012 年市场规模突破 12 万亿韩元后，韩国大数据行业以 9% 的年平均增长率不断发展壮大。韩国大数据行业以提供数据服务及数据库构建服务为主，数据咨询及大数据解决方案市场规模呈增长态势。根据韩国数据化振兴院发布的《2015 韩国数据行业白皮书》，数据服务市场规模占总行业市场规模的 47%，位列第一，数据库构建服务以 41.8% 的占有率紧随其后。

第十四章　中国

第一节　发展情况

一、产业保持平稳增长态势

2015 年，我国电子信息制造业进入中高速增长的新阶段，增速从 10% 以上降至 8% 左右区间，但仍高于行业平均水平。根据工业和信息化部运行局数据，2015 年全年，我国电子信息产业销售收入总规模达到 15.4 万亿元，同比增长 10.4%，其中，电子信息制造业实现主营业务收入 11.1 万亿元，同比增长 7.6%，增速降到 8% 以下。同时，规模以上电子信息制造业增加值增长 10.5%，高于工业平均水平 4.4 个百分点；收入和利润总额分别增长 7.6% 和 7.2%，高于同期工业平均水平 6.8 和 9.5 个百分点，占工业总体比重分别达到 10.1% 和 8.8%，比上年提高 0.7 和 1 个百分点。

二、产业外部环境维持波动态势

发达国家和地区市场需求萎缩，使得自 2014 年以来我国电子信息产品进出口由正转负，产品进出口增速一直在低位徘徊，形势较为严峻。2015 年，我国电子信息产品进出口总额为 13088 亿美元，同比下降 1.14%；其中，出口 7811 亿美元，同比下降 1.1%，进口 5277 亿美元，同比下降 1.2%。贸易顺差 2534 亿美元，与上年基本持平，占全国外贸顺差的 42.7%。主要产品方面，计算机产品进出口下滑最大，出口额 1941 亿美元，同比下降 14.4%，进口额 533 亿美元，同比下滑 12.6%；通信设备进出口增长最大，出口额 2148 亿美元，增长 8.7%，进口额 505 亿美元，增长 9.8%。

三、产业结构调整成效显著

从内外资企业角度看，规模以上电子信息制造业中，内资企业实现销售产值 46316 亿元，同比增长 17.8%，高出全行业平均水平 9.1 个百分点，在全行业中占比提高至 40.9%。三资企业实现销售产值 66978 亿元，同比增长 3.2%，增速低于平均水平 5.5 个百分点。从区域角度看，西部地区销售产值同比增长 11.5%，中部地区销售产值同比增长 18.1%，东部地区销售产值同比增长 7.2%，东北地区销售产值同比下降 13%。从产品结构看，电子信息产品智能化趋势进一步凸显，国内生产的手机中智能手机比重超过 80%，彩电中智能电视占比超过 70%，智能硬件等新产品快速发展。

四、集成电路、平板显示等引领投资企稳增长

从细分行业看，通信设备行业、计算机设备行业和电子元件行业新投资实现超高速增长，新开工项目数分别增长 32.7%、35.9% 和 20.6%。集成电路投资热情带动电子器件行业投资增长，全年电子器件行业实现投资额 3032.1 亿元，同比增长 7.3%。在中央财政资金和地方财政资金的共同支持下，我国新型显示产业投资明显向好。截至 2014 年第三季度，全国有 3 条 8.5 代线建成投产，新建产线有 3 条，总投资规模达千亿元。从我国集成电路以及平板显示产线布局看，2016 年仍将有较大规模的投入资金，有望继续拉动产业投资的平稳快速增长。

五、集成电路、彩电取代手机成为年度产业增长点

2015 年，电子信息制造业主要产品产量增速同上年相比出现显著变化。根据工信部运行局数据，2015 年我国微型计算机、笔记本电脑、电子元件产量均出现下滑，手机、半导体分立器件、移动通信基站的产量增速相较于 2014 年大幅放缓。而有可能拉动产业增长的两大产品是集成电路和彩色电视机，成为新的年度增长点。2015 年，我国集成电路产量超过 1000 亿块，增速约 8%，并且已经有数个地方进行产线布局，未来集成电路产业有望进一步提高增速。受国内外市场的回暖态势持续影响，彩色电视机 2015 年产量出现快速增长，共生产 1.3 亿台，同比增长 6.5%，其中液晶电视产量 1.2 亿台，同比增长 5.5%。

第二节　发展特点

一、产业发展处于增速换挡期

以出口和人力资源优势等为代表的我国电子信息制造业传统增长动力进一步减弱，国内外市场日趋饱和，彩电、手机、计算机等传统产品规模接近天花板。2015年以来，智能手机、程控交换机产量出现负增长；微型计算机、笔记本电脑、数码相机等产品产量自2014年始持续下降。我国人力成本不断攀升，全球组装加工制造加快向更具人力资源优势的中南亚、南美等地区转移。与此同时，信息技术创新速度不断加快，产业发展模式由垂直分工向水平分工转变，使得电子信息制造业与市场结合更加紧密，技术和市场驱动作用愈加明显，而我国尚未形成以技术和市场驱动的新增长动力，产业发展后续风险不容小视。

二、成熟领域缺乏快速、有力的增长支撑

通信设备行业、家用视听行业和计算机行业都是历经20余年发展的较为成熟的行业，目前产品市场和用户市场也都表现出较为稳定的发展态势，我国的行业规模和产品数量也都位居世界首位。2015年，这些成熟行业领域在市场饱和与颠覆性创新缺乏等因素影响下，增速持续下降，直接导致了电子信息制造业整体增速明显下滑。特别是在全球市场萎缩的大背景下，虽然国产品牌在计算机、通信设备、家用视听等市场的占比不断提升，但增长压力仍持续加大。

三、新旧桎梏仍然存在，产业发展面临严峻挑战

一是核心基础领域仍然是阻碍产业升级的薄弱环节。我国在IGBT、电感器、传感器等电子信息制造业关键产品方面仍然落后国际先进水平，高端通用芯片、集成电路、平板显示关键设备以及自动贴片机、薄膜流延机等核心专用设备则长期依赖进口。二是新兴产业发展模式和应用市场未能形成重要支撑。传统优势行业增速明显放缓，新的增长点正在形成但规模偏小。三是部分领域不良竞争不利于构建良性的产业生态环境。近年来，我国在信息领域涌现出一批具有较大影响力和较强竞争力的大型企业，在技术创新、产业发展、国际竞争等方面发挥了积极作用。但同时，在市场竞争中，部分行业领域也出现了大型企业利用既有优势

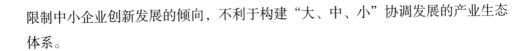

限制中小企业创新发展的倾向，不利于构建"大、中、小"协调发展的产业生态体系。

第三节　主要行业发展情况

一、计算机行业

2015年，我国PC市场持续低迷，PC行业依然缺乏提振因素。在平板电脑、智能手机、可穿戴设备等移动互联设备的冲击下，PC利润率逐渐下滑，产业进入薄利平稳发展阶段。

2015年1—11月，全行业共生产微型计算机28477.6万台，同比下降12.7%，其中笔记本电脑16121.8万台，同比下降15.5%，数码相机1808.2万台，同比下降18.6%。2015年全年生产微型计算机3.1亿台，同比下降10.4%；全年出口额1941亿美元，同比下降14.4%。同时，计算机设备行业全年新投资实现超高速增长，新开工项目数增长35.9%。

二、通信设备行业

2015年，我国通信设备行业延续去年的增长态势，增速在电子信息制造业中位居前列。产业结构进一步优化：手机行业加速洗牌，"中华酷联"成为历史，华为、小米、OPPO、vivo、魅族成为领跑企业；4G、5G发展以及SDN/NFC商业化推动通信设备产品不断升级。企业实力不断增强，华为超越思科成为全球最大的网络通信设备厂商，华为2015年智能手机发货量超一亿台，全球市场份额为9%，首次跻身全球前三。通信设备行业利润率降低，技术集中度不断提升，产业发展进入平稳增长阶段。

2015年，我国通信设备行业实现销售产值同比增长13.2%，低于上年同期3.4个百分点，内销产值同比增长18.6%，高于上年同期2.2个百分点。通信设备行业新开工项目数量同比增长32.74%，通信设备行业完成投资1188.89亿元，同比增长9.6%。主要产品方面，手机出口额2148亿美元，同比增长8.7%，进口505亿美元，同比增长9.8%。国内手机市场出货量达到5.18亿部，上市新机型共计1496款，同比分别增长14.6%和下降28.1%。其中，国产品牌手机出货量4.29亿部，同比增长21.1%，占同期国内手机出货量的82.7%；上市新机型1416款，同比下降 26.6%，占同期国内手机上市新机型的 94.7%。

三、家用视听行业

2015 年，我国家用视听行业在经历了连续多年的高速增长之后，开始进入平稳增长阶段。

从生产情况看，2015 年，我国家用电冰箱累计生产 8992.8 万台，同比下降 1.9%；房间空气调节器累计生产 15649.8 万台，与上年同期基本持平；家用洗衣机累计生产 7274.5 万台，同比增长 0.7%。从销售情况看，2015 年，我国家电行业产销率 95.0%，较 2014 年同期下降 1.2 个百分点；累计出口交货值 3445.6 亿元，累计同比增长 0.8%。从经济效益看，2015 年，我国家用电器行业主营业务收入 14083.9 亿元，同比下降 0.4%；利润总额 993.0 亿元，同比增长 8.4%；税金总额 474.2 亿元，同比增长 7.8%。同时，我国家用视听设备行业完成投资 243.9 亿元，同比增长 7.3%。

四、集成电路行业

2015 年全球芯片销售额增长仅为 2.2%，主要原因是传统市场推动力不足。例如，笔记本电脑、超级本等电脑产品销售额下降；手机销售量进入低速增长阶段；由于三星与海力士的新产能上线，DRAM 内存产品供应过剩。与此同时，2015 年，我国集成电路产业保持平稳增长态势，增速达到 20% 左右；全年集成电路产量超过 1000 亿块，增速约 8%；集成电路投资热情带动电子器件行业投资增长，全年电子器件行业实现投资额 3032.1 亿元，同比增长 7.3%。

五、新型显示行业

2015 年，我国大陆新型显示骨干企业在高分辨率、宽视角、低功耗和窄边框、曲面等新技术上加大投入，新技术导入和应用提速，多条高世代线投产推动产业整体高速增长，新增投资拉动全球产业发展，外资配套企业纷纷落户中国大陆，推动我国新型显示产业上游材料和零组件配套发展。

2015 年我国显示面板行业实现销售收入 1400 亿元，同比增长 10% 以上，显示面板出货面积突破 5000 万平方米，全球占比超过 20%，是全球第三大显示器件生产地区。2015 年前三季度，中国大陆新型显示领域新增投资 960 亿元，占全球该领域生产资本支出的 70% 以上，大陆共有 3 条 8.5 代面板产线建成投产，

是全球产线建设最活跃的国家，为新型显示设备和原材料提供了主要市场。

六、光伏行业

2015年，我国光伏产业继续维持2013年以来的回暖态势，在国际光伏市场蓬勃发展，特别是我国光伏市场强劲增长的拉动下，光伏企业产能利用率得到有效提高，产业规模稳步增长。

2015年我国光伏新增装机量达到约16.5GW，继续位居全球首位，累计装机有望超过43GW，超越德国成为全球光伏累计装机量最大的国家。全年太阳能组件产量约43GW，同比增长20.8%，前十家组件企业平均毛利润超过15%。2015年，在内外部环境的共同推动下，我国光伏企业加大工艺研发力度，生产工艺水平不断进步。骨干企业多晶硅生产能耗逐步降低，行业平均综合电耗降至100kWh/kg；单晶及多晶电池技术持续改进，钝化发射极背面接触（PERC）、异质结（HIT）、背电极、高倍聚光等技术路线加快发展；光伏组件封装及抗光致癌衰减技术不断改进，领先企业生产成本降至2.8元/瓦，光伏发电系统投资成本降至8元/瓦以下，用电成本降至0.6—0.9元/千瓦时。

第十五章　中国台湾地区

第一节　发展情况

一、发展成为全球主要电子信息制造业聚集区之一

我国台湾地区是在全球电子信息产业领域占据重要地位，曾与美国、日本并列全球三大主要电子信息产业聚集区。目前，台湾地区以及台资企业几乎涉及电子信息产业的全产业链和价值链，并在 IC 设计和代工领域确立了全球领先的地位。

IC 设计领域。台湾地区 IC 设计营业收入连续多年位居全球第二位，台积电等多家 IC 设计公司跻身全球 IC 设计 20 强。同时，台湾 IC 企业已进入 IC 设计中复杂度最高的 CPU 研发领域以及存储芯片研究领域，并取得了积极成效，例如，台积电芯片生产线程技术水平仅次于英特尔、AMD 和三星。在芯片生产的产品类别上，台湾地区以及台资企业几乎能生产除复杂度最高的高端 CPU 外的所有类型的晶圆芯片，特别是，台湾地区记忆芯片和动态存储器产量占全球 10% 以上。

代工领域。半导体代工方面，台湾地区的台积电已成为全球半导体代工业龙头，同时，台湾地区还拥有联电等其他知名代工企业，目前，台湾地区约占全球半导体制造代工市场份额的 70%。在 PC 代工组装方面，台湾地区笔记本电脑出货量占到全球总出货量的 90% 以上。在计算机设备与部件的设计与生产方面，台资企业所生产的电脑鼠标、键盘、网络设备、扫描仪等产量均居世界前列。富士康、广达、宏达等代工企业成为惠普、诺基亚、戴尔、索尼、思科等全球知名品牌的主要代工厂，代工生产了其绝大部分的电脑、手机、网络设备等产品。

二、形成三大主要电子信息制造业发展园区

台湾电子信息制造业形成新竹科学园区、中部科学园区、南部科学园区三大主要产业聚集区。新竹科学园区，主要发展集成电路、电脑及周边、通信、光电、精密机械等产业。新竹科学园区是世界半导体产业重镇，拥有联华电子、台积电、华邦电子等重要半导体厂商。2015年，集成电路产业产值占园区总产值近7成，为园区第一大产业。中部科学园区，是全世界最大的12英寸晶圆厂聚集地，包含台积电、华邦电子、瑞晶电子、茂德科技等电子厂商。同时，也是世界光电产业重镇，目前拥有友达光电、台湾康宁、华映公司、台积太阳能、台湾日东等企业。其中，友达光电已发展成为全球前三大的液晶显示器（TFT-LCD）设计、研发及制造公司。南部科学园，是台湾第一个有计划地推动平面显示器（FPD）产业的科学园区。依托南部科学园，台湾地区平面显示器产业产值已位居世界前三位，确立了全球平面显示器产业的领导地位。近年来，南部科学园重点依托高雄科学园区，大力建设"医疗器械产业专区"，发展医疗器械产业，丰富现有产业结构。

三、不断加大与大陆的合作，力图摆脱后金融危机时代低迷发展

2008年以来，随着国际经济环境的转变，全球电子信息产业进入低速增长阶段，一些国家、地区以及重点企业的迅速崛起，使得整个科技产业发生了巨大的变化。台湾电子信息产业在美日韩以及中国大陆的强力竞争下，发展正陷入困境。2015年，台湾继续强化与大陆的合作，推动电子信息产业走出发展困境。

2015年1月，台湾定颖电子公司总投资8亿美元的PCB产业园"花落"上海黄石经济技术开发区。2015年3月，台湾联华电子股份有限公司厦门投资建设12英寸晶圆项目——联芯集成电路制造项目。2015年6月，两岸企业家峰会同意在江苏淮安市设立"两岸信息家电产业园"，这是两岸企业家峰会成立以来在大陆设立的首个信息家电产业园区，将有利于淮安进一步加快打造高新技术创新、高端人才集聚、高附加值的电子信息产业链，吸引台湾电子信息企业加速向淮安集聚，促进两岸电子信息产业的融合发展。招商引资方面，2015年9月，在重庆市经贸代表团赴台湾招商引资期间，台湾重要电子厂商负责人与重庆方面召开笔电配套企业座谈会，商讨合作发展，实现互利共赢。半导体领域，2015年12月，紫光以总金额约568亿新台币（约合111.33亿人民币）增资台湾矽品，成为其第一大股东，并获得矽品董事会中的一个董事席位；以总额119.7亿新台币

（约合 23.94 亿人民币）增资台湾南茂科技 , 成为其第二大股东 , 并获得一个董事席位。2015 年 12 月 , 台积电宣布斥资 30 亿美元在中国南京建立一座 12 英寸晶圆厂 , 主产 16nm 工艺 , 预计 2018 年投产。

第二节 发展特点

一、产业链形成独具台湾特色的发展模式

一是以代工为主 , 形成 "台湾接单、海外生产" 的电子信息产业链发展特色。二是产业发展呈现出 "重视中间、不重视两端" 的特征。台资企业多重视生产代工 , 不重视品牌营销 , 因而 , 台湾地区拥有自主品牌的企业数量相对较少。三是电子信息产业链特征导致对经济发展带动作用不大。由于台湾本地的代工制造正在向大陆转移 , 而技术研发与营销由国外把控 , 导致台湾电子信息产业链基本完全外移 , 电子信息产业对当地经济起到的带动作用不大 , 主要表现为由台湾地区提供部分元器件 , 然后再出口到美、欧等发达国家。

二、电子信息制造业面临四大发展困境

一是产业链延伸有限 , 关键节点缺口 , 易受国际环境影响。台湾的电子信息制造业产业价值链的两端发展不充分 , 关键部件严重依赖进口 , 产业自主可控能力严重不足。二是台湾电子信息制造业的产业链主要以代工为主 , 而台湾地区劳动生产率增长缓慢 , 其产量的增加只能通过向外转移 , 从而导致产业的空洞化。三是电子信息制造业产业链外移空间越来越小 , 台湾作为 "代工中介" 的可能性正在逐步降低。台湾地区的产业链外移的主要动机原本是寻找低廉的要素成本、适宜的制造环境以及广阔的贸易市场。但随着全球主要地区都呈现要素成本上升的趋势 , 而且中国大陆代工企业通过学习与经验积累 , 已开始具备自主代工能力 , 台湾企业代工转移的空间逐渐缩小。四是电子信息制造业发展正遭遇人才瓶颈。台湾的高科技产业曾与韩国并肩 , 如今仅剩下联发科和台积电两大龙头企业。台湾高科技产业衰落的情况下 , 正值中国大陆提出向中国创造转型、增加对创新的资金投入的时期 , 例如 , 大陆成立集成电路发展基金 , 大力扶持芯片业务发展。在巨额资金的扶持下 , 大陆的高科技企业开始积极扩张 , 猎取台湾高科技人才 , 甚至在台湾设立办事处高薪挖取人才。此外 , BAT、小米等大陆企业在资本市场

创造的诸多科技造富神话，也正在吸引台湾的科技人才前往淘金，台湾地区电子信息领域的高科技人才正在慢慢流失。

三、通过加快发展智能型产业提升电子信息制造业附加值

为使电子信息制造业朝高附加价值产业发展，台湾地区正在规划发展云端运算、智慧电动车、发明专利产业化与智慧绿建筑四大智能型产业。云端计算领域，台湾地区开始着力整合软件与信息服务业、信息设备与装置业以及电信通信业等各相关产业，构建完整运算技术产业链，并通过云端运算技术，推行云端服务应用于政府各层级间、政府与民众间以及政府与企业间，推动政府组织再造并带动企业信息化。智慧电动车领域，台湾利用在信息科技领域的技术与优势推动智慧电动车的发展，要求公务车优先采购智能电动车，并针对智慧电动车施行租税优惠或采购补助，以吸引民众的购买，同时，台湾正规划建立完善的智能型电网，让智慧车的充电站更为普及。发明专利产业化方面，台湾大力推行发明专利产业化政策，构建台湾技术交易信息网与专利加值辅导顾问中心，推动个人或机构将其专利技术进一步产业化。智能绿建筑领域，为提升绿建产业竞争力，鼓励建筑体设计、建材、施工营造方法技术和智能绿建筑相关产品研发，台湾着力制定智慧绿建筑设施的标准规格和相关法规，推动智能绿建筑示范产品的推广，加速产业化。

第三节　主要行业发展情况

一、半导体行业

产业增长乏力。半导体行业是台湾电子科技领域最具竞争力的领域，约占台湾整体出口额24%，约占GDP的14%。据资策会产业情报研究所（MIC）统计，受新兴市场经济成长率不如预期、晶片售价面临压力等因素的影响，2015年台湾半导体产业整体产值达21616亿元新台币，微幅成长0.9%。其中，IC封测产值为4004亿元新台币；IC制造、晶圆代工产值为10383亿元新台币；IC设计产值为5094亿元新台币。而据拓璞产业研究所预计，2015年全球IC设计产业年增率约为3.8%，产值为913亿美元左右，但台湾IC设计总产值预计超过新台币5400亿元新台币，年增长达4.8%，高于全球平均水平。

新技术新产品取得重大突破。台积电 16nm FinFET 工艺产品实现量产。NVIDIA 的 Pascal 家族 GP100 将成为台积电 16nm FinFET 制程首批面向消费者的产品之一，除此之外，台积电 16nm FinFET 产品还包括 LG、联发科、飞思卡尔、Avago 等公司的产品，但不含苹果公司的产品。联发科推出 Helio X20 芯片。Helio X20 为全球首款 Tri-duster 十核心处理器，目前联发科已经出货该芯片，交由厂商进行开发设计，预计搭载 Helio X20 的新机将在 2016 年 2 月前上市。Helio X20 继续秉持高效性、高性价比、低功率的特点，支持全网通，具备多项独家专利技术。Helio X20 也代表了当今手机芯片发展的新趋势新方向。台湾"国家实验研究院"联合台积电研发推出新一代原子沉积系统。该系统主要是用于下一代的 10nm 制程，并且直接由"国家实验研究院"供货给台积电，并不会卖给第三方公司。该技术堪称是台积电的一大秘密武器。由于大多数国家研发的原子沉积设备都只能用于 40nm 制程或者 20nm 以上制程，该设备的研发成功标志着台湾在半导体核心设备领域取得了显著的进步。

拟解除大陆投资台湾半导体设计行业禁令。为保护半导体等电子工业，台湾曾出台对中国大陆投资台湾半导体设计行业的禁令。目前，大陆企业可以收购其他台湾半导体公司少数股权，比如制造芯片的代工企业，或从事芯片封装和测试的企业，但被禁止投资联发科和联咏科等芯片设计企业。2015 年，据台湾"经济部部长"邓振中称，台湾地区正在考虑寻求解除这一禁令，以避免台湾的半导体行业被边缘化，同时以与大陆雄心勃勃的集成电路产业发展规划相竞争。

二、显示面板行业

产值出现下降。据光电协进会（PIDA）统计，2015 年上半年台湾显示面板相关产业产值均出现下降。显示面板方面，2015 年上半年台湾显示面板产值为 4222.74 亿元，环比减少 13.3%，同比减少 5.2%；触控面板方面，2015 年上半年触控面板产值为 917.47 亿元，环比减少 22.5%，同比减少 34.4%；电子纸面板方面，2015 年上半年产值环比减少 18%；面板相关零组件方面，2015 年上半年显示面板相关零组件产值为 898.05 亿元，环比减少 25%，同比减少 8.3%。2015 年上半年，台湾显示面板产业旗下的四大部分次领域（显示面板、触控面板、电子纸显示面板、显示面板相关零组件）产值均下滑，预示了台湾 2015 年面板相关产业的需求不振，旺季不旺，台湾显示面板相关产业面临一大警讯。

新技术新产品持续推出。在 Touch Taiwan 2015 展会中，台湾面板行业龙头企业友达、群创、华映及元太等均展示各自新兴面板技术和产品。在车用显示器方面，三大面板厂不约而同展出 12.3 英寸仪表板用长方型面板，其中友达、华映推出低反射率、美观安全的触控面板。在穿戴式显示器方面，华映、群创推出半反射半穿透式面板，友达推出类似夏普 Memory LCD 的记忆式面板。在新兴技术方面，元太可挠式电子纸已量产，并打入索尼供应链；友达及华映推出可挠式AMOLED 技术；台湾工研院与贺利氏合作，以有机透明导电膜研发可挠式触控面板，与台湾 PMOLED 厂商铼宝合作研发可挠式 PMOLED 面板；宸鸿子公司达鸿则独自研发推出以传统 ITO 材料制作的可挠式触控面板。

继续推进两岸面板采购合作。据中国电子视像行业协会表示，2014 年大陆六大彩电厂商采购台湾面板共计 2300 万片，金额 35.17 亿美元。预计 2015 年大陆对台面板采购将出现大幅增长，采购台湾面板达到 2700 万片，金额达到 45 亿美元。

企业篇

第十六章 计算机行业重点企业

第一节 英特尔

一、发展情况

作为全球最大的个人计算机零件和 CPU 制造商，英特尔近年来的发展喜忧参半。由于全球 PC 市场需求疲软，英特尔的全年业绩不够理想。PC 芯片业务依然是英特尔旗下的最大业务，2015 年第三季度，英特尔的净营收为 145 亿美元，同比持平。第三季度，英特尔的净利润为 31.09 亿美元，同比下滑 6.3%，原因是 PC 需求继续表现疲软。预计，2015 年全年公司营业收入达到 552 亿美元，较 2014 年同比下滑 1%，预计 2016 年营收增长 5% 左右。2015 年，英特尔的资本开支为 100 亿美元，正负区间为 5 亿美元，其中有 15 亿美元投资于存储芯片。数据中心业务和客户端计算业务是 Intel 的主要营收和利润来源：数据中心业务针对数据中心销售服务器处理器和相关平台组件；客户端计算业务的产品主要是为笔记本电脑、台式机和二合一设备设计的处理器或者其他集成组件。随着 PC 市场持续萎靡，销量有所下降，其中很大一部分原因在于 Ultra Mobiles（混合型平板等高便携性 PC）类型设备的兴起，如平板电脑和智能手机。Intel 的战略早已不局限于桌面计算机，而且一直寻求机会进入移动类终端设备的市场，为其提供相应的芯片。

二、发展策略

1 月 6 日，英特尔在 2015 年 CES 展会上发布了基于 14nm 工艺的第五代酷睿处理器，这款处理器是专为台式机和高性能笔记本电脑而设计的，英特尔希望这款产品能够让 PC 市场重新焕发活力。与第四代芯片相比，这一代产品能够提供更高的性能、更长的电池续航时间和更强的图像显示能力。最新的酷睿系列芯片酷睿 M 和 Cherry Trail 使用了产品代码为 Broadwell 的 14 纳米架构，或将说服更多消费者升级 PC 或考虑购买高性能笔记本电脑、台式机。除此之外，英特尔还将在新芯片中应用最新的 RealSense 技术，这项技术允许用户扫描 3D，还能与 PC 无线连接。通过缩小芯片尺寸，英特尔在发布先进处理器方面依然走在行业前列。从产品代码为 Haswell 的 22 纳米芯片升级到 14 纳米芯片后，PC 厂商就能生产出性能更强和更薄的设备。

9 月 17 日，英特尔公司宣布在华投资了来自智能设备、机器人、物联网、云服务、大数据以及数据分析等领域的八家创新技术公司，投资共计达 6700 万美元。2015 年是英特尔进入中国 30 周年，英特尔中国携手社会各方，通过承办中美创客大赛，启动英特尔众创空间加速器计划，与政府、高校、产业共建联合众创空间，培养创新人才和孵化创新团队，打造完整创新生态圈，助力"大众创业，万众创新"。

12 月 29 日，英特尔宣布完成公司史上最大一笔收购交易，斥资 167 亿美元收购全球第二大可编程芯片制造商 Altera 公司，标志着英特尔要加速推进在日渐萎缩的 PC 业务以外的市场发展的计划。收购 Altera 用于通信和工业自动化设备的可定制芯片，表明英特尔 CEO 科再奇（Brian Krzanich）计划利用公司巨大的制造规模和行业最先进的工艺技术来扩大市场份额。该收购还旨在强化英特尔在数字中心市场和物联网的地位。该公司正尝试更加快速地摆脱对 PC 业务的依赖。

11 月 20 日，英特尔 CEO 科再奇（Brian Krzanich）称，得益于全球服务器和物联网设备的存储芯片和处理器需求增加，即使全球 PC 芯片业务持续下滑，公司依然能够保持正的增长。目前，英特尔公司的营收结构中，非 PC 业务占据 40% 的比例，营业利润占比为 65%。新兴市场持续增长的需求量稳固英特尔业务增长态势。

第二节　IBM

一、发展情况

作为全球知名的信息技术公司，蓝色巨人 IBM 业务覆盖超级计算机、高端服务器、存储系统、软件、云计算、物联网、智慧城市等领域，现有员工近 41 万人，业务遍及全球 170 多个国家和地区。但随着全球信息产业格局的变革，IBM 公司近年来也出现业务下滑的现象。

2015 财年第三季度，IBM 净利润为 29.6 亿美元，比上年同期的 34.5 亿美元下滑 14.3%。第三季度总营收为 192.8 亿美元，比上年同期下滑 14%，营收连续第 14 个季度同比下滑。第三季度硬件营收为 15 亿美元，比上年同期下滑 39%。至 2015 年 9 月 30 日，IBM 的债务总额为 397 亿美元，截至 2014 年底为 408 亿美元。

二、发展策略

IBM 是企业和政府机构 IT 基础设施的主要供应商。在 IT 巨头纷纷沉沦的背景下，IBM 公司为应对企业发展危机，将其业务重点转型到云计算、大数据分析、移动、社交、信息安全、认知计算等领域，试图围绕云计算、大数据、移动互联网等新一代信息技术领域重构 IBM 的公司业务架构。2014 年以来，IBM 宣布将其低端服务系统业务出售给联想集团，出售旗下半导体制造业务 Globalfoundries，这些行为使得 IBM 最近几个季度的硬件营收表现疲弱，不尽人意。在云计算时代下，IBM 的硬件、软件和服务三大传统业务体系都遭受了巨大的冲击，迫使 IBM 向云技术方向转型。

"认知计算"成为 IBM 的大数据战略重要方向。2015 年 3 月，IBM 收购了 AlchemyAPI，布局人工智能领域。IBM 为其大数据与分析平台赋予了一个新的名字——Watson Foundations，"沃森"所代表的"认知计算"将成为 IBM 的大数据战略方向。

与国内企业深化服务器领域的合作广度与深度。目前，IBM 与国内企业广泛开展合作，共同开发基于 Power 技术的产品与服务。其中，2015 年 6 月，苏州中晟宏芯信息科技有限公司发布了第一款国产基于 POWER 芯片的服务器芯片 CP1，为打造自主可控的信息技术产业迈出第一步。12 月，华胜天成发布了 20 多款基于 Power 架构的高性能超算服务器，以及 TOP 系列数据库、全面支持云计算的消息中间件和应用中间件产品。

"绿色地平线"基于 IBM 已经开发的一套空气质量预测及管理系统，通过分析环境数据，应用认知建模，除了实现提前 72 小时逐时高精度空气质量预报之外，还实现了提前 10 天的空气质量变化趋势预测分析。目前，IBM 已携手北京市环境保护监测中心成立了"联合创新实验室"，还与张家口建立战略合作，将通过在可再生能源和智慧环保等领域的联合创新。

拓展绿色地平线计划、并购行业中小公司,丰富云计算关键业务羽翼。4月份,IBM 先收购了几家规模较小的医疗数据公司,并跟苹果、Johnson & Johnson 和 Medtronic 建立合作关系。8月7日,IBM 公司宣布以 10 亿美元收购医学图像软件公司 Merge Healthcare,此前一周,IBM 宣布与大型药房连锁店 CVS Health 达成合作,将开发数据驱动型服务来帮助糖尿病、心脏病等慢性疾病患者更好地进行健康管理。12月11日,IBM 宣布收购格鲁吉亚云视频服务商 Clearleap,IBM 表示,Clearleap 将集成到其云平台中,为企业提供一个快速和容易的方法来管理、优化和增强用户的视频体验。Clearleap 技术将与来自 Cleversafe 和 Aspera 的存储技术的集成、索引和检索技术相集成,为客户提供优质的基于 IBM 云视频内容服务。12月,IBM 宣布拓展"绿色地平线"计划,旨在利用认知计算和物联网等技术,帮助政府、企业及社会各界更好地应对城市环境管理与全球变暖等挑战。

第三节　惠普

一、发展情况

2015 年第四财季财报显示,惠普第四财季营收为 257 亿美元,同比下滑 9%;净利润为 13 亿美元,同比下滑了 1%;运营利润率为 3.4%,同比下滑 3.3%。2015 财年,惠普总营收为 1034 亿美元,同比下滑 7%;净利润为 46 亿美元,同比下滑 9%。鉴于全球 PC 市场需求整体疲软,惠普受市场波及程度较大,导致营收下滑和大规模的裁员。此外,惠普的企业服务业务发展也未达到预期效果。第四财季,惠普的企业服务营收为 50 亿美元,同比下滑 9%;企业软件营收为 9.58 美元,同比下滑 7%。存储业务方面,2015 财年第四季度营收当中,融合型存储产品营收(包括 3PAR、StoreOnce 以及 StoreAll)实现 9% 的同比增长,但其传统业务(包括 EVA、MSA 以及 Tape)营收则较上年同期缩水 19%。纵观整个 2015 财年,惠普旗下的整合型存储产品营收同比增长 11%,但传统产品营收则较上年全年下滑 15%。

二、发展策略

Helion 云战略发布。2015 年 1 月,惠普正式宣布惠普 Helion OpenStack 和惠

普 Helion 开发平台在中国正式商用。同时还推出了针对惠普 Helion 的第一个优化解决方案——惠普 Helion Content Depot, 这个高度可扩展的存储解决方案旨在应对图片、视频和文件等非结构化数据的快速增长。Helion OpenStack 是惠普针对开源云计算平台 OpenStack 技术推出的商业发行版。

业务下滑促进惠普拆分计划的实施。据了解，近年来，惠普处境困难，数次收购均以失败告终，打印需求日益下滑，PC 销量大幅下跌，且企业服务和个人服务在惠普内部的研发、销售策略和渠道等方面各成体系，已形成泾渭分明的两大部门。鉴于此，2015 年 2 月，惠普确定公司拆分计划，拆分成为惠普企业公司和惠普公司，拆分成本约为 20 亿美元。其中，惠普企业将销售服务器、软件、存储、网络和相关服务，惠普公司将销售打印机和个人电脑。此次拆分是为了让惠普在企业业务方面更加专注。惠普拆分后，两家企业可以通过相对简单的资产负债表寻求收购项目，同时自身也成为更有吸引力的收购目标。但从发布的数据看，目前两家独立分拆后的公司都面临着业绩下滑的严峻挑战。

专注于企业级核心存储解决方案。7 月 28 日，在北京 2015 存储远见者高峰论坛上，惠普公布了全新的企业级全闪存存储阵列 HP 3PAR StoreServ 20000 系列产品。HP 3PAR StoreServ 20000 系列产品是全球首款企业级高端全闪存阵列，具备业界首创全网状架构，HP 独有蜂巢式底层虚拟化管理，独有高性能 ASIC 专用芯片，无限扩展闪存阵列。HP 3PAR StoreServ 20000 系列产品实现了超大闪存，极速性能，全面功能，高端可靠，帮助客户实现全闪数据中心。目前传统高端存储无法满足数据中心需求，HP 3PAR StoreServ 20000 系列产品集成块、文件和对象存储功能，支持零网关，一个网状架构搭载八个引擎。目前企业应用由单一负载到混合负载，客户需求随着存储科技的革新和新部署模式而改变。下一代存储革命性技术超融合架构崛起，包括软件定义和闪存、云存储。HP 3PAR StoreServ 20000 系列产品的推出恰是这种趋势的体现。

第四节　戴尔

一、发展情况

12 月 16 日，据《华尔街日报》报道，戴尔公司自 2013 年私有化后首次公开公布了季度业绩。戴尔称，7 月结束的季度里营收同比下降 6% 至 140 亿美元。

过去 2 年戴尔偿还了 45 亿美元债务，但这也使得公司的现金减少，私有化并未使公司利润实现增长。2015 财年，戴尔公司运营利润为 32 亿美元，低于 2013 财年的 40 亿美元。2015 年以来，戴尔举办了数次新产品发布会，为用户带来了多达数十款新的 PC 产品。

二、发展策略

通过提升用户计算体验，引领新产品的发展。PC 方面，CES 2015 上戴尔宣布 XPS、Alienware、Venue、Inspiron 和显示器家族增添了全新产品组合 XPS13 和 XPS15、Venue 8 7000、Inspiron 7000、Alienware15 和 Alienware17 系列等，本次发布的新设备都采用优质材料、拥有时尚外观及前沿技术。XPS 系列产品一直在外形和功能之间实现完美的平衡，XPS13 超级本作为全球首个和唯一一个配有"微边框"设计的笔记本，可以随身携带并帮助客户完成工作。安装 Windows 8.1 的 XPS13 是同尺寸中性能顶级的笔记本电脑，拥有目前 13 英寸笔记本电脑中最长的电池续航时间，一次充电可以使用长达 15 个小时。Venue 8 7000 系列举办创新设计和突破性的特征，该产品基于英特尔 ® 凌动 ™ 处理器 Z3500 系列，是全球最薄的平板电脑，仅为 6 毫米；并采用业内领先的平板电脑显示屏——2560×1600 OLED Infinity 无边显示屏。其余产品也各具特色，体现了戴尔的创新水平。服务器方面，6 月 11 日，戴尔发布了 PowerEdge R530xd 以及 PowerEdge R930，前者是经过存储优化的双路主流机架式服务器，满足 Web 技术企业需求；后者是戴尔最强大的服务器，专为内存中数据库、客户关系管理和企业资源规划等要求较高的企业应用而设计。

巨额资金收购存储器大鳄 EMC。10 月 12 日，戴尔宣布将以 670 亿美元的价格收购存储巨头 EMC，一举成为全球科技市场最大规模的并购交易。收购 EMC 将显著补强了 Dell 在高端存储业务领域的短板，但收购 EMC 能否助力戴尔成功转型，尚需考验。

第五节　苹果

一、发展情况

2015 年第四财季，苹果公司实现业务收入 515.01 亿美元，同比增长 22%；

净利润为 111.24 亿美元，同比增长 31%。其中，大中华区营收为 125.18 亿美元，同比增长 99%。共销售 570.9 万台 Mac，同比增长 3%；988.3 万台 iPad，比上年同期的 1231.6 万台下滑 20%。按地区划分，苹果公司大中华区营收为 125.18 亿美元，比上年同期的 62.92 亿美元增长 99%。2015 年全年，苹果营收增长 28%，达到了近 2340 亿美元。

产品发布方面，2015 年苹果公司先后发布智能手表 APPle Watch，新款智能手机 iPhone 6S、iPhone 6S Plus 和平板电脑 iPad Pro、智能电视 APPle TV。

二、发展策略

苹果企业业务取得重大进步。在与 IBM 合作的一年多里，苹果发布了 12.9 英寸的 iPad Pro 和触控笔 APPle Pencil 等企业产品。截至 2015 年 6 月份的过去 12 个月内，苹果"企业业务"总营收已达 250 亿美元。截至 12 月，苹果与 IBM 联合宣布两家公司已经开发了 100 款企业应用。据了解，IBM 目前还在为 iPad Pro 产品开发新的应用，旨在利用这款性能高的设备来扩大其影响力。此外，苹果也在大力发展支付业务，准备 2016 年进入中国市场。

第十七章　通信设备行业重点企业

第一节　苹果

一、发展情况

2015 年是苹果产品线更新最为丰富的一年。苹果不仅进入了可穿戴设备市场，发布了首款智能手表产品 APPle Watch，而且还为时隔三年之久的 APPle TV 流媒体机顶盒进行了一次巨大的更新。与此同时，苹果发布了全新的 iPad 类别 iPad Pro，伴随而来的还有性能出色的小尺寸平板电脑 iPad mini 4 以及新 MacBook、iMac 和新 iPhone。苹果同时在软件上加入更多设计，iOS、OSX 市场反响良好。

截至 2015 年 9 月的 2015 财年，苹果总营收为 2330 亿美元，其中净利润为 530 亿美元。受到中国市场 iPhone 强劲需求的推动，苹果第四财季净利润同比增长 31%，超出分析师预期。苹果第四财季净销售额增长 22% 至 515 亿美元，超出汤森路透分析师的 511.1 亿美元平均预期；净利润增长 31% 至 111.2 亿美元，每股摊薄收益 1.96 美元，超出分析师 1.88 美元的平均预期。苹果第四财季中国销售额增长近一倍至 125.2 亿美元，占据总营收的近四分之一，但环比下滑 5%。苹果第四财季售出 4804 万部 iPhone，同比增长 22%。苹果第四财季 iPad 销量同比下滑 20%，连续第 7 个季度下滑。APPle Watch、iPod、APPle TV、Beats 配件为"其他产品"类别，苹果第四财季"其他产品"营收同比增长 61% 至 30.4 亿美元。

二、发展策略

改变饥饿营销策略。iPhone 6s、iPhone 6s Plus 首批发售国家包括中国大陆及中国香港，这意味着改变了原来的期货模式。原来 iPhone 发布基本无库存，卖光一批后就得等，但 iPhone 6s 备足了货，尤其是一些重点城市，如北京等，无限量满足。且针对两代手机外观基本一样的问题，还特意为中国用户供货玫瑰金。其原因为：一是竞争加剧，销售压力增大。手机行业绝对增长放缓，甚至呈现负增长趋势。二在买方市场上现货供应才是合理对策。三是 iPhone 6s 在 iPhone 6 的基础上升级不多，质量可靠性高，大面积出现产品质量问题的概率较小，现货销售风险不大。

硬件一体化持续推进。2015 年，苹果进军两个新行业。一是苹果通过 APPle Watch 进入可穿戴设备行业，APPle Watch 于 2015 年 4 月上市，市场销量尚可。苹果希望用户在手腕上戴上"电脑"，这样苹果就可以利用自己的优势，将设计、时尚和实用性融合到 APPle Watch 上，在这个新兴市场上推出新品。苹果的第二代 APPle Watch 有可能在 2016 年初推出。二是苹果推出新的 APPle TV 流媒体机顶盒。在 APPle TV 的发布会上苹果表示这款设备就是电视的未来。在这代 APPle TV 上苹果公司增加支持应用商店，开发者可以为这个平台开发游戏和各种应用。苹果公司还有意推出流电视服务，这是战略中重要的一部分。

第二节　爱立信

一、发展情况

根据 2015 年第三季度财报，因受其关键网络业务影响，公司营收和运营利润均低于市场预期。爱立信本季度运营利润为 51 亿瑞典克朗，高于上年同期的 39 亿瑞典克朗。第三季度，爱立信营收为 592 亿瑞典克朗，毛利率为 33.9%。

2015 年，爱立信在 5G 领域、车联网、移动宽带、OSS/BSS 等领域的技术创新都有不同程度的突破，在无线接入、核心网演进以及智能运营等方面研究成果较为丰富。爱立信车联云（Connected Vehicle Cloud）是全球最完整的车联网平台。继爱立信 5G 无线测试床率先实现业内最高 5Gbps 吞吐量之后，5G-LTE 双连接技术（5G- LTE Dual Connectivity）和 5G 多点连接技术（5G Multipoint Connectivity）也取得较大进展。爱立信已在瑞典斯德哥尔摩 的 5G 测试网上成功演示了全新

5G 空口的能力，包括可靠性、性能和频谱利用率等，以及 4G/5G 双连接分布式多输入多输出多点连接技术。除此之外,爱立信已率先提出 LAA 预商用解决方案,该解决方案在 2015 年底实现商用。爱立信点系统实现了 LTE FDD 20MHz 频谱及 TD-LTE 20MHz 频谱的载波聚合。爱立信创新的 TD- LTE 下行 3 载波聚合结合 256QAM 调制解调技术是业界首个结合了 256QAM 调制解调技术的 TD-LTE 下行三载波技术，可达到 TDD 下行理论峰值 426Mbps。

二、发展策略

爱立信加快向 ICT 转型。在传统通信设备巨头的转型过程中，爱立信一直走在最前头。近几年来,爱立信更加专注于运营商无线业务和服务,逐步确立了网络、服务和 OSS/BSS 三大全球业务。以电信业务为核心的爱立信开始由"硬"向"软"的转型之路，通过逐渐剥离利润率较低的业务，来提升服务业务占比，由此爱立信在盈利能力方面正不断提升。爱立信的转型战略已取得较大成效。爱立信已经不再是一个传统意义上的网络设备提供商了，而是一个综合 ICT 解决方案供应商。2015 年，爱立信联手英特尔，进军云计算;携手高通，发力 4.5G;携手思科就路由、数据中心、网络、云、移动、管理与控制和全球服务能力展开合作。

第三节　思科

一、发展情况

思科系统公司（Cisco Systems, Inc.）成立于 1984 年 12 月，总部设在加利福尼亚州圣何塞，目前，思科系统公司已发展成为世界领先的网络互联解决方案厂商，思科提供的解决方案覆盖世界各地成千上万的公司、大学、企业和政府部门，思科用户遍及电信、金融、服务、零售等行业以及政府部门和教育机构等。同时，思科也是建立网络的中坚力量，思科制造的路由器、交换机和其他设备承载了全球 80% 的互联网通信，成为硅谷中新经济的传奇。在过去的 20 多年时间里，思科几乎成为"互联网、网络应用、生产力"的同义词，思科公司在其进入的每一个领域都成为市场的领导者。

根据思科发布的截至 2015 年 10 月 24 日的 2016 财年第一财季业绩报告，思科第一财季营收为 126.82 亿美元，上年同期为 122.45 亿美元，同比增长 3.6%;

基于美国通用会计准则，净利润24.30亿美元，上年同期为18.28亿美元，同比增长32.9%。

二、发展策略

思科充实软件、协作和云业务实力。思科通过将服务连接到网络、将网络连接到云，将云与云相互连接，在提升电信运营商盈利能力方面独树一帜。思科希望引领行业迈向云级网络，融合数据中心与广域网，提升速度、自动化和简单性。

思科在2015年注重安全业务方面。在2015财年第四季度，思科宣布一项协议，将"Service Provider Video"互联设备事业部的客户端设备相关部分出售给法国公司Technicolor，售价大约为6亿美元。思科将继续把在运营商视频领域的投资向云服务和基于软件的服务重新聚焦。思科还宣布有意向收购云安全公司OpenDNS，以加强安全产品能力；与此同时，思科还宣布了另一项收购和完成了两项收购，以进一步充实自己的软件、协作和云业务实力。

第四节　高通

一、发展情况

财报显示，高通2015年第四季度营收仅为55亿美元，比上年同期的67亿美元下滑18%，净利润为11亿美元，比上年同期的19亿美元下滑44%。第四季度MSM芯片出货量下降14%至2.03亿枚。对于盈利和销售额均大幅下降的情况高通表示，不再提供年度每股收益和营收展望。2015年12月，高通宣布裁员600人，约占其公司员工总数的2%。

2015年2月10日，高通因涉嫌滥用垄断地位，被中国发改委开出超60亿元的罚单，相当于高通2013年度在华销售额的8%，并责令高通进行五方面整改。受此影响高通的收入急剧下滑，很多手机厂商对与高通重新签署专利许可协议持"拖延"或"观望"态度。2015年12月3日，高通和小米联合宣布，双方已经签署了专利授权协议。高通授予小米开发、制造和销售3G（WCDMA及CDMA2000）和4G（包括3模LTE-TDD、TD-SCDMA和GSM）完整设备的付费专利许可，小米公司继续向高通支付专利费用。随后，包括奇酷、海尔、天语等手机厂商也相继与高通签署专利授权协议，再加上此前早已签署协议的华为、中兴、TCL 等，高通重新成为中国智能手机行业的专利靠山。

随着智能手机业务在成熟市场的增长日趋减缓，高通寻找新的机遇以维持扩张。高通已经与许多智能手表制造商建立联系，包括三星、索尼以及苹果等，并已经研发出适合小型设备和功耗更低的芯片。此外，高通还与英国芯片制造商 CSR 达成了 25 亿美元收购协议，这将给予高通强大的无线蓝牙技术组合，它对设备和物品联网至关重要。

二、发展策略

积极布局可穿戴设备、机器人、汽车和医疗等领域。高通已经是世界上最大的移动芯片制造商，它正利用其在移动设备方面的积累，成为覆盖可穿戴设备、机器人、汽车、医药技术等领域的跨领域企业。高通希望利用相当小的增量投资进入诸多新市场。在汽车领域，高通将建立联网汽车，建立类似通用的 OnStar 安全与导航系统，提供数字显示板和安全系统。在医疗行业，高通宣布与连锁药店 Walgreens 和制药商 Novartis 结成合作伙伴关系。高通正寻求利用其无线技术为病人提供远程监控，并加快医疗检验方面的数据收集流程。

加大在中国市场的投入。中国是高通最重要的市场，高通积极寻求多方面的合作。2016 年 1 月 17 日，高通和贵州省人民政府签署了战略合作协议，并为合资企业贵州华芯通半导体技术有限公司揭牌。新公司将专注于设计、开发并销售供中国境内使用的先进服务器芯片组技术。

第五节　诺基亚

一、发展情况

根据财报，2015 年诺基亚第三季度净销售额达 30 亿欧元，以非国际财报准则（non-IFRS）计算的毛利率达 42.7%，运营利润率达 15.6%；以非国际财报准则（non-IFRS）计算的摊薄后每股收益 0.08 欧元。其中诺基亚通信大中华区净销售额大幅增长，部分抵消了北美和欧洲市场的销售额降幅，全球净销售额同比下降 2%。环比大中华区的净销售额增长同样也抵消了行业的季节性因素的影响。凭借全球服务业务和移动宽带业务的贡献，尤其是全球服务业务中的系统集成业务的强劲业绩表现，以非国际财报准则（non-IFRS）计算的毛利率达 39.5%。得益于公司的强劲业绩和对高效执行的持续关注，以非国际财报准则（non-IFRS）计算的运营利润率达 13.6%。诺基亚创新技术净销售额同比增长 7%，主要得益于知识产权授权许可方面的业务收入。

诺基亚通信业务表现是亮点。诺基亚创新技术部继续在专利授权方面保持发展，宣布推出虚拟现实摄像机 OZO。与阿尔卡特—朗讯的并购向前进展了一大步，接近完成，10 月 21 日所有并购所需的审批全部完成。大中华区发展态势良好。10 月 13 日，诺基亚与中国移动签订 4G TD-LTE 合同大单，助力中国移动在北京、上海和广东等 18 个省市部署 Flexi Multiradio 10 基站，连续第三年成为中国移动最大的 TD-LTE 外资厂商；10 月 29 日，诺基亚和中国移动在人民大会堂，在中德两国总理的见证下，签署了年度总价值达 10 亿美元的移动通信网络设备与服务框架协议；同日，双方签署了第五代移动通信 5G 战略合作备忘录，在 5G 关键技术研究、国际标准化和产业化推进方面开展全方位战略合作。

二、发展策略

并购阿朗实现优势互补。诺基亚通信在无线通信领域具有全球领先的优势，在传统的 2G、3G、4G、5G 上诺基亚积累了大量的专利技术，在全球拥有众多组网经验，同时在全新的物联网领域诺基亚也有着众多技术和布局；而阿朗在光通信、IP 方面具有优势，尤其是核心路由、光与 IP 融合，软件定义光网络等方面正引领着行业趋势。合并后，诺基亚和阿朗的优势资源、业务可融合互补。

巩固中国市场。诺基亚在中国区表现抢眼，不仅进一步巩固了外商第一的位置，还在技术创新方面有了众多突破。根据诺基亚前三季度财报，第一财季实现营收 32 亿欧元，其中网络部门营收增长 15%，至 26.7 亿欧元，而大中华区营收增长 31%；第二季度营收 32 亿欧元，大中华区增长 24%；第三季度营收 30 亿欧元，大中华区增长 27%。诺基亚进一步加强了与中国的合作，如诺基亚与中国移动签署总价值高达 10 亿美元的移动通信网络设备与服务框架协议；与中国移动签订 4G 合同大单，帮助中国移动在北京、上海和广东等 18 个省市部署 Flexi Multiradio 10 基站，确保为数亿中国移动用户提供最佳的网络性能和体验；中国电信在 LTE 二期新建招标中也选择了诺基亚通信作为其最大的非本土网络设备供应商；此外，诺基亚还与中国台湾地区的中华电信签署 3G 和 4G 网络扩展协议；与中国澳门的运营商 SmarTone 签署 5 年 4G 移动通信网络设备与服务协议。

为了能够为中国运营商提供更好的服务，诺基亚在郑州建设诺基亚服务运营中心，为中国的运营商提供创新型专属网络服务，同时，其也是诺基亚全球 5 大服务运营中心之一。

第十八章　家用视听设备行业重点企业

第一节　三星

一、发展情况

三星电子是韩国最大的、具有全球影响力的电子工业集团，业务范围涵盖音视频产品、通信电子、IT 产品和家电产品。在音视频产品方面，三星有世界最大的液晶面板生产线，彩电市场占有率多年位居全球首位。2015 年第四季度三星电子综合收入为 53.32 万亿韩元，营业利润达 6.14 亿韩元。从 2015 全年报表来看，三星公司的营业额为 200.65 万亿韩元，全年营业利润则高达 26.41 万亿韩元。三星计划充分利用其 OLED 技术优势，继续开发更多更新面板应用领域，确保中长期良好增长态势。消费电子领域，第四季度综合营收达到 13.85 万亿韩元，营业利润达到 0.82 万亿韩元的。

二、发展策略

（一）创新战略

2015 年，三星重点推广自主操作系统 Tizen，从硬件和操作系统两个方面打造生态系统。Tizen 操作系统是三星在平台打造方面最为明显的举措，此举被视为三星去谷歌化的重要步骤。在近几年 Tizen 的发展一直中规中矩，未见明显起色。目前，使用 Tizen 软件的电子产品有若干款智能手表和照相机。但三星一直在专注 Tizen 的发展。2015 年三星在智能电视新品上全面搭载 Tizen 操作系统，进一步强化软件平台建设，搭建 SmartHome 智能家居体系，使智能电视、智能手机和智能家电实现互联互通和丰富应用。随着 Tizen 操作系统的普及和完善，三星智能电视的生态系统建设取得初步成效。

（二）技术战略

2015 年 3 月，三星电子旗下液晶面板公司在韩国建立新型 OLED 液晶面板生产线，投资高达 36 亿美元，表明三星在 OLED 领域加快战略布局的决心。三星已有 4 条 OLED 生产线，三星和 LG 均投入巨额资金发展 OLED 显示技术，但由于 OLED 电视价格过高以及进度缓慢等原因，导致 OLED 技术渗透率普遍较低。反观 OLED 领域其他竞争对手争相布局，新公司"JOLED"由日本索尼、松下与 Japan Display 等组建而成，已投入正式运营，我国维信诺以及京东方 OLED 项目都进入快速推进阶段，天马上海 OLED 生产线于 2015 年下半年步入量产，和辉光电也已量产部分 OLED 屏。而在 4K 超高清 LCD 电视方面，索尼、夏普和创维等厂商力推超高清技术，对 OLED 技术产生一定挤压效应。三星进一步提高OLED 技术投入力度，将在 OLED 领域继续深入发展。

第二节　SONY

一、发展情况

2015 财年第三季度，索尼公司销售收入比上年同期增长 0.5%，为 25808 亿日元（215.1 亿美元）。家庭娱乐及音频（HE&S）业务销售收入为 4020 亿日元（33.5 亿美元），营业利润达到 312 亿日元（2.6 亿美元），同比增长 19.8%。电视业务领域，由于成本下降和高附加值型号带来的产品结构优化，液晶电视业务销售收入同比基本持平，为 2785 亿日元（23.21 亿美元），实现营业利润同比增加 66 亿日元至 159 亿日元（1.32 亿美元）。

二、发展策略

（一）稳定优势业务

索尼公司将视频与音频业务、影像产品及解决方案业列为能贡献稳定利润的业务类型，并不断巩固此业务领域。在此类业务方面，索尼并不期待整体业务的市场增长，而是将重点置于在较难出现商品化的市场上，推出如先进的单镜头无反相机、高解析度音频产品等创新的高附加值产品。在这些领域，索尼并不会进行大规模的投资投产，而是通过利用索尼的专业科技优势，通过优化固定成本，加强存货管理，将实现利润和投资回报率的最大化。

（二）投资新增业务

公司大力发展游戏及部件业务、网络服务业务和影音乐业务，并进行大规模资本投入，以提升销售及利润增长目标。对于游戏及网络服务业务方面，索尼将致力于发展网络服务 PSN 的安装用户，并继续提升 PlayStation；在影视业务方面，提高收视率并增加频道数量以扩大用户群，加强电视节目制作业务；在部件业务方面，提高 CMOS 影像传感器产能；在音乐业务方面，索尼将重点致力于发展例如流媒体音乐市场的各类增长领域。

（三）管理市场波动

由于电视和移动业务市场面临激烈的成本竞争和大宗商品化趋势，索尼凭借自有元器件优势，进一步提高产品附加值。其次，索尼将谨慎选择产品开发类别及市场区域，控制资本投资规模，以建立一个能够保证稳定利润的业务架构。索尼公司将在稳定的客户基础及业务平台上，加强"持续收益商业模式"的发展。索尼公司的持续收益商业模式在游戏和金融业务中已经有了成功经验，今后将继续在网络服务业务、影视部门的媒体网络业务、数码影像业务中的可更换镜头及附件等业务中进一步拓展这一模式。

第三节　LG

一、发展情况

LG 发布 2015 年第四季度财报显示，LG 电子的营业利润为 3490 亿韩元（约合 3.01 亿美元），同比增长 27%，利润为 1.19 万亿韩元（约合 10.3 亿美元），同比下滑 35%。2015 年全年营收为 56.51 万亿韩元，同比下降 4%。家电和空调业务销售额有所增长。但由于 2015 年第四季度全球电视市场以及不占优势的汇率因素，家庭娱乐业务收入出现下滑。LG 重点打造的新款 OLED 电视以及超高清 4K 电视的市场接受度正在逐步提高。

二、发展策略

（一）产品战略

2015 年，LG 重点开发 OLED 和超高清电视产品市场。在 OLED 电视方面，发布全新 OLED 电视系列产品，包括 55 英寸、65 英寸和 77 英寸级别的机型，涵盖柔性、曲面和平板三种显示屏，在已推出的 OLED 电视旗舰系列基础上，进一步提升 OLED 电视的市场渗透率。LG 加大在 OLED 技术方面的投资，借助关联公司之间的协同作用，以及先进制造技术和组件的升级改造，生产更大尺寸的 OLED 面板，有力增强 OLED 电视的价格竞争优势。让更多消费者直观地体验 LG 公司在 OLED 技术高于高端电视市场其他产品的优势。在超高清电视方面，LG 公司继续扩大 4000 ULTRAHD 电视的市场渗透率。2015 年 LG 推出 ColorPrime 电视系列，在色彩还原范围、工艺设计、音响品质、操作系统方面具有不同程度提升，该产品还采用量子点技术，不断提升产品技术创新力。

（二）营销战略

LG 集团的关联公司遍布多个业务领域，包括研发、产品规划、销售和营销。因此，2015 年，LG 公司希望发挥集团关联公司的协同优势，加强公司营销能力，覆盖研发、产品规划、销售和营销的全流程。同时，LG 进一步扩其在 OLED 电视方面的优势，实施积极进取的营销战略，与各个地区的重要零售商建立战略联盟关系。2015 年，LG 公司调整视频和家庭影院相关业务结构，强化视听产品和 IT 产品竞争优势，以提高盈利能力。重点在曲面显示屏和超高清显示器方面加强营销推广，特别是对广受市场关注的多房间音频产品以及新款条形音响加大市场营销力度，不断提高消费者认可程度。在智能家居创新领域也加大商业合作力度，寻求新的发展方向。

第四节　夏普

一、发展情况

夏普 2015 财年前三季度（2015 年 4—12 月）财报显示,净亏损 1083 亿日元（约合人民币 60 亿元），反映主营业务收益的营业利润为亏损 290 亿日元。2015 年业绩下滑主要受到主力液晶业务和太阳能发电业务不振的影响，不仅如此，夏普

撤出欧洲电视机业务也对整体业务造成了负面影响，销售额比上年同期减少 7.1%
至 1.9 万亿日元。而夏普的电子零部件和复合机业务则表现稳定，2015 整个财年
的业绩较上年同期维持不变。

二、发展策略

（一）合作战略

2015 年，夏普深化与国美的战略合作伙伴关系，致力于探索以消费需求为
导向的新型供应链模式。国美的彩电用户群体数量全国居首，能够满足消费者的
多样化需求，国美的供应链优势、零售优势及大数据系统，有助于夏普形成以需
求定产量的差异化竞争优势，这对于提升夏普在中国的市场份额具有重要意义。
夏普公司通过利用国美商业模式和采购模式，让国美获得厂商最优惠的政策。目
前，双方采购协议中的一步到位价商品、差异化商品、单型号包销商品占比已达
成一致。夏普与国美的深层次合作不仅能够满足消费者的个性化需求，还能进一
步增强对产品的定价能力以实现双赢。

（二）产品创新

2015 年，夏普发布了 8K 高分辨率电视新品。在综合清晰度、色域、亮度均
一性、图像处理引擎以及画面对比度方面具有独特优势。夏普 8K 产品使用 3 色
LED 使色域实现率提升到 85%。夏普 8K 产品在屏幕后共内置 60 个扬声器，使
屏幕上发出声音的位置与实际听到声音的位置保持一致，有效提升临场感表现力。
在 8K 电视产品的基础上，夏普深耕中高端电视产品线，全面引入新的广色域技
术和智能对比度增强技术。通过使用夏普广色域技术，电视色域范围进一步扩大，
在色彩保持自然舒适的基础上，色彩再现范围获得大幅提升。通过夏普的智能对
比度技术，可在像素级层面进行亮度分析、调节，高于市场普遍技术水平。

第五节　松下

一、发展情况

松下公布的 2015 年季度财务报告显示，4—6 月份松下家电业务部门实现营
收 5990 亿日元（约合 300 亿元人民币），同比下跌 3%；实现营业利润 238 亿日元（约
12 亿元人民币），与上年同期相比下降 23%。由于日元贬值、同类产品竞争加剧

以及巴西、俄罗斯等新兴国家货币贬值造成的汇率波动损失等原因，松下在视听设备业务上销售不振，收入减少，导致当季松下家电业务利润大幅下跌。

二、发展策略

（一）经营策略

松下集团由于大规模投资平板电视和收购三洋电机公司而出现巨额亏损，公司家电业务发展较为缓慢。2015 年，松下集团减少家电产品生产，集中力量发展前景广阔的汽车关联产业和住宅电器业务，调整结构加强 B2B 业务，使企业的经营效益逐步走出困境。在智能家居方面，松下创建了采用先进节能技术的"智能住宅园区"，并计划在日本其他地区和海外进行应用推广。在自动驾驶汽车方面，松下和本田、丰田等合作研发自动驾驶汽车。在全球化方面，松下减少通用家电的生产，特别是集中和收缩在中国等亚洲国家的家电生产，扩大商业或住宅用大型家电产品生产。

（二）产品创新

2015 年，松下重点打造差异化的产品体系，着力构建松下智感生活解决方案。松下通过进行海量消费调查，深入研究本地消费者偏好，推动产品的本土化设计，使产品生产—设计—销售达到多向回馈，使消费者期望得到实现。松下注重不同类型家电产品的优化组合，不只关注单一的传统视听家电设备，提供全套智慧化解决方案，提升家电组合对居住品质的提升作用。松下公司的智感生活理念，旨在提升不同类型生活家电的智能化、协同化水平，以全新理念来构建健康生活环境，提高用户的生活品质。通过展示松下旗下不同功能的电器产品的相互协作，使用户获得便捷、高科技的产品服务，进一步丰富用户的使用体验。

第十九章　集成电路行业重点企业

第一节　三星电子

一、总体发展情况

三星电子是韩国电子行业最主要的领导者和代表企业，其半导体业务近几年更是始终保持在全球排名前三的高位，其发展的轨迹也最能代表韩国电子产业赶超美、日电子行业的过程。半导体业务是如今三星电子成功的最大来源。1974年，韩国半导体公司（Korea Semiconductor Inc.）投资建立起第一个韩国本土企业的硅晶圆生产线，并且在韩国第一次研发和生产了CMOS大型集成芯片（CMOS Large Scale Integrated chips）。但是很快因为资金问题，韩国半导体公司被三星收购，成为三星半导体部门的前身。

1983年三星集团创始人李秉哲决定正式进军半导体行业，开始了对半导体业务的持续投入。当时全球的半导体市场几乎被日本和美国两家瓜分，垄断格局严重。在此后的10个月内，三星电子在世界上第三个推出64K DRAM，在全球引起强烈反响。此后三星加大投入不断追赶，1992年率先成功开发64M DRAM，终于在确保了其全球技术领先的技术地位；1993年，三星如愿以偿地登上全球存储器半导体第一的宝座，并保持至今。

三星电子包含消费电子、信息技术与移动通信以及设备解决方案三大项业务。其中，消费电子包含数字电视、家用电器、打印机以及医疗设备等；信息技术与移动通信包含手机通信及互联网业务；设备解决方案则包括存储器、集成电路及LED业务。

三星电子多年来保持着良好的经营情况，受全球整体经济形势影响，销售收入及净利润呈现波动上涨趋势，而半导体业务的收入则基本保持稳步增长。IC Insights 指出，1999—2009 年，三星电子的年均增长率（CAGR）为 13.5%，而英特尔为 3.4%。虽然 2013 年开始受整机市场影响，2014 年有望超越英特尔，跃升为半导体行业榜首。

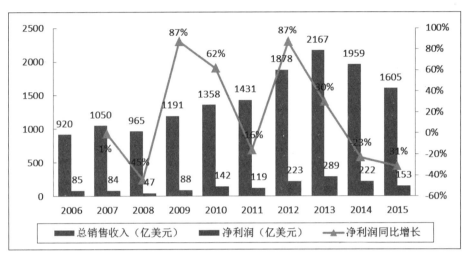

图19-1　2006—2015年三星电子销售收入与净利润

资料来源：企业财报，2016 年 2 月。

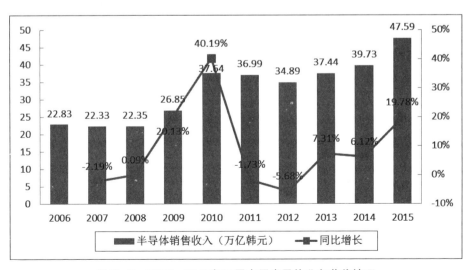

图19-2　2006—2015年三星电子半导体业务营收情况

资料来源：企业财报，2016 年 3 月。

三星存储器业务的任务是提供整体移动解决方案，它在产品、模组以及颗粒的技术开发方面都是世界内存市场的领导者。目前三星生产的存储器产品主要包括：DRAM 及 NAND Flash。

自 1993 年以来，三星是半导体存储器领域公认的世界第一。2014 年 DRAM 占全球市场份额 40.4%，NAND Flash 占全球市场份额 36.5%。三星拥有全球领先的生产工艺，DRAM 制造已进入 14nm 量级。2015 年三星公司将存储器芯片的重点放在保持供需平衡与稳定芯片价格上面，着重控制 20nm 制程的损耗成本并开发大容量 SSD 和 eMCP 等高成长性产品。2016 年随着移动市场增长放缓，三星半导体正在寻找新的市场增长驱动，例如高附加值以及差异化的产品。

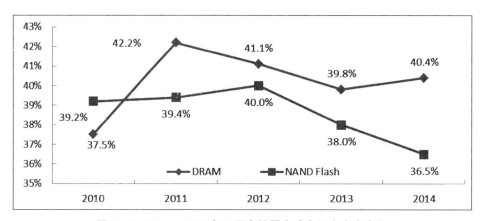

图19-3　2010—2014年三星存储器全球市场占有率变化

资料来源：赛迪智库整理，2016 年 3 月。

从三星电子的整体经营情况出发，可以总结出以下特点：

（1）自身产业链完整。三星电子既包含存储器、逻辑芯片等半导体业务，又包含笔记本电脑、台式计算机及手机等终端产品，产业上下游垂直分工体系完整，拥有完整的全球供应链。

（2）工艺制造技术领先。就工艺制程而言，三星拥有与英特尔、台积电并驾齐驱的自主技术，良好的工艺技术和产品良率使得制造成本较低。

（3）三星电子产业的品牌效果强。三星电子在全球范围内都拥有强势的品牌效应，生产的各项电子产品流通性强覆盖面广，品牌渠道拥有低成本的竞争优势。

（4）充沛而质优的劳动人力资源。三星电子经过多年的发展，吸引了各国的人才，累积良好的管理经验，并培养出许多优良世界级管理和技术人才。

二、企业发展战略

三星电子的发展模式，可谓是举国一体，上下齐心，韩国政府对三星电子给予了大力扶持。韩国政府具有扶持财团的传统，对企业研发、设备投资方面给予的税收优惠一向要高于其他国家。20 世纪 80 年代三星电子刚涉足存储器产业时，政府就以"官民一体"的研发方式予以政策和资金支持。90 年代，三星液晶面板产业连续亏损 9 年，韩国政府先后以低于国内平均水平的利率给予三星超过 60 亿美元的政策性贷款，使得三星面板产业熬过发展期直至稳坐业界龙头。1997 年亚洲金融危机，大量企业破产倒闭，三星负债率一度高达 366%，到 1999 年仍然有 166% 负债率，但在此期间三星获得了大量的政府扶持资金，最终渡过难关成为世界电子产品龙头企业。据不完全统计，2000—2010 年，韩国政府共给予三星电子 87 亿美元的税收减免。在这种长期稳定的大量资金支持与优惠下，三星电子不仅屡次度过经济困境，更是在一次次的行业低谷期进行了著名的"逆周期投资"，加大自己和全行业的亏损，直至拖垮对手，等到行业复苏期，则可赚取高额利润并占据较大的市场份额。

（1）逆周期投资：三星可以依仗雄厚的资金支持，进行"逆周期投资"，即在产业不景气同行缩减投资降低损失时，三星加大投资加大损失，从而在自己弱小时缩小与对手的差距，或者在自己强大时进一步拉开与对手的差距。在三星半导体业务成长过程中多次采取了这种投资策略，但到现在成为业界龙头后则更注重价格和利率的控制。

（2）产品高端策略：自 DRAM 存储器发展开始，三星始终遵循产品高端策略，不断提高存储器的技术含量，保持与一般产品的技术差距。从笔记本、手机等终端产品也可看出，三星非常注重良好设计带来的高价效应，从而搭配品牌战略以及完整的售后服务等塑造高端品牌。高质量的产品和高端品牌附加值带来了销售利润率的提高。

（3）价格掌控策略：三星公司作为全球最大的存储器芯片生产企业非常注重产品的价格走势，其产能计划的重点也放在保持供需平衡与稳定芯片价格上面，以求获得高额的产品毛利率。同时其高端产品策略也与高价格策略相对应，三星打造中高端产品路线，同时以高于大多数竞争对手的价格出售产品，也使得产品的销售利润率提升。

第二节　意法半导体

一、总体发展情况

意法半导体（ST）集团于 1988 年 6 月成立，是由意大利的 SGS 微电子公司和法国 Thomson 半导体公司合并而成。1998 年 5 月，改名意法半导体有限公司。意法半导体是世界最大的半导体公司之一，尤其在 MEMS 传感器领域，意法半导体的技术路线清晰，曾经抓住了为苹果 iPhone 4 供货的机遇。截至 2015 年 9 月，意法半导体的 MEMS 产品销量超过 100 亿件，广泛的产品线、可靠的供应链以及由苹果、诺基亚等国际大厂和本地企业共同组成的强大生态系统为其业务扩展创造了外部优势，在模拟集成电路领域技术积累则为其提供了内部深度。

（一）经营情况

2015 年第二季度，意法半导体实现净收入为 17.6 亿美元，同比下降 5.6%，环比增长 3.2%。其中，MEMS 与传感器（AMS）部门增长 7.0%，是意法半导体各业务部门中收入增幅最大的部门。此外，受汇率利好、产品组合改进和闲置产能支出降低等有利因素影响。意法半导体实现毛利润 5.95 亿美元，毛利率为 33.8%，环比增长 60 个基点。在技术研发投入方面，第二季度意法半导体的研发（R&D）和销售管理(SG&A)合并支出总计 5.99 亿美元，第一个季度为 5.91 亿美元，上年同期为 6.26 亿美元。研发和销售管理合并支出环比增长 1.4%。

表 19-1　意法半导体 2015 年上半年财报摘要　　（单位：百万美元）

美国GAAP	2015年Q2	2015年Q1	2014年Q2
净收入	1760	1705	1864
毛利率	33.8%	33.2%	34.0%
财报营业利润	12	亏损19	98
归属母公司的净利润	35	亏损22	38

资料来源：意法半导体财报，2015 年 7 月。

（二）产品线布局

意法半导体于 2014 年上市的旗舰产品包括 32 位通用和车用微控制器、

MEMS麦克风、触屏控制器、超高清机顶盒芯片和低压功率MOSFET及IGBT晶体管。从总体上看，意法半导体正在打造以MEMS传感器、功率产品（以汽车产品为主）及嵌入式处理解决方案为业务核心的产品线布局。

表19-2   2014年意法半导体全年收入汇总   （单位：百万美元）

按产品线和部门统计的净收入	2014年全年	2013年全年
模拟和MEMS（AMS）	1102	1306
汽车产品部（APG）	1807	1668
工业和功率分立器件（IPD）	1865	1801
传感器、功率及汽车产品（SP&A）	4774	4775
数字融合产品部（DCG）	756	1492
影像、BiCMOS、ASIC和硅光电（IBP）	330	409
微控制器、存储器和 安全微控制器产品部（MMS）	1507	1367
嵌入式处理解决方案部及其他业务	15	1
嵌入式处理解决方案部（EPS）	2608	3269
其他	22	38
总计	7404	8082

*注：2014年1月1日起，意法半导体无线产品部（以前的ST-Ericsson产品）并入数字融合通信部，图像信号处理器事业部从影像、BiCMOS和硅光电产品部转入数字融合产品部。
资料来源：意法半导体财报，2015年1月。

二、企业发展战略

在MEMS领域，意法半导体一直强调"多元化"发展战略，即多元化的产品、多元化的客户、多元化的市场和多元化的应用的"3+1"策略。其中，对于产品多元化与市场多元化的追求是意法半导体战略的重心及主线所在。

产品的多元化布局。意法半导体认为：MEMS的产品分类已经突破加速度传感器的初始形态而扩展到诸多不同应用环境。目前，意法半导体在MEMS领域的产品布局包括加速计、陀螺仪、磁传感器、压力传感器、硅麦等。意法半导体还认为：MEMS也可以作为驱动器产品，未来的增长机会来自以物联网为代表的智能硬件领域。意法半导体由于熟悉从传感器至云计算的整个物联网产业链，并拥有广泛的开发生态系统，掌握数字安全技术，且拥有半导体制造工艺和产能，因此在物联网传感器领域具有基础优势。

市场的多领域覆盖。意法半导体的产品应用领域覆盖广泛，其中包括通信网络、LED/照明、交通运输、医疗保健、多媒体融合、家电、楼宇自动化等诸多行业。多元化的市场覆盖为意法半导体推广自主品牌的 MEMS 产品奠定了基础。

第三节 台积电

一、总体发展情况

台积电是全球第一家的专业集成电路制造服务公司，也是全球规模最大的专业集成电路制造公司，提供业界最先进的制程技术及拥有专业晶圆制造服务领域最完备的组件数据库、IP、设计工具及设计流程，其营收约占全球晶圆代工市场的 50%。

受金融危机冲击，2009 年全球芯片代工制造业表现不佳，台积电也未能幸免。2009 年实现销售收入 2957.4 亿新台币，同比下跌 10.63%。2010 年行业景气回升，台积电的销售收入回升到 4200 亿新台币，比 2009 年增长了 41.89%。随后的几年里，台积电的销售收入和净利润都呈现稳步增长的态势。在 2013 年，台积电的销售创历史新高，达到 5970.2 亿新台币，比 2012 年增长了 17.82%。2013 年全球半导体代工企业排名中，台积电稳居龙头位置。由于先进制程的投资金额越来越大，晶圆代工市场大者恒大的态势明显，台积电去年销售收入是第二大厂格罗方德的 4.6 倍以上，是第五大厂中芯国际的 10 倍。同时，台积电在晶圆代工中的市场占有率也是逐年攀升，去年已经达到 46% 的新高。

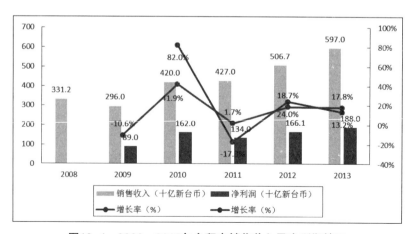

图19-4 2008—2013年台积电销售收入及净利润情况

资料来源：公司财报，赛迪智库整理。

二、企业发展战略

台积电竞争策略可说是始终如一，除持续开发先进制程技术，维持技术领先优势外，最重要的，就是讲求对客户的服务，能够协助客户产品顺利移往高阶制程，提升客户制造效率，并维持相当高良率，不仅让客户制造成本得到下降，台积电本身产品组合也因而改善，创造双赢局面。

产能布局方面，台积电在我国台湾地区设有三座先进的 12 英寸超大晶圆厂、四座 8 英寸晶圆厂和一座 6 英寸晶圆厂。2014 年台积电积极扩建 12 英寸晶圆厂，主要用于 20nm 产品的生产。此外，台积电也有两座规划中的 18 英寸晶圆厂，分别位于竹科及南科，预定于 2017 至 2018 年量产。制程进展方面，台积电自 2012 年进入 28nm 制程，并已经在 2014 年第一季度开始量产 20nm 制程，目前良率状况良好，下半年 20nm 制程产品比重会有明显的增加。2014 年小于 40nm 制程的比例已经达到 60%，28nm 制程给台积电带来 40% 的销售收入。同时，台积电规划于 2015 年开始量产下一代 16nm 制程。

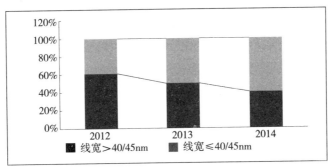

图19-5　2012—2014年台积电不同制程技术使用比例

资料来源：公司财报，赛迪智库整理，2015。

台积电除了晶圆代工主业以外，也向半导体上下游产业链延伸。从 2002 年开始投入晶圆凸块技术研究，除了在竹科建立自有的前段封测产能以外，并且转投资封装厂商精材科技，发展晶圆级封装技术。在上游芯片设计方面，台积电于 2002 年成立以芯片设计服务为主要业务的子公司亚芯科技，通过这种方式避免与芯片客户造成直接竞争的情况。同时，台积电于 2008 年推出"开放创新平台"，由台积电提供核心 IP 库、第三方设计辅助工具 EDA、台积电制程技术等开发工具，与芯片客户共同开发芯片设计方案，并且进一步提供 IP 核及参考流程等服务，强化芯片设计与晶圆制造之间的整合性。

第二十章 平板显示行业重点企业

第一节 三星显示

一、发展情况

三星显示有限公司（Samsung Display Co., Ltd.）为韩国三星集团旗下专门生产显示面板的公司。三星显示 2004 年成立，前身是 S-LCD Corporation，由日本索尼与韩国三星电子双方各持股 50% 所共同合资的公司。2011 年底三星集团获得公司全部的股权后，将其旗下的面板部门、Samsung Mobile Display 合并为目前的新公司。三星显示在商用、消费电子等显示器领域市场占有率一直名列前茅。

受行业周期、下游需求疲软、中国大陆厂商产能增加等影响，2015 年前三季度，三星电视和手机的全球市场份额双双下降。其中，电视产品的全球份额为 21.2%，较上年的 22.6% 小幅下降；手机产品的全球份额为 21.9%，与上年的 22.4% 相比有也有所下滑。此外，受消费者青睐的 4K 和 OLED 面板领域，三星显示的销售增长明显，其中全球范围内，UHD 面板占有率已经达到了 28% 之多，上升了 8.9 个百分点。

二、发展策略

1. 重返 OLED 阵营，重树影响力

为了维持在 OLED 领域霸主地位，2015 年三星显示决定在大尺寸面板发力，计划将位于韩国的五代线 LCD 面板生产线设备出售，同时加大 OLED 生产线的研发力度和生产规模。在小尺寸方面，今年推出的新款旗舰智能手机 Galaxy S6/S6 edge 销售情况未能达到预期，导致手机业务营收同比出现下跌。为了积极推广小尺寸 OLED 屏，三星开始对中国手机厂商出售 OLED 面板，预计三星显示器公司将降低中小尺寸 OLED 面板价格，进一步缩小与 LCD 面板的价格差，预计在 2016 年内有望缩小到 10% 以内。

2. 加码量子点、高清面板，提高市场占有率

大尺寸面板方面，三星则专注于升级 LCD 技术。2015 年底最新发布的五个型号的产品，都采用了量子点技术。量子点是一些微小的颗粒，能根据不同的大小发出不同颜色的光。当应用到电视产品中，则能实现比 LCD 更精准的颜色和更生动的画面。三星自 2002 年以来一直在开发这一技术，目前是唯一一家无镉量子点电视生产商。

3. 三星曲面显示器引领消费潮流

在显示器市场同质化的当下，在强大的专利储备与技术创新能力支持下，三星显示器顺应市场趋势、迎合消费者需求，开发了曲面显示器，使之迅速成为市场关注热点并获得广大消费者的认可青睐。自第一台曲面屏显示器产品问世以来，三星以领先行业的曲面屏制造技术，丰富的产品体系，极大地推动了曲面显示器的发展。曲面显示在 2015 年取得快速普及，各个品牌的曲面电视产品相继推出，超薄和无边框成为曲面显示器的有力武器，三星推出的 CF591 型曲面电视，机身最薄处仅为 9.9 毫米，是世界上首台拥有无边框曲面设计的显示器，曲面显示凭借沉浸式体验、广视角、高对比度而受到越来越多的消费者的追捧。

第二节　乐金显示

一、发展情况

乐金显示隶属于 LG 集团，是目前世界第一液晶面板制造商，总部位于韩国首尔，在韩国、中国、美国、日本和欧洲设有研发、生产和贸易机构。

在面板行业整体不景气的大环境下，2015 年 LG Display 却创出大尺寸液晶面板出货 5200 万片、占有率达 26.2% 的优异成绩。至此，LG Display 已经连续 15 个季度稳居全球液晶面板出货量榜首。

AMOLED 方面，11 月 26 日，LG Display 正式宣布将投资 1 兆 8400 亿韩元（约合人民币 103.04 亿元）建立专门生产大尺寸及柔性 OLED 面板的工厂。该工厂是 LGD 一系列投资计划中的重要一环，瞄准了大尺寸及柔性 OLED 市场，预计

将建设 9 世代以上的生产线，并于 2018 年投产。2015 年 8 月，LGD 曾发布中长期战略，宣布至 2018 年将投资 10 兆韩元以上，重点用于大尺寸及柔性 OLED 以及高端 LCD。随后，LG Display 正式宣布在韩国投资 1 兆 500 亿韩元，建设 6 代柔性 OLED 生产线，月产能 7500 片玻璃基板，计划 2017 年上半年投产。

二、发展策略

1. 加大 AMOLED 显示器的推广力度

2015 年可谓是"OLED 电视元年"，OLED 产品呈现井喷态势。其中，LG Display 联合 LG 电子、创维、康佳、长虹、海尔、苏宁、国美等近 30 家彩电业上下游产业链和研究机构协力打造"OLED 市场阵营扩大化"，这大大加快了 OLED 电视的普及速度。此外，也有消息称，LG Display 还计划投资 87 亿美元建立全球最大 OLED 研发厂，加码大尺寸 OLED 屏。同时，针对 OLED 已经应用在可穿戴设备、移动设备和 OLED 电视，但是中等尺寸的电脑显示器面板是一个市场空缺，LG 显示公司打算开始为电脑显示器和笔记本电脑生产 OLED 面板。LG 希望使其 OLED 产品阵容多样化，预计第一个显示器将于 2016 年或 2017 年公布。

2. 不断提升 OLED 产能

同时，为了满足供给端的需求，LG 在其 4.5 代生产线工厂生产塑性 OLED 系列产品，每月产能为 1.4 万片基板，虽然其产能是 2014 年初的两倍多，但是产能还是非常低。年初 LGD 宣布计划投资 9 亿美元建立六代柔性 OLED 生产线工厂。五代生产线位于 LGD 的工厂，每月产能为 7500 片基板或 150 万件 5.5 英寸面板。新工厂预计将于 2017 年上半年开始量产，并根据市场反应和客户需求持续扩大生产规模。

3. 增加高清面板出货量

2015 年，全球 4K 面板出货量大幅攀升高，LG Display 起到重要的推动作用。在 4K 尚未广泛得到市场接受时，LG Display 就将重兵驻扎于这一战场，并专门开发出独有的 4 色 4K 液晶面板在能耗降低情况下，将亮度有效提升，并保证了色彩的艳丽饱满，获得广泛认可。目前 LG 显示器公司全高清 OLED 面板已经达到相同的产能利用率，预计 4K 应用电视面板产能利用率将于 2016 年底有所攀升，且高清（4K）OLED 电视面板产能利用率将达到 80%—90%。

第三节　友达光电股份有限公司

一、发展情况

友达光电股份有限公司总部坐落于中国台湾地区，原名为达碁科技，成立于1996年8月，2001年与联友光电合并后更名为友达光电，2006年再度并购广辉电子。经过两次合并，友达得以拥有制造完备大中小尺寸面板的各世代生产线。其中包括4K超高分辨率、3D、超轻薄、窄边框、透明显示器、LTPS、OLED，以及触控解决方案等。友达拥有从3.5G、4G、4.5G、5G、6G、7.5G到8.5G最完整的各世代生产线，能提供各种液晶显示器应用所需的面板产品。

友达光电2015年第四季度合并营业额为新台币836.4亿元，较2015年第三季度减少6.3%，与2014年第四季度相比则下降20.7%。合计2015年全年合并营业额达新台币3605.4亿元，较2014年减少11.7%。

2015年第四季度大尺寸出货量约2761万片，较第三季度增加4.8%，与上年同期相比减少6.1%。2015年第四季度中小尺寸出货量超过3341万片，较第三季度下降31.4%，较上年同期减少21.8%。累计2015年全年大尺寸出货量超过1亿565万片，与2014年相比减少9.6%。2015年全年中小尺寸出货量约达1亿7281万片，与2014年相比增长1.2%。

二、发展策略

1. 高清面板领域产能持续扩张

据统计，友达光电2015年前三季度的超高清4K电视销量约为1600万台，预计到2015年末超高清4K电视销量将飙升至2400万台。其中，第三季度50英寸及以上尺寸4K电视面板出货量增长超过30%，预计到第四季度这一数字将增至40%。第三季度曲面电视全球销量达到240万台，在此期间50英寸及以上尺寸产品渗透率为7.1%。笔记本面板方面，2015年第三季度也开始4K笔记本面板的量产，目前持有50%的市场份额，然而笔记本电脑储备已经下降。在智能手机显示屏方面，友达光电2015年9月份开始4K显示器的量产，公司将供应全系列4K产品。

2.领跑车载显示行业

随着信息技术的进步以及市场对车载呈现、娱乐和驾驶员辅助系统需求的变化，汽车正越来越多地电子化、按钮化甚至屏幕化，玻璃座舱在现在的汽车领域看来已经不再是一个遥不可及的梦。汽车的繁荣带动了相关产业的发展，而显示屏作为不能或缺的部分，加上中小尺寸面板的成功应用，车载显示将成为全球面板厂商激烈竞争的又一个重要细分市场。2015年车用面板市场向好，是少数能维持成长的产品。友达2015年车用面板出货年增率约30%左右，其中主要以导入国际车厂前装面板为主，包括德系、日系、美系及韩系等各大国际车厂，友达的车用面板均已打入供应链。

第四节　群创光电股份有限公司

一、发展情况

群创光电股份有限公司（Innolux Display Group）成立于2003年，是由中国台湾富士康科技集团所创立的TFT-LCD面板专业制造公司，总部坐落于中国台湾。2006年股票在台上市，2010年3月与奇美电子、统宝光电合并，为面板业界有史以来最大宗的合并案。

群创光电的产品线从大小尺寸面板、大小尺寸模块到终端系统产品，各类产品组合完整。拥有3.5G、4G、4.5G、5G、6G、7.5G到8.5G最完整的各世代生产线，包括4K超高分辨率、3D裸眼、IGZO、LTPS、AMOLED、OLED，以及触控解决方案等，也是全球唯一拥有完整大中小尺寸LCD面板及触控面板的一条龙全方位显示器提供者。

群创光电2015年第四季度合并营收为新台币815亿元，较上年同期减少29.1%，与2015年第三季度合并营收新台币888亿相比减少8.2%。大尺寸合并出货量共计3009万片，与2015年第三季度出货量3028万片相比减少0.6%；中小尺寸合并出货量共计6893万片，与2015年第三季度出货量6504万片相比增加6%。

群创光电2015年全年合并营收为新台币3641亿元，与2014年全年营收4287亿元相比减少15.1%。大尺寸全年合并出货量共计1亿2300万片，与上年全年出货量1亿4140万片相比减少13%；中小尺寸方面，全年合并出货量共计

2 亿 5197 万片，与上年全年出货量 3 亿 2022 万片相比减少 21.3%。

二、发展策略

1. 尺寸差异化策略减缓面板跌价冲击

群创光电 2015 年营收较上一年出现下降，整体出货量减小。但是由于群创光电的供给对手机面板需求较大，10 英寸以下的产品所占收益比率增长最大，攀升到 21%。其中唯有手机面板将持续增长，成长率可能达到 10%—12%。因此 2015 年第四季度，群创光电已经开始布局，聚焦高附加价值、高单价的智能手机面板。除了手机面板之外，大尺寸的产品也是其关注的重点。

2. 聚焦超清、AMOLED 面板市场

2015 年，全球电视出货量基本维持在 2014 年水平，出现了"零增长"的情况。受到新兴国家与欧洲市场衰退的影响，预期 2016 年的出货与 2015 年相当，整体来说增长乏力。但是 4K 电视，仍是未来的亮点。受益于彩电价格持续下滑，带动 4K 电视需求走高。

AMOLED 方面，群创光电正在建设一个新的 6 代 LTPS 线，将有大约 23000 基板的月产能，并将同时生产 LCD 和 AMOLED 面板。群创预计，新的生产线将在 2016 年上半年开始生产面板。

第五节　夏普公司

一、发展情况

夏普公司成立于 1912 年，总部位于日本大阪，是一家横跨多个业务的大型公司。其中，作为夏普的核心主营业务之一，液晶面板一直被夏普视为生命线。建造了全球第一条 6 代线、第一条 8 代线、第一条 10 代线，并拥有着 IGZO 等先进技术专利，夏普曾在液晶领域叱咤风云，被誉为"液晶之父"，可见其在业界地位曾举足轻重。夏普目前主要有 4.5 代、6 代、8 代、10 代面板生产线，其中 4.5 代和 6 代是 LTPS 生产线，主要为苹果供货；8 代面板生产线采用最先进的 IGZO 技术，是夏普引以为傲的独家专利技术；此外，夏普还是全球首家做 10 代液晶面板生产线的厂商。虽然该产线代表了全球平板显示产业最高水平，同时也由于无法完全利用产能利用率而为夏普经营带来包袱。尽管采取了多项举措应对

危机，处于重整期的夏普公司 2015 财年报表中反映主营业务业绩的营业利润可能从此前预计的盈利 100 亿日元，转为净亏损可能超过 1000 亿日元（约合人民币 56 亿元）。这也是夏普连续 2 年出现亏损。而液晶面板业务的持续低迷不振，则是主要原因。

二、发展策略

1. 整合液晶面板业务成为当务之急

液晶面板市场竞争越来越激烈，夏普市场反应速度慢，无法适应互联网时代的竞争。第一，在目前的竞争状态下，很多面板厂的技术开发会跟随品牌或者市场需求进行调整。但是夏普却按照自己最初的设计来推动，加上速度慢，造成产品上市以后，无法跟上市场的需求。第二，夏普的心态一向高高在上，对其他竞争对手的策略不愿意做出相应的改变。第三，夏普缺乏灵活性，包括技术路线也是一样。全球 LTPS 技术进步很快的时候，夏普仍然坚持在中小尺寸领域推广 IGZO。随着两者差距越来越大，夏普的竞争力也逐渐丧失。夏普引进外援已经是势在必行，鸿海注资夏普的谈判扑朔迷离，迟迟不能落地，也为作为液晶发源企业的夏普的前景蒙上了一层迷雾。

2. 中小尺寸战略转向超清显示领域

中小型液晶面板市场低迷等严峻形势持续，全财年业绩预计低于此前预期，中国智能手机用液晶面板业务的低迷，成为夏普亏损的"罪魁祸首"。日本政府为了加快推进 8K 超高清显示电视落地，日本 NHK 电视台宣布，将在 2016 年完成 8K 电视节目试播，2020 年东京奥运会之前全面实现 8K 电视信号覆盖。夏普转型瞄准了 8K 超清显示领域，为了进一步巩固在 8K 超高清市场的领先地位，夏普率先宣布，将于 2015 年 10 月底在日本正式销售 8K 电视，希望将优势从面板领域延伸至终端。可以说，在 8K 超高清市场，率先将 8K 电视带进家庭的夏普无疑想占据市场先机。

第六节　日本显示公司

一、发展情况

日本显示公司，成立于 2011 年底，是由株式会社产业革新机构牵头，将索尼、日立和东芝三家公司的显示器业务合并而成立的合资企业，总部位于日本东京。JDI 致力于中小尺寸显示屏的生产和研发，生产高精度的智能手机和平板电脑液晶面板，其市场占有率维持在 17% 左右。

2015 年，因主要客户苹果公司的需求大幅增加，以及在中国市场销售良好，JDI 前三季度的营收较上年同期飙升 63.2%，成功实现了营业利润和净利润的扭亏为盈。

二、发展策略

1. 小尺寸面板技术不断优化

JDI 的高端智能手机面板技术一直领先，其 Pixel Eyes 的看家本领，采用 in-Cell 技术，将触控和显示做到了同一层面板中，为 JDI 赢得了良好口碑和订单。2015 底，JDI 宣布第二代 Pixel Eyes 液晶屏开始量产，在第二代 Pixel Eyes 中，JDI 通过电路的优化设计，以及新材料的应用，进一步缩窄了屏幕边框，从原先的 0.8mm 缩减至 0.5mm。在色彩表现方面，黑色的效果会更加深邃。同时 JDI 提升了触控的灵敏度，可识别 1mm 的触控笔。在尺寸方面，新技术可将最大尺寸扩展至 16 寸，并且可以搭载 LTPS 技术。这将极大地扩大 Pixel Eyes 的应用领域，势必带动其推广和销售。

2. 提升产能，全力巩固小尺寸面板市场占有率

为了进一步巩固自己在小尺寸面板市场占有率的优势，JDI 宣布将兴建两座工厂。在日本本土新建一座用于提供智能手机高精细面板的液晶工厂，投资额达到 1700 亿日元，其中一半的资金将由苹果提供。显然 JDI 增产的目的非常明显，在苹果需求量激增的大背景下，维持苹果第二大面板供应商的地位。另一条产线将建在中国广东东莞，该项目预计总投资 55 亿元人民币，分四年投资，预计 2017 年项目年产值 (出口总额) 将达 250 亿元人民币，年度纳税达 1.6 亿元人民币。

第二十一章 太阳能光伏行业重点企业

第一节 First Solar

一、发展情况

2015 年，First Solar 的 CdTe 组件产量预计达到 2500MW，第三季度其美国和马来西亚生产线平均产能利用率为 94%，较前几个季度的 85% 有所提升。

表 21-1 2014—2015 年 First Solar 生产经营数据（单位：百万美元）

年季度	净销售额	毛利率（%）	净收益（损失）	现金流
2014Q3	889.3	21.3	88.4	1115.4
2014Q4	1007.9	30.6	192.0	1991.1
2015Q1	469.2	8.3	（62.3）	1484.6
2015Q2	896.2	18.4	57.1	1775.2
2015Q3	1271.2	38.1	397.8	1809.5

资料来源：企业财报，赛迪智库整理，2016 年 3 月。

2015 年产线技术不断升级，产品转换效率不断提升，截至 2015 年第 3 季度组件平均效率达到 15.8%，最佳产线效率提高到 16.4%，实验室最高组件转化效率到达 18.6%，已超过产业化主流多晶组件效率。

表 21-2 2013—2015 年 First Solar 产能和组件效率增长情况

年份	组件产量（GW）	组件效率
2013年	1.6	13.2%
2014年	1.8	14.0%
2015年	2.5	15.5%

资料来源：企业财报，赛迪智库整理，2016 年 3 月。

同时，First Solar 在系统项目方面也凭借自身优势广泛拓展市场，其 2016 年可现金交易的项目已积累超过 2GW。

表 21-3　First Solar 电站项目情况（2016 年交付）

项目/地点	规模（MW，AC）	PPA持有人	项目所有人
Stateline,CA	300	SCE	Southern Co
Silver State South,NV	250	SCE	NextEra
McCoy,CA	250	SCE	NextERa
Astoria,CA	175	—	Recurrent
Imperial Energy Center West,CA	150	SDG&E	Tenaska
Taylor,GA	147	（1）	Southern Co
Butler,GA	103	Georgia Power	Southern Co
Shams Ma'an, Jordan	53	NEPCO	—
Moapa,NV	250	LADWP	未出售
California Flats,CA	130	APPle	未出售
East Pecos,TX	119	Austin Energy	未出售
Switch Station,NV	179	Nevada Power	未出售
Cuyama,CA	40	PG&E	未出售
Kingbird,CA	40	（2）	未出售

注：PPA：购电协议。
（1）Cobb Electric Membership Corp、Flint Electric Membership Corp 和 Sawnee Electric Membership Corp 共同持有；
（2）Southern California Public Power Autotity 和 City of Pasadena 各持有 20MW。
资料来源：First Solar 2016 Guidance，赛迪智库整理，2016 年 1 月。

二、发展策略

（一）创新战略

在技术创新上，该公司始终保持着较高的研发投入，并专注于 CdTe 效率的提升，自 2011 年以来已第八次刷新世界纪录，于 2015 年 2 月 5 日将 CdTe 电池效率提升到 21.5%。另一方面 First Solar 收购了 TetraSun 从而获得高效晶硅异质结太阳能电池技术。

在营销创新上，First Solar 推出了免费的在线能源评估工具，可使潜在电站开发商或投资者在线绘制出一个光伏电站，并对其可行性进行评估。

在模式创新上，First Solar 与 Clean Energy Collective（CEC）合作，并收购其

部分股权，共同开发并建设"社区光伏发电项目"，通过建设地面发电系统为附近社区或城镇提供电力供应。

（二）市场战略

为保障企业业绩的持续增长，First Solar 除不断深耕美国本土市场，还积极开拓海外市场，如拉美、中东和印度等市场。在智利投资建设 141MW Luz delnorte 光伏发电厂；在约旦投资建设 52.5MW Shams Ma'an 光伏电站；First Solar 于 2015 年 6 月取得北京鉴衡认证中心颁发的金太阳认证证书，准备再次进入中国市场。

（三）投资合作

First Solar 投资合作主要集中在光伏项目开发和新兴市场开拓方面，如其和 SunPower 联合组建 YieldCo 在纳斯达克上市，公开发行 2300 万股，估值在 15 亿美元；于 2015 年初获得苹果投资，为其加州蒙特利县 Flats 太阳能项目筹得 8.48 亿美元；与华盛顿工程和建筑公司 Orion Group International 设立合资企业 FSO Energy Solutions，开拓菲律宾商业和工业光伏项目等。

第二节　SolarWorld

一、发展情况

截至 2015 年底，SolarWorld 宣布公司历史上首次出售愈 1GW 组件及套件，其组件产能有望于 2015 年底提升到 1.5GW，而硅锭总产能也预期翻倍至 1.5GW，硅片产能达到 1GW，电池片达到 1.5GW。

表 21-4　2014—2015 年 SolarWorld 生产经营数据（单位：万欧元）

年季度	销售收入	EBITDA	EBIT	合并净值
2014Q3	18082.3	622.6	−418.3	−865.4
2014Q4	16446.4	—	—	−2505.5
2015Q1	14908.3	291.2	−802.9	−1004.2
2015Q2	17088.8	695.8	−416.2	−1541.5
2015Q3	21181.9	466.7	−607.7	−1339.5

注：EBITDA：未计利息、税项、折旧及摊销前的利润。

　　EBIT：扣除利息、所得税之前的利润。

资料来源：企业财报，赛迪智库整理，2016 年 1 月。

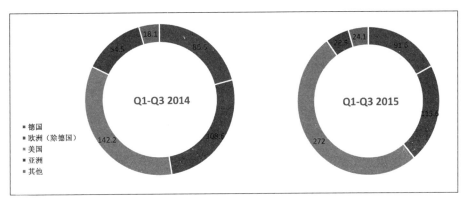

图21-1　2014—2015年 SolarWorld 收益区域分布（百万欧元）

资料来源：企业财报，赛迪智库整理，2016年1月。

二、发展策略

（一）创新战略

在模式创新上，SolarWorld 联合多家公司为南卡罗来纳州用户提供光伏一体解决方案 "Solar Freedom"，其中 Dividend 将为用户提供太阳贷款，SolarWorld 将提供其电池板，Enphase 提供其微型逆变器系统。

在技术创新上，该公司在美国升级部分产线至五栅技术，伴随升级的 PERC 电池拟在 2015 年第三季度生产约 300W 的 60 片电池组件，其中包括采用更精细的栅线，并称该技术应用于高效电池时可使组件性能提高 2%。

在产品创新上，SolarWorld Japan 推出可两面发电的新型太阳能电池板 "Sunmodule Protect 360° SW275 Duo"，通过采用双面发电电池单元，使输出功率最大可提高 25%。

（二）市场战略

积极布局高效电池。2015 年 3 月，SolarWorld 向光伏设备供应商梅耶博格（Meyer Burger）订购了 400MW 的升级钝化发射极背面接触（PERC）设备，预计该升级设备的交付及调试将于年底完成。同期，将德国阿恩施塔特太阳能生产设施的 700MW 太阳能电池线升级到下一代 PERC 技术；将 Hillsboro 工厂约 330MW 的电池生产升级到 PERC，预计另外 100MW 也将尽快升级至 PERC。2015 年 7 月，其 PERC 太阳能电池效率创纪录达 21.7%。

扩大产能已满足市场需求。受美国光伏市场拉动，SolarWorld 从合伙人兼大股东 Qatar Solar Technologies 回购一条光伏组件装配线；另外还增加了其在德国阿恩施塔特太阳能生产设施的单晶硅产能（500MW）。

积极巩固欧美市场。SolarWorld 于 2015 年 9 月 22 日宣布同 Panasonic Enterprise Solutions 签署协议，为位于美国俄勒冈州东南部一个太阳能农场提供 65MW 的 72 片太阳能光伏电池板，并于 2016 年交货。这是该公司最大单笔项目供应。

（三）投资合作

SolarWorld 同 Bank of the West 达成合作伙伴关系，以通过 Bank of the West 使用贷款、经营租赁以及资本租赁等解决方案，为其商业太阳能安装项目融资，对于符合资格的州和市政府机构，免税市政租赁也可能成为其融资选择。

SolarWorld 同微型逆变器专家 Enphase Energy 达成合作，为全球市场开发新的 AC 太阳能组件产品组合，两家公司将在新的 AC 组件的开发、商业化及市场营销方面取得合作，使新组件兼具 SolarWorld 的 Sunmodule 太阳能电池板优势与 Enphase 的微型逆变器技术。

第三节　REC Silicon

一、发展情况

2015 年，虽然光伏市场的回暖推动了其产能，但 REC silicon 公司不得不面对中美贸易之争带来的不利影响，REC Silicon 预计全年多晶硅产量在 16840 吨，全年硅气体销量为 3060 吨，受新客户对多晶价格的压低和其 Silance III 单位停运导致生产成本上升，该公司 2015 年第三季度收益出现亏损。

表 21-5　2014—2015 年 REC Silicon 产量数据（单位：吨）

	FBR多晶硅	Siemens多晶硅	半导体级多晶硅	FBR多晶硅总成本	FBR现金成本
2014Q3	4428	407	267	18.0美元/公斤	10.5美元/公斤
2014Q4	4491	593	253	18.7美元/公斤	10.8美元/公斤
2015Q1	4503	382	324	18.8美元/公斤	10.7美元/公斤
2015Q2	4410	361	300	19.1美元/公斤	11.0美元/公斤
2015Q3	2863	435	282	24.3美元/公斤	13.8美元/公斤

注：FBR 多晶硅总成本 =FBR 现金成本 + 折旧 + 管理费用。

资料来源：企业财报，赛迪智库整理，2016 年 1 月。

表 21-6　2014—2015 年 REC Silicon 生产经营数据（单位：百万美元）

年季度	净销售额	EBITDA（损失）*	利润率（%）	现金流
2014Q3	126.4	44.9	35	160
2014Q4	126.2	38.0	30	96
2015Q1	74.4	24.8	33	53
2015Q2	93.0	5.8	6	49
2015Q3	87.5	（14.1）	–16	95

资料来源：企业财报，赛迪智库整理，2016 年 1 月。

二、发展策略

（一）创新战略

REC Silicon 通过启用其新一代流化床反应器（FBR-B）技术制备半导体级粒状多晶硅，将其 MosesLake 工厂的产能扩大 3000 吨；并计划以此新技术开发新的生产基地。

（二）市场战略

推动美国以外生产基地建设。受中美贸易博弈的影响，虽然 REC Silicon 拥有相对低成本的 FBR 多晶硅生产技术，但介于目前其多晶硅产能的 60%—70% 出口到中国，一旦中国增收多晶硅关税将极大地影响其利润收益。如中美光伏贸易得不到改善，REC Silicon 计划关闭其在美国华盛顿州的制造厂以规避损失，或者在全球光伏市场拉升下尽快为其美国工厂找到潜在新客户。

另一方面，其与中国陕西天宏共同在榆林成立合资公司建设 FBR 多晶硅工厂，总产能达 18000 吨，还可生产 1000 吨的西门子法多晶硅料及 500 吨的硅烷气体。到 2017 年该工厂的最终产能将得到提升，实现产能翻倍。

同时，REC Silicon 正计划将其目前的流化床反应器（FBR）多晶硅生产销售转移出中国。其在 2104 年底就已在沙特阿拉伯与当地多晶硅新兴生产商 IDEAPolysilicon，关于开发一家 2 万吨级 FBR 多晶硅工厂的可能性进行了前期调研，介于市场的不确定性而进展缓慢。

第四节　SunPower

一、发展情况

2015年前三季度，SunPower营业收入累计12亿美元，预计2015年资本支出为3亿至3.5亿美元，而2014年总计支出为1.669亿美元，电站和住宅光伏项目是其主要的营收来源。

表21-7　2014—2015年Sunpower生产经营数据（单位：百万美元）

年季度	净销售额	毛利率（%）	净收益（损失）	现金流
2014Q3	662.7	16.4	32	971
2014Q4	1164.2	22.3	134.7	1006
2015Q1	440.9	20.6	（9.6）	670
2015Q2	381.0	18.6	6.5	701
2015Q3	380.2	16.5	（56.3）	580

资料来源：企业财报，赛迪智库整理，2016年3月。

SunPower在2015年再次保持产能稳定。2014年太阳能电池产量为1233MW，产能为1300MW。2015年产量仅计划增加140MW，Fab 2增加25MW，Fab 3增加75MW，Fab 4增加40MW，据说Fab 4于年中开始生产。

表21-8　2014—2015年SunPower光伏项目收益组成（Non-GAAP，单位：百万美元）

年份	电站	商业	住宅	支出
2014Q3	455.5	94.8	153.9	25.2
2014Q4	323.2	105.4	181.1	57.0
2015Q1	226.2	49.1	155.3	24.6
2015Q2	161.5	63.0	152.2	44.2
2015Q3	133.2	145.9	162.3	63.6

资料来源：企业财报，赛迪智库整理，2016年3月。

表 21-9　2014—2015 年 Sunpower 电池生产数据

年份	2015Q3	2015Q2	2015Q1	2014Q4	2014Q3
克/瓦	3.4	3.6	3.8	3.8	3.9
产量（MW）	361	340	319	313	303

资料来源：企业财报，赛迪智库整理，2016 年 3 月。

二、发展策略

（一）创新战略

在新产品发布上，Sunpower 不遗余力地推进组件效率的提升和成本的下降，其 IBC 实验室电池（153.5cm^2）实现了 25.2% 的转化效率，组件孔径面积效率达到 22.8%，其新一代产品"Maxeon"组件额定效率 21.2%，功率为 345W；推出了采用密集单元互联（DCI）技术的"Performance"P 系列组件，其电池间的电损耗低于传统电池组件，该组件效率为 17%—19%；推出了高效、低聚光光伏（LCPV）技术，并同天津中环半导体股份有限公司、四川发展控股有限责任公司、乐山电力股份有限公司及天津津联投资控股有限公司设立合资企业，采用该技术开发并持有至少 3GW 的光伏发电站；推出了全球首款完全集成化的商用太阳能发电平台。

表 21-10　2010—2015 年 SunPower 组件效率及成本数据

年份	2010	2011	2012	2013	2014	2015
效率	19%	20%	20.6%	21%	21%	21.5%
相对成本	100%	94%	70%	55%	52%	46%

资料来源：SunPower 2015 Analyst Day 赛迪智库整理，2016 年 3 月。

在营销创新上，SunPower 同 EnerNOC 达成协议，使其商业和工业用户可以通过 EnerNOC 的能源智能软件评估并优化其光伏系统的输出价值，并节约能源使用；同时，EnerNOC 也将向其业务客户营销 SunPower 的太阳能产品。SunPower 整合收购了微型逆变器生产公司 Solar Bridge，开始出售更为集成化的组件产品。

在金融创新上，SunPower 同 First Solar 共同建立合资金融公司，运用 yield-co 等融资工具为其光伏项目融资。

（二）市场战略

作为垂直一体化光伏系统开发商的 SunPower，积极开拓下游国际新兴市场，通过使用内部生产的组件进行项目开发，从而获得更高的营收回报。SunPower 在南非根据 REIPPPP 采购计划完成的多个项目，其中第三个项目是位于北开普省的 86MW 电站，该项目将于 2016 年竣工；并计划未来五年为智利 1GW 太阳能项目斥资约 15 亿美元；在中国已建成 60MW 项目，同时在建项目 300 ＭＷ。

表 21-11　2015 年 SunPower 全球光伏项目分布（单位：MW）

美洲	欧洲	亚洲	中东及非洲	合计
3050	580	1150	5600	>10GW

资料来源：赛迪智库，2016 年 3 月。

（三）投资合作

在下游电站建设上加强与其他企业之间的合作。SunPower 与苹果进行合作，在中国四川的阿坝地区建造总计 40MW 的两个太阳能发电厂；同 NVEnergy 签署合约，在内华达州建设一座 100MW 的太阳能发电站，在电站完工并网发电后根据 20 年的购电协议将电力回售给 NVEnergy；投资 1.39 亿美元股权与 SolarStar 共同持有加州 135MW Quinto 太阳能项目，并获得 Santander Bank 提供的 3.77 亿美元信贷额度。

第二十二章　半导体照明（LED）行业重点企业

第一节　日亚化学

一、总体发展情况

日亚化学已经实现对 LED 产业链的垂直整合。凭借专利优势，日亚不断在 LED 领域发展壮大，在全球高端 LED 显示屏及 LED 背光领域占据非常大的市场份额。2015 年占据中国封装市场首位，汽车外部 LED 照明市场第二，是紫外 LED 产品主要研发企业。公司 2016 年的目标是占据全球 LED 照明市场的 30% 以上份额。

表 22-1　2015 年日亚化学发展介绍

项目	情况
基本介绍	2015年销售收入为23.3亿美元，比2014年下降10%，市场占有率为22%，排名全球LED企业营收第一。公司收入主要来自日本以及亚洲其他地区，日本地区营收占比为41%，中国市场营收占比为36%。研发费用支出为1.8亿美元，占总营收的8%。
主要产品	10月18日，发布最新倒装LED技术直接安装芯片（Direct Mountable Chip），采用个别芯片可直接安装于基板的简单构造，具有小型化、高亮度、高安定性的优点，成为LED产业极具竞争优势的重要技术。
	12月7日，与日本产业技术综合研究所共同开发出了覆盖整个可见光范围的LED光源，可作为评测固体元件照明器具的标准光源使用，命名为"标准LED"，可对固体元件照明器具进行高精度的特性评测，有望为加速产品开发和提高性能做出贡献。
应用领域	照明、显示屏、车载、LCD背光源和紫外线LED。
发展战略	面对LED市场低价竞争的局面，用专利和技术研发抵御价格战。
热点事件	日亚化学起诉亿光侵犯其专利，美国东德州地方法院于2016年1月25日作出判决，确认亿光等公司侵害日亚化学所拥有的三件专利：250号专利、589号专利、870号专利，同时也否决亿光等公司对该三件专利所提出的专利无效抗辩。此次判决结果对日亚化学在照明、车载应用领域的竞争优势上，产生正面影响。

资料来源：赛迪智库整理，2016 年 2 月。

二、企业发展战略

一是长期投入大量资源坚持技术研发，避免陷入价格战的不合理竞争。2015年 LED 产业供过于求，中国大陆企业纷纷获取低价优势，使得国际大厂也陷入价格战以稳固市场份额，整个市场陷入全面红海战场。日亚化学看到未来产业逐渐走向淘汰和整合的阶段，一直以来投入大量人力和财力专注于技术开发，以保证在高端市场占据核心竞争力。随着 LED 产业迈向成熟期的同时，商业盈利模式与技术趋势也将逐渐变化，竞争愈演愈烈，日亚的技术战略成为保持优势的重要策略，同时继续提升目前产品的标准化，从而以规模利益增加价格的竞争力。二是强调细分市场，注重开拓 LED 照明的多层次应用。日亚化学在 LED 封装和荧光粉技术上拥有多项核心专利，掌握了全球 30% 荧光粉和全球 22% 的 LED 市场占有率，同时注重对新兴应用领域的技术开发。2015 年汽车 LED 应用市场同比增长 20%，因此日亚认为未来车用 LED 将是很有发展前景的领域。在节能减排大趋势下，LED 照明的使用率将大幅增加，如车头灯、EV、FCV 等的 LED 应用比例会大幅上升。同时日亚也关注紫外 LED 和激光电子技术。目前日亚已成功切入 LD 投影机市场，并积极把 LD 的高端技术应用在 LED 领域中。这也能进一步强化日亚的产品竞争力，并能持续地以高标准满足客户需求。

第二节　三星电子

一、总体发展情况

三星电子拥有完整的 LED 外延、芯片、封装等生产能力，并可提供 LED 照明的全套解决方案，实现 LED 产品的一体化服务。2015 年全球 LED 制造商前十名中，韩国三星电子排名第六位，销售收入为 12 亿美元，仅次于美国的科锐。营业收入组成中，90% 以上来自背光模块的电子产品用 LED 零件。三星电子是全球第二大 LED 封装厂，推出大功率倒装结构、COB 产品、中功率高性价比器件、芯片级封装器件。未来三星电子将缩短产业链环节，聚焦附加值高的 LED 芯片领域，实现硅基 LED、大功率 LED 的技术研发和突破，抢占市场份额。

表 22-2　2015 年三星电子发展介绍

项目	情况
基本介绍	2015年销售收入为12亿美元，比2014年增长5.1%，占据11%的市场份额，排名全球LED企业营收第六。净利润为1.7亿美元，利润率为14%。研发费用支出为0.8亿美元，占总营收的6.7%。
主要产品	9月23日，推出芯片级封装器件FCLM131ALED，采用无金线、无支架、薄膜荧光粉技术。
	10月1日，推出业界第一款直接交流逐步调光LED日光灯，整灯光效为140lm/W，可有效替代T8和T12荧光灯管。
	10月16日，推出1W级高光效中功率LED产品LM302A，在暖白条件下的光效为124lm/W，冷白条件下的光效为133lm/W。
	11月13日，推出COB产品LC006B和LC008B，分别针对6W和8W级别市场，冷白光光效为140lm/W，显色指数大于80。
应用领域	照明、显示屏、LCD背光源等。
发展战略	10月27日退出韩国之外的LED照明市场，2015年聚焦LED上游核心部件业务，突破大功率LED芯片技术的研发，业务将侧重于芯片封装和用于数码相机背光源及部件的量产。
热点事件	7月14日，林洋电子全资子公司江苏林洋照明科技有限公司与上海三星半导体有限公司在南通签署了《战略合作协议书》，林洋电子充分发挥自身细分渠道优势资源，三星充分发挥品牌及技术优势，在中国市场共同开拓LED项目。

资料来源：赛迪智库整理，2016 年 2 月。

二、企业发展战略

三星注重弹性化调整 LED 业务，灵活应对市场。三星作为集团性企业，从投资 LED 业务以来一直持续研发新技术和新产品。三星最早是在 2010 年时，把 LED 列为公司重点发展的五大新业务之一，2011 年开始强化电视用背光 LED 芯片的生产，随后迅速进军快速增长的全球 LED 照明市场，其间多次进行大规模投入购买设备扩大产能。三星最初包括了 LED 从上游外延芯片到下游产品应用的全产业链，后来由于照明产品的微利化和价格战影响，三星迅速调整战略，于 2015 年 10 月放弃照明事业部，集中精力研发 LED 芯片技术。为了使三星的业务运营更加顺利，并且保持经营效率，三星于 2015 年底再次弹性化调整业务，将 LED 封装设备出售给中国企业，以应用市场变化。并且面对中国大陆的低价竞争，同时缩减 LED 芯片业务，缓解市场供过于求带来的运营损失。

第三节　欧司朗

一、总体发展情况

欧司朗总部位于德国慕尼黑，是西门子的全资子公司。公司一直致力于照明产品的研发，成为世界两大光源制造商之一。欧司朗在全球 16 个国家中设有 44 个生产基地，客户遍及 150 个国家和地区。相较于 GE 和飞利浦照明在 1900 年之前就涉足照明市场的经营，欧司朗进入市场较晚。但是从成立到发展至今，欧司朗迅速发展照明技术和产品。欧司朗的光源产品及照明系统多达 5000 个品种，能够充分满足人们在工作、生活及特殊领域的多方面需求。其产品系列包括：室内用 LED 灯、室外用 LED 灯、特殊照明、车用 LED 照明等。欧司朗致力于照明产品的研发，是全球智能手机 LED 闪光灯市场的第二大供应商，2015 年欧司朗 LED 业务收入排名全球第二。2015 年，欧司朗继续发力 LED 照明的细分领域，特别是车用 LED 领域，依托德国强大的汽车品牌和地域优势，与宝马汽车、福特汽车等公司联合开发车用 LED 照明技术。同时，欧司朗注重加强线上服务，利用现有的互联网平台，打造立体的销售渠道。

表 22-3　2015 年欧司朗发展介绍

项目	情况
基本介绍	2015年销售收入为21.3亿美元，比2014年增长8%，呈现大幅增长。LED产品营收占比增至39%，比重比上年增长8%。净利润为0.6亿美元，利润率为3%。研发费用支出为0.9亿美元，占总营收的4.1%。
主要产品	12月2日，发布汽车照明产品，包括融合了氙气和LED照明技术的车头灯、LED日间行车灯、雾灯，以及安装在宝马i8及其他特定车型上的激光模组。
	12月9日，推出针对舞台照明的Osram Ostar Stage LED，元件表面仅扩大30%，亮度提高1.6倍。
	12月16日，推出首款波长为810nm的红外发射器IR Oslux SFH4780S，高2.4mm，它能从极小的尺寸实现窄角发射，达到创纪录的辐射强度值，主要用于实现手机和平板电脑的生物识别解锁功能。
应用领域	室内用LED灯、室外用LED灯、特殊照明、车用LED照明等。

（续表）

项目	情况
投融资	5月21日，欧司朗位于无锡新区投资数亿欧元的全新LED封装厂正式投产。
	10月13日，欧司朗完成收购娱乐表演和重大盛事娱乐照明领域的供应商Clay Paky公司，该收购将进一步增强欧司朗在娱乐照明领域的地位。
发展战略	加快从传统灯具企业过渡到LED照明企业，发力LED照明的细分领域，包括舞台照明、艺术照明、汽车照明等，注重加强线上服务，打造立体的销售渠道。
热点事件	7月29日，德国欧司朗照明有限公司宣布，为缩减开支，将在德国及德国以外裁员7800人。尽管宣布裁员，欧司朗也在财报发布同时重申其最新产品蓝图，开发以Lightify应用程序为基础的家庭与办公室用智能照明控制系统。

资料来源：赛迪智库整理，2015年3月。

二、企业发展战略

在LED通用照明日益紧张激烈的今天，受到来自中国LED厂商的严重冲击，2015年欧司朗继续发力LED照明的细分领域。主要是车用LED领域，依托德国强大的汽车品牌和地域优势，欧司朗以卓越技术，可靠的性能赢得全球各大主流汽车品牌的信赖。全世界首款使用激光灯量产车型宝马i8，其激光组件就是由宝马公司和欧司朗共同开发，这套激光模组在公路上的照明距离高达600米，远超之前的诸多解决方案。与超级节能的LED大灯相比，激光照明远光灯的能耗降低30%，且安装空间更小、重量更轻，可以说激光灯在宝马i8上的运用开启了汽车照明发展的新篇章。除此之外，欧司朗还与美国汽车福特公司合作，2015款福特F-150是全球市场上第一款采用欧司朗全LED前灯照明解决方案的皮卡，这套首创的全LED车灯照明系统由近光灯、远光灯、转向灯、停车灯和控制模块组成，性能、使用寿命和设计极为出众，使福特皮卡从同类车型中脱颖而出。同时，欧司朗注重加强线上服务，打造立体的销售渠道。

第四节　科锐公司

一、总体发展情况

美国科锐（Cree）成立于1987年，是美国上市公司，为全球LED外延、芯片、封装、LED照明解决方案、化合物半导体材料、功率器件和射频于一体的制造商和行业领先者。Cree 的市场优势来源于碳化硅（SiC）材料，以及用此来外延芯片和制备相关的器件。这些芯片及器件可在很小的空间里用更大的功率，产生热量更少。

Cree 针对照明不同的细分市场和实际应用开发相应的产品，并不断优化产品性能。Cree 把能源回归解决方案（ROE）用于多种用途，包括在更亮、可调节的 LED 照明、更鲜艳的背光显示、大电流开关电源和变转速变频电动机的最佳电力管理、更为有效的数据与语音通信的无线基础设施等方面有可选择的方案。Cree 照明级 LED 器件性能不断取得突破，在高亮度、高光效、大功率、长寿命、可靠性方面均在全球业界领先。在照明方面具有突出优势，也用于液晶显示屏背光源。

二、企业发展战略

科锐是市场领先的固态照明、电力及通信产品制造商，Cree LED 照明产品的优势体现在氮化镓（GaN）和碳化硅（SiC）等材料技术与先进的白光技术，拥有 1300 多项美国专利、2900 多项国际专利和 389 项中国专利（以上包括已授权和在审专利）。

科锐的技术优势：1、SiC 基 III 族氮化物外延、芯片级封装技术；2、大功率芯片和封装技术。科锐在半导体照明领域拥有专利 914 项，其中衬底、外延、芯片、封装、白光、驱动、应用分别占 4%、24%、10%、35%、2%、4%、21%。

和科锐达成专利交叉许可的公司有：日亚、丰田合成、欧司朗、飞利浦 Lumileds、首尔半导体、璨圆光电等 6 家企业。

科锐曾向 Aurora Energie Corp.、Bridgelux, Inc.、Crystal IS, Inc.、Horner APG、Kingbright Electronic Co., Ltd.、Ledzworld Technology、Mitsubishi Chemical Corp.、日亚、Nippon Steel Corporation、欧司朗、飞利浦 Lumileds、Rohm Co., Ltd.、Seoul Semiconductor, Inc.、Stanley Electric Co., Ltd.、丰田合成、Vexica Technology、Wyndsor Lighting, LLC 等 18 家企业提供 LED 专利授权。

展望篇

第二十三章　主要研究机构预测性观点综述

第一节　Gartner：2016年十大战略科技趋势

一、终端网络（Device Mesh）

终端网络是指为数越来越多、用来存取应用程序与信息或与其他人、社会群体、政府及企业互动的端点。终端网络包含移动设备、可穿戴式产品、消费性与家用电子设备、汽车设备与环境设备——例如物联网（IoT）当中的传感器。国际著名IT咨询机构Gartner认为，"到了后移动时代，趋势的重点将转移到移动用户身上，他们四周将围绕着由各式设备所组成的网络，影响范围远超过传统移动设备所能及"。虽然有越来越多的设备通过各种网络连接后端系统，但往往是各自独立运作。随着终端网络逐渐演进，我们预计连接模式将会扩大，设备之间的合作性互动也将更上一层楼。

二、环境用户体验（Ambient User Experience）

终端网络将为持续不断的新形态环境用户体验提供基础。虽然具备扩充实境与虚拟实境功能的沉浸式环境握有极大商机，但它也只是体验的其中一个方面而已。环境用户体验能跨越终端网络、时间与空间的界线而保有延续性。这样的体验可在各式各样的设备与互动通道之间无缝流动，当用户移动时也能混合实体、虚拟以及电子环境。

对企业来说，移动应用程序的设计仍然是重要的战略重点之一。然而设计的重点优势在于提供的体验是否能跨越物联网传感器等各种设备、汽车等一般物件，甚至是工厂，并且善加利用。到2018年，设计出这种先进体验的能力将成为独立软件厂商（ISV）与企业达成市场区隔的最佳利器。

三、3D打印材料

3D打印技术不断提升，已经可以利用镍合金、碳纤维、玻璃、导电油墨、电子、药品与生物材料等各式各样的材料。在这些创新技术持续带动用户需求的同时，3D打印机的实际用途也拓展到更多产业，包括航空航天、医疗、汽车、能源与军事。适用于3D打印的材料种类越来越多，预计2019年以前将带动企业用3D打印机的出货量达到64.1%的年复合增长率。在这样的进展之下，企业机构必须重新构思组装与供应链流程，才能善加利用3D打印技术。

未来20年内，可用于3D打印的材料种类将稳步增长，打印物品的速度将会加快，并会有新的零件打印与组装模式崛起。

四、万物联网信息

数字网络里的所有物品都能制造、利用并传输信息。这样的信息不限于文字、音频或视频格式，范围涵盖感官与情境信息。万物联网信息可解决这种战略与技术的汇入，连接来源各异的各种信息。信息其实一直存在且来源五花八门，但其往往是孤立的、难以理解的不完整片段，因此无法利用。图形数据库（graph database）等语义工具不断进步，再加上其他数据分类与信息分析技术的逐渐崛起，都将赋予看似杂乱的大批信息更多意义。

五、高等机器学习

在高等机器学习方面，深度神经网络（DNN）超越了典型运算与信息管理技术，创造出能独立自主学习如何理解各种事物的系统。资料来源爆炸加上信息日益复杂，让手动分类与分析变得滞碍难行且不合经济效益。深度神经网络能自动执行这些任务，如此一来要解决万物联网信息趋势所带来的各项重大挑战，也就不再遥不可及。

深度神经网络（是一种高等形式的机器学习，尤其适用于复杂的大型数据集）就是让智能设备看起来"聪明"的关键所在。深度神经网络能让基于硬件或软件的机器自行学习环境当中所有特征，范围小至细枝末节，最大则可扫描抽象类内容。相关领域持续快速演进，企业机构必须评估该如何应用相关技术以取得竞争优势。

六、自主代理与物体（Autonomous Agents and Things）

机器学习提供了实现智能机器自主(或至少半自主)运行的光谱,包含机器人、自动驾驶汽车、虚拟个人助理（VPA）以及智能助手。随着实体智能机器的进步,像是机器人得到极大的关注,以软件为基础的智能机器有了更短期并更广泛的影响,虚拟个人助理,像是微软（Microsoft）的 Cortana 以及苹果（APPle）的 Siri 都变得更为智能,可以说是自主代理（autonomous agents）的前身。助理的新兴概念让自主代理成为主要用户界面的环境用户体验,用户直接对着应用程序说话,而非与智能手机上的菜单、表单与按键互动,实际上就是智能代理。

在接下来的五年内,我们会发展到后应用程序（postAPP）世界,智能代理将传递动态且连续的动作与界面,IT 领导者需探索如何利用自主物体与代理强化人类行为,并将人力解放到只有人类才能够做的事;然而,他们必须认识到智能代理与智能物体都是在接下来 20 年会持续变革并扩张用途的一种长期现象。

七、自适应安全架构（Adaptive Security Architecture）

数字经济及运算经济的复杂性与新兴的"黑客产业"（hacker industry）结合,显著提升了其对企业机构的威胁面。依赖网络外围防御及基于规则的安全（rule-based security）已显不足,特别是在企业机构采用了更多以云端为基础的服务以及为了整合系统而开放 API 给客户或合作伙伴的情况下。IT 领导者需专注于侦测与响应威胁,同时以更多传统的阻挡与其他方法防范攻击。程序自我保护、用户与实体行为分析都会协助实现自适应安全架构。

八、高级系统架构（Advanced System Architecture）

数字网络与智能机器需要精密的运算架构才能实现,而高能量、超高效率的神经型态架构（neuromorphic architecture）才能符合这种需求。以现场可编程门阵列（Field-Programmable Gate Arrays,FPGA）驱动的架构是神经型态架构的重点技术,这样的技术有显著的好处,例如能够在比每秒一万亿次浮点运算更高速的高能量效率下运行。

在 GPU 与 FPGA 建立的系统会以与人类脑部相似的方式运作,如此一来便特别适合智能机器的深度学习与其他模式匹配算法。以 FPGA 为基础的架构允许将算法细分,只需要在终端网络中使用相当少的电力就能让高等机器学习物联网最小的端点的能力，例如家庭、汽车、手表，甚至是人类的行为。

九、网络应用程序与服务架构

整体的线性应用设计（例如三层架构，three-tier architecture）提供更松散的连接方式，即应用程式和服务架构。这种通过软件定义应用服务（Software-Defined APPlication Services，SDAS）启动的新途径促成网络规模的性能、灵活性和敏捷性。微型服务结构不论对内部或者云端来说，都是支持应用程序灵活地传输和规模性部署的新兴模式。容器（container）技术的兴起成为关键技术，让结构发展与微型服务更灵活。引领手机与物联网相关要件的应用程序与服务结构，创造了后台云计算规模性与前端终端网络体验全面性的解决方式。应用程序的开发小组必须创造新的现代架构，以提供敏捷、灵活且动态的基于云的应用程序与跨越数字网络的用户体验。

十、物联网平台

物联网平台补充了网络应用程序和服务架构。管理、安全、与其他科技的整合以及物联网平台的标准是构建、管理与保障物联网的最基础要素。从建筑和技术的角度来看，物联网平台构筑IT的幕后工作，使物联网成为现实。物联网是数字网络的组成部分，环境用户体验以及新兴且动态的物联网平台则是实现物联网的主要元素。

任何拥抱物联网的企业将需要发展物联网平台战略，但在2018年之前，不完全竞争的供应商进逼将使标准化遇上阻碍。

注：根据Gartner的定义，战略科技趋势是指可能对企业机构带来重大影响的技术趋势。而重大影响因素包括：可能对业务、终端用户或IT层面造成颠覆性效果；需要大量投入资金；或是太晚采用相关技术便会导致风险。此外，这些技术也足以影响企业机构的长期规划、方案与活动。

第二节 Juniper Research：2016年全球科技市场发展趋势预测

调研公司Juniper Research今日发布报告，对2016年全球科技市场的发展趋势进行了预测。报告指出，当前虚拟现实技术只是吸引了科技爱好者的极大兴趣，但明年该技术将逐渐走进主流消费者市场。

此外,可穿戴技术也将从个人消费市场走进企业市场,社交机器人将日益成为人类倾诉的对象,比4G网速快100倍的5G网络即将到来,而比特币技术将被越来越多的金融技术所采用。

以下为Juniper Research预测的2016年10大科技趋势。

一、虚拟现实(VR)走向主流

当前,虚拟现实技术吸引了科技爱好者的极大兴趣。而2016年,虚拟现实将逐步走进主流消费者市场。该领域厂商主要包括索尼、HTC和Facebook Oculus,预计这些厂商明年会推出新的虚拟现实头盔。当前虚拟现实头盔的价格已经在下滑,而明年将进一步下降,其应用空间也将从游戏市场拓展到其他领域。

二、社交机器人日益普及

人类喜欢社交,总是想把自己的生活与他人分享。高兴时想把快乐分享给他人,郁闷时想得到他人的鼓励。但是,如果没有倾诉对象怎么办?答案是社交机器人。这类机器人能与人类互动,能解读人类情感,甚至根据一些线索来提升自己的行为能力。社交机器人的代表产品是软银公司开发的Pepper机器人,2015年6月上市后,1000台Pepper在一分钟内就被抢购一空。2016年,预计其他厂商也将推出类似的社交机器人,如法国机器人公司Blue Frog Robotics。

三、可穿戴技术走进企业市场

当前,可穿戴技术主要停留在个人消费市场,而2016年将逐渐走进企业市场。在一项测试中,物流公司DHL为员工配备了智能眼镜,结果使商品挑拣效率提高了25%。Juniper Research在报告中称,智能眼镜将率先走进企业市场。随后,其他可穿戴设备也将陆续跟进。

四、5G通信即将到来

当前,大部分智能手机都运行在3G或4G网络上,但所有人都在关注下一代通信技术,即5G网络。一旦5G网络普及,其速度将达到4G网络的100倍。目前已经有几家运营商在测试5G网络。例如,爱立信、华为和KPN 2015年8月宣布将在荷兰测试5G网络,爱立信和日本软银7月份在东京对5G网络进行了测试，中兴则联手 KT 通信在首尔推出 5G 试验，而 Verizon 计划在 2017 年进行 5G 网络商用。

五、跨平台整合

由于我们浏览屏幕的时间越来越长，一些企业开始尝试提升各设备之间的通信能力，即所谓的"跨平台正整合"。微软最新一代操作系统 Windows 10 就允许同一网络上的不同设备进行同一款游戏。

六、比特币技术走进金融市场

虽然比特币在消费者市场经历了起伏跌宕，但金融机构仍在投资比特币底层技术，即"区块链"，希望将其引入各种交易中。"区块链"技术具有即时、透明的特性，尤其适用于跨国货币交易，这一特性已经吸引了金融机构的极大兴趣。Juniper Research 在报告中称："明年，该技术在金融市场将大有用武之地。"

七、视频游戏机与云计算紧密结合

Juniper Research 称，2016 年最强大的游戏将依赖于视频游戏机与云服务的结合，完全转向基于云端的游戏还为时尚早。业界普遍认为，任天堂明年将推出下一代游戏系统"NintendonX"，可通过云技术来降低成本。此外，索尼和微软等其他主要游戏公司也都开始支持该技术。

八、电子竞技成为新收入源

全球电子竞技产业规模已高达数十亿美元。一些比赛通过提供数百万美元的奖金吸引了数以百万计的在线观众，例如 2015 年在伦敦召开的 Gfinity 锦标赛，为获胜者提供了 10 万美元的奖金，吸引了全球 3000 多万观众。2016 年，专业的电子竞技活动预计将通过提供在线直播服务来获取营收。

九、更多可确保数据安全的技术诞生

随着越来越多的设备接入互联网，以及我们频繁在社交网络上发布各种信息，数据量会越来越大，这就需要我们在规模和技术等多个方面强化安全措施。将来，新的软件安全技术要能够识别出网络行为的异常，而不是像现在这样识别软件中的恶意代码。

十、众筹将成为新的天使投资

得益于近期的一些法律调整，企业将来要融资又有了新的渠道。众筹之前只适用于厂商对一些新奇产品的小规模融资，但如今，创业公司可以通过向其他第三方出售公司部分股份进行大量融资。这种新一代的众筹被称为"资本众筹"。

第三节　GP Bullhound：2016 年十大技术趋势

英国投行 GP Bullhound 每年都会对当年的技术发展趋势进行预测，近日该投行发布了 2016 年的十大技术趋势报告。下面是 2016 年的十大技术趋势预测。

一、虚拟现实变成现实

2016 年是虚拟现实粉丝翘首以盼的年份。很多虚拟现实产品都将上市（Facebook Oculus Rift、索尼 Playstation VR、HTC Vive/Steam VR 上半年将发行），但是要想成为普通消费者"必备"的电子产品尚有待时日。不过产品的上市本身可以把对这个市场的感知从"很酷"提升到"游戏改变者"的地位。

虚拟现实预计会变革媒体、体育、游戏、娱乐及教育等多个行业，预计到 2020 年，光游戏和媒体业就能够产生 1600 亿美元的收入。

在这种乐观的预期下，2016 年将成为虚拟现实的大年，各种头条、投资、产品会不断涌现。但是在体验、内容、价格都做好之前，虚拟现实还只能吸引早期采用者。

二、"量化自我"从小众进入主流

以数字化健身与可穿戴技术为表现的"量化自我"，在移动设备、大数据、社会化媒体的催化下，在公众对自身健康的日益重视背景下，2016 年将会从小众进入主流。

据 IDC 测算，2015 年可穿戴设备的发货量达到了 7600 万，比 2014 年增长了 164%。预计到 2019 年将达 1.73 亿（复合年增长率 23%）。

三、汽车准备迎接创新

随着苹果 CarPlay、Google Android Auto 等闯入驾驶室，软件开始蚕食汽车。

而无人车的一举一动都在抓住媒体的眼球和公众的想象，但是商用化还需要时日。车载技术开始突飞猛进，一些信息娱乐中间件的出现使得它几乎可以运行在任何车载系统上，为车载娱乐应用的第三方市场打开了大门。

相比之下，有的传统车商仍然抗拒技术公司的入侵。而那些主动拥抱的则正在收到回报。比如 GM 把苹果的 CarPlay 集成到了自己的 27 款车型，还对 Lyft 进行了 5 亿美元的投资，老牌汽车巨头则表示不惧苹果竞争，自己也可以成为造车的软件服务公司。

不过汽车业的技术变革还需要突破隐私和安全问题才能迎来最终的繁荣。

四、金融创新继续繁荣

尽管最近金融技术创新主要集中在移动支付和加密货币上，但替代性借贷方案，尤其是 P2P 借贷平台已经成为领先的金融创新趋势之一。跟传统方式相比，P2P 的灵活快速、低成本、客户方便可达等优势显露无遗，必将驱动着 P2P 继续向各类垂直市场拓展。但是缺乏监管也导致乱象丛生，需要行业整顿来引导有序发展。

五、游戏巨头强者愈强

游戏一直是最有利可图的数字内容形式。一直霸占着移动 APP 收入排行榜的大部分榜单（美国前 10 有 8 个是游戏，中国前 10 都是游戏，日本、德国、英国前 10 至少也有 8 个是游戏）。

所以巨头都抓紧了并购的节奏（2015 年暴雪 59 亿美元收购 King Digital，任天堂与 DeNA 合作）。最近 3 年最赚钱的游戏基本上已经被 Supercell、King Digital、MachineZone、EA 等少数游戏商持有。

合并后的主要游戏商已经拿下了收入前 30 的 93% 游戏，以及前 100 的 70%，强者恒强、富者愈富成为越来越明显的趋势。

六、数字视频不断壮大

数字视频是主要的媒体形式之一，占据了 64% 的全球互联网流量。Hulu、Netflix 及 Amazon 等 OTP 平台因订阅人数不断增长和内容创新而繁荣。UGC（用户生成内容）也不断热络，甚至诞生了不少网红。社交网络也开始利用这一势头推出自己的视频产品。2015 年，美国成人日均消费数字视频的时间（115 分钟）

甚至开始超过了社交网络（104分钟）。

但是跟这种繁荣不相称的是数字视频的广告收入并未相应爆发。预计2016年美国的数字视频广告收入将达96亿美元，虽然数字不小，但在整个美国数字广告支出（671亿美元）的占比仍不算大。

其主要障碍之一是观看效果的可测性。有调查显示，如果效果测量手段得到改进，70%的营销主管愿意增加这方面的广告支出。因此，这可能会驱动数字视频观看效果的分析和衡量技术的发展。

七、移动办公、远程办公走上前沿

技术还改变了企业的工作方式。云计算让企业日益接受了SaaS服务，BYOD（自带设备）和消费化的现象迫使企业重新思考协作和改进生产力的方式。娴熟掌握新技术的新生代员工要求能够即时访问到关键信息，而对有没有位置坐和办公桌并不怎么感冒。

因此企业移动化日益成为趋势。据Gartner预计，到2017年以前，企业移动APP的需求增长速度将至少为供给速度的5倍。所以移动优先的技术公司（如Slack）会享受到这一红利。

此外移动技术还可以在无桌化办公的行业（医疗、建筑、零售、交通、外勤等）中寻找到更大的机会。据Google估计，全球有80%的劳动力（约30亿）每天要从事无桌化工作。人人手持智能手机为这些行业的企业APP提供了广阔的市场空间。

八、信息安全矛盾之争继续上演

技术本无善恶，只是放大了人性。在软件蚕食一切连接无所不在的背景下，恶的势力也在抓紧利用技术（实际上往往是最先利用先进技术的人）。所以最近几年，网络安全事件呈现出爆发的趋势。据估计网络犯罪给企业每年造成的损失约达4000亿美元，信息安全解决方案已成企业的必备选项。

但是道高一尺魔高一丈，安全问题一直都是个未解之难题。从来都没有一劳永逸的安全解决方案。随着网络犯罪手段的加强，信息安全防护不仅需要能够对抗网络威胁，而且日益要求具备前瞻性、反应性以及引入人的参与。

为此，在过去2年，投资者已经往安全领域注入了46亿美元的资金，使得安全领域成为最热门的创投趋势之一。不过在过热的情况下，较少的公司2016

年也将面临巨大挑战。

九、无人机逆风飞翔

2016 年的 CES 最大的亮点之一无疑是无人机，有 30 多家参展商带来了自己的产品无人机已经引起了消费者市场和企业市场的同时兴趣。据估计，2015 年消费者无人机的发货量达到了 430 万，比上年增长了 167%。

无人机应用的焦点目前主要集中在物流、拍摄方面。但是在农业、能源房地产、新闻、科研、执法等领域也有着广阔的应用前景。各种初创企业和巨头都纷纷在这个领域展开努力。

但是 2016 年无人机可能会遭遇逆风。主要障碍包括法律和监管问题。此外无人机技术尚未成熟，还有许多技术问题需要突破。比方说载荷有限、电池续航能力不足、机身不够耐久、网络连接不稳定等仍制约着该技术的实用性。

十、独角兽不再桀骜不驯

估值超 10 亿美元初创企业一度被视为稀缺的独角兽，但是全球的独角兽已经达 140 多头（90% 为技术公司），光 2015 年就新增了 54 家。但由于增长放缓、基础不牢、烧钱太快以及不切实际的预期，2016 年可能会有很多独角兽失去光环和脾气。此外，资本市场低迷也拖累了独角兽 IPO 的预期。因此，2016 年一批独角兽有可能成为猎人的目标，被技术巨头并购。

第二十四章 2016年世界电子信息制造业发展形势展望

第一节 整体发展形势展望

2016年，世界电子信息产业发展竞合形势正在进入一个新的时期，各主要国家纷纷围绕电子信息产业发展制定国家竞争战略，抢占世界科技和产业竞争的制高点。

自2012年以来，全球电子信息产业增长稳中有降。从电子信息产业规模来看，2016年有望突破2万亿美元大关，继续保持在全球宏观经济中的重要地位。电子信息产业的领域和范围从20世纪70年代的半导体逐渐拓展到计算机、手机等各类电子整机产品，当前，全球电子信息已经与各领域深入融合，不断推陈出新。2016年，世界电子信息产业继续保持平稳增长，预计增速略降至3.6%；虚拟现实和人工智能技术不断成熟，正在催生智能硬件新产品问世；全球工业互联网发展不断加速，智能制造成为推动实体经济增长的支撑点。

图24-1 2011—2016年世界电子产品市场情况及未来发展预测

资料来源：The Yearbook of world Electronics Data 2013，赛迪智库整理，2016年2月。

一、着眼生态体系丰富与完善，新型智能硬件发展进入新阶段

可穿戴设备应用即将进入爆发期。可穿戴设备种类不断增加，演化出几十种类型，已出现头戴式、腕带式、脚带式以及设备类、服装类、配饰类等多种类型，每种类型又有几百上千类产品。可穿戴设备已经进入到产业发展的爆发阶段。

当前，最为成熟的可穿戴设备产品应属智能手表。2015 年 3 月，苹果正式发布 APPle Watch，在基础功能方面可以实现收发短信、拨打电话、播放音乐、收发邮件、查看天气、日历提醒等操作，同时主推健身功能，并提供了 NFC 近场通信功能以方便移动支付。APPle Watch 的用户满意度达到了 97%。专业人士预计 2016 年 APPle Watch 的销量会提升至 4000 万，销售额达到 170 亿美元，利润为 62 亿美元，2018 年销量有望达到 6760 万。咨询机构 Cowenand 预计，2016 年 APPle Watch 的出货量将达到 4500 万台，是 2015 年的至少 3 倍。除了 APPle Watch 对智能手表领域的重大影响力，三星 Gear 也十分受消费者青睐。根据调查数据，37% 的消费者表示会购买三星 Gear，25% 表示会等待 APPle Watch。据咨询机构 GWI 数据显示，智能手表在英国（4%）、澳大利亚（6%）、加拿大（4%）、日本（2%）等发达国家普及率还十分低，而在香港、新加坡、中国大陆和印度等国家和地区的普及率都超过 10%，从智能手表市场看，新型智能终端仍然需要亚洲国家和新兴市场来推动。

除了智能手表，虚拟现实技术的发展正在对可穿戴市场产生深远影响。2015 年世界移动通信大会（MWC）和 2016 年国际消费类电子产品展览会 CES 上，虚拟现实成为热点领域，三大主流的虚拟现实设备索尼 OculusRift、PS VR、HTC Vive 分别展示最新的虚拟现实设备，HTC 推出了与 Valve 联合开发的虚拟现实头戴显示器 HTC Vive，谷歌成立了虚拟现实部门，Facebook、微软纷纷进军虚拟现实领域。预计 2016 年全球虚拟现实软硬件的产值将达 67 亿美元，2020 年更会增长到 700 亿美元。目前，突破高端存储设备、智能传感、虚拟现实、新型显示等新技术层出不穷，虚拟现实商业模式逐渐成型。预计 2016 年中国虚拟现实行业市场规模将达到 56.6 亿元，2020 年市场规模预计将超过 550 亿元。

可穿戴设备操作系统平台加快布局，加速推动移动互联网的生态体系竞争。操作系统平台对可穿戴设备等终端产品的快速发展至关重要。苹果 iOS 和谷歌 Android 对智能手机发展的推动就是典型例子。谷歌推出专门针对可穿戴设备的 Android Wear 操作系统及面向第三方开发人员的可穿戴设备软件开发工具包

（SDK），吸引了摩托罗拉、三星、LG、HTC 等企业加盟，其中 LG 和摩托罗拉已经推出相应配套硬件产品。苹果则加强了手机中基于 iOS 系统的健康医疗和智能家居应用平台，拓展在运动健康、生活管理、家居控制等领域的应用创新，未来可很好地迁移至可穿戴设备，必将成为其未来的杀手锏和增值点。2014 年 9 月苹果发布新的智能手表开发者套件 Watchkit，极大地改善了第三方应用开发者为智能手表开发程序，这也使得类似腾讯公司的微信 APP 出现在了苹果发布会上。据最新数据显示，苹果手表上的应用支持数量已经超过了 10000 个。谷歌、苹果等巨头将已有优势操作系统逐步延伸应用至可穿戴设备，将推动产品竞争逐步向更加激烈的平台竞争演进。

二、推动产业融合发展，工业互联网成为重要突破口

工业互联网已成为各国抢占下一轮科技革命和工业革命主导权的重要举措。当前，我国在产业结构调整和新旧发展能力转换的时期，工业互联网的发展为推进供给侧结构性改革，带动工业企业创新发展提供了无限的机遇，也为我国制造业体系的变革和创新提供了基础。

2015 年 6 月，美国工业互联网联盟（IIC）技术工作组首次发布《工业互联网参考架构》，描绘了工业互联网建设的技术蓝图。该报告系统介绍了工业互联网参考架构的概念及关键特征，重点描述了工业互联网参考架构的四个视角（商业、用户、功能和部署），并在此基础之上对工业互联网的安全、隐私、互操作性、数据管理、数据分析与处理等关键核心问题做了进一步的详细分析。

日前，我国工业互联网产业联盟正式成立。由会员大会、专家委员会、理事会、常务理事会构成联盟组织机构副理事长单位由海尔、航天科工、华为、中国电信等 9 家企业组成，同时选出了理事单位包括中国移动、潍柴动力、三一重工、中国电科集团等 34 家企业。

三、产品和功能被替代，计算机维持衰退态势

根据市场调研公司 TrendForce 数据，2015 年，全球笔记本出货 1.644 亿部，低于此前预计的 1.756 亿部，较 2014 年（1.755 亿部）下滑 6.3%。而著名 IT 咨询机构 Gartner 数据显示，2015 年全球个人计算机的出货量是 2.89 亿台，达到 8 年来最低水平。从近年情况来看，从 2012 年开始，全球个人计算机就开始出现下滑，主要原因是平板电脑的出现及其对个人笔记本电脑的替代作用。从 2014

年开始，全球个人计算机的下滑速度开始放缓，但从 2015 年开始，即使微软推出了 Windows 10，也依然没有拯救个人计算机市场，再次出现加速下降。

从笔记本电脑来看，中东和非洲、日本和拉丁美洲等新兴市场受到货币政策影响，对笔记本的购买受到抑制。从产品类型看，2015 年，平板电脑和手机推出了更多大屏款式，如苹果推出了 12 英寸的平板电脑 iPad Pro，自华硕（ASUS）推出了 Padfone 以来，手机屏幕尺寸不断增大，2015 年出现了多款 6 英寸以上的 phonepad，而当前主流的旗舰机款式也在 5—6 英寸，对个人电脑的办公、视频等性能的替代性逐渐提升。根据著名咨询机构 IDC 预测，全球个人计算机行业需要到 2017 年才能企稳复苏。从各厂商分布来看，2015 年第四季度，联想在全球计算机市场的份额出现大幅上升（140 个百分点），目前占全球计算机市场的 21.4%，展望 2016 年，联想仍将保持最大的个人计算机制造商的地位。

从平板电脑看，形势更加不容乐观。虽然平板电脑从 2011 年才诞生，经历了两年的超过 100%—200% 的超高速增长，但从 2013 年起，全球平板电脑市场出现了连续 3 年明显下滑。2015 年，全球平板电脑出货量为 2.1 亿台，比 2014 年同比下降 8.1%。究其原因，平板电脑仍然无法突破介于笔记本电脑和智能手机之间的尴尬局面，且笔记本电脑的平板化以及智能手机的大屏化，都将平板电脑的生存空间挤压了。此外，近年来平板电脑的更新换代并没有带来革命性变革，消费者的更新换代需求极弱。展望 2016 年，平板电脑市场仍将可能保持负增长。

四、5G研发进入成熟期，通信设备迎来迭代期

作为通信设备最重要的领军者，智能手机近年来的下滑速度有目共睹。据全球市场研究机构 TrendForce 最新研究，2016 年全球智能手机出货量约为 13.5 亿部，同比增长约 5.8%，比 2015 年增速（8.3%）下降 2.5 个百分点。TrendForce 分析认为，自 2007 年苹果 iPhone 上市以来所带动的智能手机 30% 以上的成长率，将在今年结束。但不可否认的是，相比之下，中国品牌仍能维持 10% 以上的增长率，2016 年整体出货量有望达到 5.76 亿支。可以说，整个智能终端产业正处于"三期叠加"阶段，即颠覆性创新低潮期、新产品形态分化期与新消费痛点探寻期，2016 年仍然难以实现较快增长。

5G 技术研发已经进入了较为成熟的阶段。宽带化、移动化、泛在化和融合化将是网络的发展趋势，国际电信联盟 ITU 确定了 5G 的八大关键能力指标，未来，5G 峰值速率达到 20Gbps，用户体验数据率达到 100Mbps、时延达到 1 毫秒、

连接密度每平方公里达到 10 的 6 次方、流量密度每平方米达到 10Mbps 等。2016 年 2 月，工信部明确今年中国正式启动了 5G 研发技术试验，预计 2020 年启动 5G 商用。我国企业华为、中兴等已经在 5G 技术研发布局方面属于世界先进水平，大唐电信、中国移动等骨干企业也积极跻身，有望极大地推动我国乃至世界 5G 的发展。

五、投资热度高涨，全球半导体格局加速整合

从全球市场半导体市场增速看，据世界半导体贸易统计组织（WSTS）预计，2015 年全球半导体市场增速大幅下滑，根据 WSTS 预测，增速 2.9%，销售额 3460 亿美元。预计 2016 年全球半导体行业增速将在 2015 年基础上继续下滑。其主要原因是个人电脑和智能手机的增速放缓。受需求不足影响，日本和欧洲半导体市场出现下降。另有咨询机构 InternationalBusinessStrategies (IBS)，也对 2016 年全球半导体市场做出了较为悲观的预期，预期产业营收 2016 年将衰退 1.5%，并且最坏有可能衰退 3%。但也有相对乐观的估计，据 Gartner 预测，全球半导体市场有望保持增长 1.9%，而咨询机构 IC Insights 的分析最为乐观，预期 2016 年全球半导体产业收入有望增长 4%。

从投资热度看，全球集成电路领域格局调整加快，并购投资数量和金额持续增加，仅 2015 年全球半导体并购交易总额达到 1200 亿美元，同比（380 亿美元）增长 3.2 倍。不仅单笔并购金额不断刷新纪录，总金额更是达到 2012—2014 年并购金额总额 2 倍。

全球半导体业增长的步伐减缓，龙头企业发展格局正在发生变化。当前，从全球格局看，仍然是英特尔、三星、台积电三足鼎立。但 2015 年高通的 fabless 营收下降 20%，营收骤降的直接原因固然是三星订单数减少导致的，但是三星采购自己研发的 Exynos 系列处理器却代表着一种趋势，即苹果、三星、华为等通信设备制造商，从统一采购代工芯片到自主研发个性化芯片，这将对未来全球半导体生产与代工体系造成深远影响。

六、技术有望突破，新型显示行业平稳增长

从全球显示产业规模来看，日本显示产业的规模和增速不断下降，为后进者提供了机遇，而在国际产能转移的阶段中，中国大陆正在对中国台湾地区和韩国发力赶超。从产业发展速度来看，2016 年，中国大陆在全球新型显示产业增长

中将起到更重要的促进作用，随着专项建设资金等政府资金的投入，对社会资本的撬动作用将更呈几何级数增长，预计 2016 年中国大陆新型显示产业的增长速度仍然将达到两位数，远超过当前新型显示产业主要国家的发展速度。

从面板产品结构来看，公共场合使用的液晶大屏、新型智能硬件（包括智能汽车）对屏幕的需求以及 OLED 屏幕将成为 2016 年增长的亮点。第一，公众对于公共交通、休闲娱乐、广告宣传等为代表的大屏公共显示面板需求呈现爆发式增长态势，原因在于液晶显示屏成本持续下降，平均尺寸接近 50 英寸，这可能改变大屏幕的需求比例；第二，可穿戴设备、智能汽车的发展，使得对屏幕的需求不断多元化。比如车载面板市场，2015 年已经超过平板电脑的面板规模，且具有单价和毛利率水平高等特点，对高分辨率和窄边框等技术要求相对移动智能终端较低，未来可能迅速成长成为电视机、手机之外的重要细分市场。第三，OLED 作为可能取代液晶显示屏的换代技术方向，显示出加速发展态势。据 IHS 预测，到 2022 年，OLED 市场规模将从 2014 年的 87 亿美元猛增到 283 亿美元。AMOLED 的快速发展引起各大面板企业的广泛关注，三星、LG 等企业不断扩大 OLED 投资。

七、中国贡献主要力量，光伏保持高速增长

在未来三年内，光伏新增安装量将达到 200GW。在不同的增长模式下全球光伏市场将有不同的表现，我们假设有利的环境和强有力的政策支持促成全球光伏行业的高速增长，中国、美国、欧洲和日本市场可能拉动全球 2015 年及 2016 年的新增光伏装机量均达到 50GW 以上，如果市场反响好则可能接近 60GW。

目前来看，很多预测均低估了光伏的渗透率。2014 年国际能源署（IEA）预测，太阳能（光伏和光热发电）可能成为全球第一电力来源，这反映了光伏所能提供的廉价可靠电力的能力日益增长。2011 年光伏行业就已经声明，在可控的电力增长下，2050 年之前，光伏就将满足全球 21% 的电力需求。

从地区来看，欧洲机构对于整合可再生能源进入电力市场的要求，已经推动多个国家修订了他们的政策以支持光伏发电的发展。2014 年 7 月 1 日生效的《国家环保和能源援助指南》规定了 FIT 补贴和招投标机制。2016 年，德国、英国和法国将继续实施 FIT 补贴政策。同时，为了更好地控制相应类型光伏市场的增长，在法国、英国和德国，招标项目数量也在增加。我国光伏新增装机量达到

16.5GW，继续位居全球首位，2016 年我国光伏装机市场将达到 20GW 以上。

第二节 重点行业发展形势展望

一、计算机行业

（一）PC 市场出货量增速持续下滑

根据 IDC 的市场预计，受过渡期库存激增以及美元强势上涨影响，2016 年全球 PC 出货量仍将继续下滑，下滑幅度或将超过 10%。受云计算、大数据、物联网的快速发展影响，全球服务器出货量和企业营业收入继续稳步增长，其中联想、华为、浪潮等中国企业继续领跑。预计到 2017 年，全球 PC 出货量将恢复增长，究其原因，一方面产品更换新周期即将到来，另一方面 Windows 10 免费升级的停止也将迎来一次 PC 产品换代的新浪潮。到 2016 年末，在企业市场换机潮集中爆发阶段，PC 或将迎来一个出货量的小高潮。

（二）计算经济成为行业发展重点

计算经济时代已经到来，以"石油经济"为主导的传统经济模式，正在被逐层重构。总体来说，计算经济是以互联网、云计算为基础设施，以数据为生产要素，以计算能力为生产方式和价值输出的一种新的经济形式。计算经济是一个闭环生态体系，流动要素为数据，价值承载体为计算能力。计算经济对传统 IT 的重构逻辑体现在实现企业端数据的流动，平台聚合供给、需求，通过丰富的应用保证平台的活跃度，从入口到平台到计算，依赖计算能力实现数据价值进一步挖掘。在传统经济下行和供给侧改革的驱动下，以物联网、大数据、人工智能、量子计算、生物识别、深度学习为代表的计算经济将成为行业投资重点。

（三）自主可控推动国外厂商开放合作领域

中国市场在全球举足轻重，在中国政府推动安全可靠、自主可控软硬件产品的背景下，国外计算机、服务器厂商面临严重的销量和收入下滑的局面。鉴于此，以 IBM、ARM 公司为代表的计算行业公司纷纷与中国企业联手，开放部分核心领域的技术和代码授权，与国内企业开展合作，共同推动基于 Power、ARM 架构的服务器或终端产品的研发及产业应用。预计 2016 年，IBM、ARM 等公司将加大合作开放力度，促进合作产品的研制，共同开拓市场。同时，在中国政府的推动下，Power 产业生态联盟、ARM 产业联盟将加快建设或筹建步伐，国外厂商也将与国内企业深化合作广度与深度，在芯片、操作系统、数据库、中间价、整机系统等方面开展合作，促进企业自身的可持续发展。

（四）企业加强产品技术创新和服务应用

在市场需求持续疲软的情况下，为稳固市场份额，计算机、服务器企业将加大力度促进新产品的创新研发和市场应用，以笔记本无线充电、桌面上的创新、交互式计算机、生物传感器、更薄、更快、更轻、更好为代表的技术成为发展趋势。计算机方面，英特尔 Broadwell 处理器带来更轻、更薄的笔记本，Windows 10 逐渐取代 Windows 8，4K 显示器渐成主流，生物传感器市场化应用，Chromebook 继续发展等。服务器方面，在各国政府加大云计算、大数据、物联网和移动互联网的发展背景下，服务器企业将加快创新步伐，更新硬件处理和软件应用技术，例如新的服务器可以支持硬件辅助虚拟化功能，利用固态硬盘加速数据传输，提升云服务性能，使用更安全的加密数据，内存采用低电压技术降低功耗。

二、通信设备行业

技术热点不断涌现。随着 4K 极清视频、多媒体社交网络分享以及个人云应用等新型业务的不断丰富，个人用户对于带宽的需求呈现出爆炸式增长，对称的百兆乃至千兆入户在全球范围内也将更为普遍。作为信息传送主体的网络，将和信息处理的主体数据中心实现紧密集成，在 SDN/NFV、云技术和网络虚拟化技术的支撑下，未来网络的总体目标将是一个简单、开放、安全、可编程的网络架构。网络的物理实现，将围绕电信数据中心展开，逐步实现网络功能、业务和应用的软件化和虚拟化，并借助云技术实现弹性、动态和自动化。以 SDN/NFV 为代表的软件定义化重塑整个 ICT 的网络架构，网络将以计算和智能化为中心，无线有线网络趋于统一的融合接入网络。建立软件定义的智能连接，将是承载网发展的重要方向，承载网追求"极速、开放、简单"的发展主旋律。无线网络朝 MBB(移动高速宽带) 和 IoT(物联网) 方向演进，Massive Connection(超大连接)、超小延迟等需求急需技术突破，5G 研究经历了从前期发散到去伪存真的过程，目前 Pre5G 技术成为热点。

光通信市场受强劲需求推动持续增长。宽带投资依旧旺盛的同时，传输网投资迎来加速释放，保障光通信持续增长。在接入网带宽瓶颈被打破后，单个用户的带宽消费能力大幅提升，从而使得从接入网汇聚到城域网及骨干网上的数据流量持续大幅增加，迫使电信运营商进行骨干网及城域网扩容，从而使得传输网投资也实现增长。接入网、城域网和骨干网呈现出的交替增长特性，将使得光通信行业具备极强的增长持续性。全球运营商整体资本开支减少的同时，光通信板块依然维持平稳增长，显示数据流量增长倒逼运营商持续对传输网升级扩容，资本开支逐渐向传输网倾斜；数据通信发展势头迅猛，对于光器件需求强劲，逐渐成为光器件厂商的重要增长源；未来两年，在电信传输网、数据通信投资的共同作用下，光器件厂商将会成为通信板块增长最快的细分领域，光器件龙头公司将会持续受益。

安全问题呈现"泛在化"和安全边界"模糊化"特征。智能终端、物联网和云计算、SDN 架构、云计算架构、虚拟化技术等的发展使得网络用户、流量、新型应用和设备激增，攻击面也随之增加。智能分析能力将驱动产生新一代的安全产品和服务，改变网络空间安全的被动防御状况。安全威胁情报市场规模将从 2015 年的 30 亿美元增长到 2020 年的 58 亿美元以上，年复合增长率达到 14.3%。

三、家用视听设备行业

（一）全球经济错综复杂，彩电产业增速继续放缓

展望 2016，全球债务水平高企、货币政策分化加剧、发展中经济体增长放缓，世界经济发展不确定性增强。这些不稳定因素会极大影响各国消费者的需求和购买力水平。但受到奥运会等大型体育赛事拉动及部分新兴市场增长稳定等因素影响，全球彩电产业会保持小幅放缓的发展态势。市场研究机构 IHS DisplaySearch 的最新数据显示，较上年同期，2015 年全球电视出货量小幅下滑至 2.25 亿台。以整体液晶电视平均价格来看，2015 年液晶电视平均价格将下降到 426 美元，相较 2013 年的 446 美元仍有超过 5% 的降幅。虽然平面电视软硬件搭载水平不断增强，但产品平均价格仍将保持下降。预计 2016 年全球彩电出货量将保持 2.3 亿台左右，但产品价格将继续走低。

（二）技术应用多元化发展，中国品牌发展提速

目前，ULED、OLED、曲面电视、量子点、激光电视、超薄电视等显示技术陆续取得突破，显示技术迎来了新的转型期。显示技术呈现多元化发展态势。在智能家居的带动下，应用服务类型不断丰富，创新应用持续涌现。在日系彩电品

牌逐步衰退，韩国彩电企业寻求转型的机遇下，中国企业凭借在超高清液晶电视领域的深耕发展，以及互联网领域的根植发展，逐渐掌握液晶电视产业主动权。特别是在 4K 超高清液晶电视领域，中国企业已跻身第一阵营。先进电视生产工艺与国外先进企业差距也不断缩小。未来，随着中国彩电企业在显示技术领域的不断开拓，应用服务方面持续拓展，互联网跨界融合继续深入，中国彩电品牌"弯道超车"将成为可能。

（三）电视智能化水平大幅提升，平台作用日益凸显

随着应用软件、云计算、大数据技术的加快应用，电视智能化水平将得到快速提升。运用云计算、大数据的深度学习功能，精确分析用户行为，动机和习惯，然后自动搜索、匹配解决方案。交互技术、语音识别等技术使得对彩电的操控变得越来越简单且更加人性化。伴随电视 IT 化的发展，与家庭生活密切相关的情景应用、电视游戏类的应用、网络购物类的应用都会充分渗透到电视的内容中。同时互联网思维的导入，让彩电特性发生了本质改变。电视已从"单纯的终端产品"变成集"讯息、应用、监控、数据"等于一体的个性化交互、入口平台。电视的平台作用日益凸显。另外，彩电企业也纷纷开始从单纯的硬件盈利向软硬件结合的盈利模式进行探索和尝试，内容将会成为电视的又一盈利方向。

四、集成电路行业

从各大机构预测的数据看，2016 年全球半导体市场比起 2015 年逐渐回暖。对 2016 年半导体产业增长率的预测，其中仅有咨询机构 TrendForce 和金融机构 Credit Suisse 分别给出了 –0.6% 和 –0.5% 的负增长预测。世界半导体贸易协会（WSTS）对 2016 年的预测中逐渐下调了对增长率的预期，预测值和咨询机构 Gartner 相近，分别为 1.4% 和 1.9%。IC Insights 对未来增长预期较为乐观，预测值和 Cowan LRA 计算模型相当，预计 2016 年增长率为 5.0% 左右。咨询机构 Semiconductor Intelligence 和 Semico Research 两家对未来预期最高，2016 年半导体产业增长率预测分别为 6.0% 和 7.6%。

（一）世界半导体贸易协会（WSTS）

受全球传统 PC 销量负增长和移动智能终端增长放缓的影响，2015 年全球半导体市场增长疲软。根据世界半导体贸易协会（WSTS）统计数据显示，2015 年全球半导体销售收入同比小幅增长 0.2%，达到 3363.9 亿美元，预计 2016 年和

2017 年半导体市场将呈现回暖趋势，销售收入增长率分别为 1.4% 和 3.1%。从全球地区分布来看，受美元升值、欧洲危机和日本经济萎缩的影响，2015 年这三个地区的半导体销售收入都呈现负增长，亚洲半导体市场增长迅速，其中中国半导体销售额占全球半导体消费的 50% 以上。预计随着美元的持续升值，2016 年到 2017 年美国半导体销售收入增长速度最快，同比增长率分别为 2.3% 和 3.6%。其次是日本半导体行业开始复苏，预计增长率为 1.0%。欧洲经济疲软放缓，半导体损失逐渐降低，2016 年增长率为 –0.1%。

表 24-1　2015—2017 全球半导体市场规模区域分布预测

地区	销售收入（亿美元）			增长率（%）		
	2015	2016E	2017E	2015	2016E	2017E
美国	689.3	705.2	730.7	–0.6	2.3	3.6
欧洲	343.9	343.5	353.3	–8.2	–0.1	2.8
日本	312.5	315.6	322.0	–10.3	1.0	2.0
亚洲	2018.2	2045.8	2109.9	3.9	1.4	3.1
合计	3363.9	3410.1	3515.9	0.2	1.4	3.1

资料来源：WSTS，2015 年 11 月。

从半导体产品情况来看，2015 年多数产品呈现负增长。预计 2016 年到 2017 年集成电路产品市场回暖，大部分产品销售收入都小幅上涨。集成电路产品中，受消费电子、工业控制、汽车电子、医疗电子等市场的拉动，模拟器件增长速度最快，2016 年和 2017 年同比增长 3.4% 和 4.1%，销售收入达到 470.3 亿美元和 489.5 亿美元。逻辑器件由于其量大面广的特性，依然是半导体产品中占比最高的产品，市场占有率约为 27%，增长速度略高于整个半导体产品的平均增长速度。随着云计算、物联网、大数据的兴起，将带动服务器用微处理器和存储器的快速增长，预计 2017 年将同比增长 2.3% 和 3.4%，成为集成电路最重要的两类产品。

表 24-2　2015—2017 年全球半导体市场产品结构预测

产品	销售收入（亿美元）			增长率（%）		
	2015	2016E	2017E	2015	2016E	2017E
分立半导体	187.9	189.0	195.8	–6.8	0.6	3.6
光电子	334.9	352.7	368.9	12.1	5.3	4.6
传感器	87.9	90.2	93.7	3.4	2.7	3.8

（续表）

产品	销售收入（亿美元）			增长率（%）		
	2015	2016E	2017E	2015	2016E	2017E
集成电路	2753.2	2778.2	2857.5	−0.7	0.9	2.9
包括：模拟器件	454.8	470.3	489.5	2.5	3.4	4.1
微处理器	611.7	630.5	644.7	−1.5	3.1	2.3
逻辑器件	902.1	917.5	937.8	−1.6	1.7	2.2
存储器	784.5	759.9	785.4	−1.0	−3.1	3.4
合计	3363.9	3410.1	3515.9	0.2	1.4	3.1

资料来源：WSTS，2015 年 11 月。

（二）SEMI

根据咨询机构 SEMI 数据显示，2014 年全球半导体设备产业销售收入大幅增长 18%，随后两年也将保持增长态势。2015 年全球半导体设备产业销售收入同比增长 7.1%，达到 401.5 亿美元，预计 2016 年也呈现小幅增长态势，产业规模达到 417.9 亿美元。全球设备支出的主要市场驱动力来自存储器和代工厂的资本支出，全球重点企业继续研发先进工艺以提升电子迁移率和互联速度，使得对高端设备的投资进一步扩大。从设备类型看，前端芯片制造环节设备销售收入在 2015 年增长 9.8%，达到 321.3 亿美元，预计 2016 年将继续平稳增长 4.4%，销售收入为 335.3 亿美元，占设备销售收入总额的 80.2%。其次是测试设备，预计 2016 年销售收入为 35.3 亿美元，产业增速为 2.3%。封测设备占比相对较低，2015 年出现 8.5% 的负增长，预计 2016 年小幅上涨 1.4%，销售收入为 28.4 亿美元。

表 24-3　2014—2016 年半导体设备销售收入预测（单位：亿美元）

设备类型	2014	2015	增长率	2016E	增长率
Wafer Processing	292.6	321.3	9.8%	335.3	4.4%
Test	35.5	34.5	−2.8%	35.3	2.3%
Assembly&Packaging	30.6	28.0	−8.5%	28.4	1.4%
Other Front-End	16.3	17.7	8.6%	18.9	6.8%
Total	375.0	401.5	7.1%	417.9	4.1%

资料来源：SEMI，2015 年 7 月。

从区域分布情况看，中国台湾地区、韩国和北美是全球设备需求量排名前三的地区。中国台湾地区仍是全球半导体设备使用量最大的地区，由于拥有全球重要的代工厂台积电、联电、力晶等企业，2015 年产线扩产和新建对设备需求量提升，使得 2015 年中国台湾地区设备需求量同比增长 15.7%，达到 108.9 亿美元，占全球设备总需求量的 27%。预计 2016 年生产线逐步投产，设备需求量减小，增速同比降低 8.2%，销售收入为 100 亿美元。韩国是全球设备需求量排名第二的国家，由于两大存储器企业三星和 SK 海力士的多条生产线，以及韩国东部等代工厂，2015 年对设备的需求量同比增长 25%，达到 85.5 亿美元。预计 2016 年三星和海力士陆续扩产，使得设备需求继续同比增长 7.9%。欧洲是设备需求增长最快的地区，连续两年以两位数的速度增长，预计 2016 年市场需求达到 34.1亿美元。

表 24-4 2014—2016 年半导体设备销售收入区域分布（单位：亿美元）

国家/地区	2014	2015	增长率	2016E	增长率
中国大陆	43.7	46.6	6.6%	55.4	18.9%
欧洲	23.8	27.1	13.9%	34.1	25.8%
日本	41.8	47.3	13.2%	46.0	-2.7%
韩国	68.4	85.5	25.0%	92.3	7.9%
北美	81.6	64.5	-21.0%	67.0	3.9%
中国台湾	94.1	108.9	15.7%	100.0	-8.2%
其他	21.5	21.6	0.5%	23.1	6.9%
合计	375.0	401.5	7.1%	417.9	4.1%

资料来源：SEMI，2015 年 7 月。

五、平板显示产业

（一）AMOLED 显示技术增长迅速

OLED 显示具有全固态、主动发光、高对比度、超薄、低功耗、无视角限制、响应速度快、工作温度范围宽，易实现柔性显示和透明显示等诸多优点，被视为是最有发展前景的新型显示技术之一。其中，柔性是 OLED 区别于液晶显示的技术特点和优势，随着智能移动终端快速增长和电视屏幕大尺寸化，可弯曲、超轻薄以及个性化设计成为 OLED 技术快速发展和产业化最主要的驱动力。2015 年全球 OLED 显示产业化进程进一步加快，受智能手机爆发式增长的拉动，近年来全球 OLED 显示产业规模保持了持续增长态势，2015 年全球 AMOLED 面板市场规模达到 118 亿美元，同比增长 36%，全球 OLED 电视销售额超过 10 亿美元，较 2014 年的 1.45 亿美元增长 6.9 倍。三星、LG 分别占据了智能手机和电视的 OLED 显示面板市场，标志着韩国企业在 AMOLED 显示市场仍然占有绝对优势。曲面显示、智能手表、虚拟现实（VR）等终端产品的快速发展拓展了 AMOLED 应用范围，为市场发展带来新的增长点，全球 OLED 显示产业整体进入加速发展阶段。

（二）我国大陆成为全球产业增长的重要引擎

多条高世代线在中国大陆的动工投产拉动全球产业发展。2015 年中国大陆地区新增投资近 2000 亿元，是全球产线建设最为活跃的国家，为全球新型显示设备和原材料提供了主要市场。另一方面，智能终端产业快速发展扩大显示面板市场需求。中国大陆智能手机渗透率高达 86%，全球智能手机品牌前 10 位中有 6 家是中国大陆品牌。电视平均尺寸为 43 英寸，比全球平均水平高 1.5 英寸；4K 电视中中国大陆市场占据 80%。在多条产线建设和庞大下游市场的多重作用下，中国大陆地区对全球新型显示产业发展的影响力还将不断加大，中国新型显示产业整体仍将保持高速增长。2016 年预计将以 10% 左右的速度快速增长，高于全球 5% 的平均速度。

（三）产业整合速度加快

显示技术快速升级、应用市场持续扩大以及运营模式不断创新，产业在技术、产能、供应链等方面迎来整合。LTPS 产能提升和技术成熟降低了高端手机显示屏幕的使用门槛，FHD 显示屏的普及率将持续增加，LTPS 的市场份额将有望达到 50%—60%。三星开放手机用 OLED 显示面板，LGD 加大向中国电视机企业推销 OLED 电视面板的力度，OLED 面板的应用也将快速增加，传统 a-Si 的市场占有率将发生较大改变，从而影响各大面板企业的经营战略和发展方向。鸿海和 INCJ 抢购夏普就是在此背景下的一次博弈，同时也将对全球显示格局产生重大影响，收购完成后，全球显示产业在产能、技术以及客户群等方面必将出现新的格局，同时也将触发更多的整合。

六、半导体照明（LED）行业

（一）全球 LED 产业供需将持续失衡

据调研机构统计，2015 年全球 LED 芯片的产能约高达 713 百万片（2 英寸约当量）。随着全球企业的陆续扩产，预计 2020 年全球 LED 芯片产量将达到 1 亿片以上（2 英寸约当量），年均复合成长率为 9%。全球重点 LED 企业如欧司朗将于 2017 年到 2020 年陆续扩产以应对市场竞争，中国大陆三安光电也正在购买 MOCVD 设备以扩产。但是从 LED 芯片产品本身来看，2014 年随着全球照明需求大幅度增加，使得整个 LED 市场规模提升，但是芯片价格持续下跌，使得很多芯片企业通过缩小芯片尺寸、提高光效等策略以降低成本，这带来了同等功率情况下使用过的 LED 芯片数目减少，最终使得 LED 外延片的需求数量减少，这将导致在未来的 5—10 年 LED 产业依然供过于求的趋势明显。

展望 2016 年到 2020 年，LED 产业将持续供过于求的状态，中小芯片企业将继续面临生存压力。虽然整体 LED 市场依然持续增长，但是由于国际巨头纷纷扩产以巩固地位，使得供需之间的缺口持续扩大。国际巨头由于芯片良率高、技术实力强、产品高端，因此在很多高端订单的获取上比较有优势，比较容易保持产线满产。但是中小企业由于资源匮乏，在高端市场竞争中处于劣势，同时低端市场的产品持续降价，毛利率较低，很难维持生存空间，未来将面临较大的生产压力。

（二）大部分企业将转向细分领域 LED 应用市场

随着主流通用照明 LED 芯片价格的持续下跌，使得整个 LED 产业规模增长速度放缓，多数 LED 企业为了维持一定的利润，将会寻求新的业务增长点。细分领域的 LED 市场受到多数企业的关注，如工业照明、紫外 LED、汽车照明、植物照明等。工业照明领域企业进入门槛高，对产品质量和稳定性要求高，同时多采用大功率的 LED 芯片，利润率比通用照明的芯片高，使得多数企业争相进入。汽车照明方面，欧司朗、GE 等企业比较有优势，欧司朗把利润率较低的球泡灯等通用照明业务分拆处理出售给中国企业，将重点聚焦在发展光电元器件和系统控制业务上，这些光电器件大部分都应用在车用照明领域，欧司朗已经和德国大众、宝马、奔驰等汽车厂商达成了战略伙伴关系。紫外 LED 在紫外光疗、防伪监测、光催化空气净化、紫外固化、水 / 空气消毒、分析测试设备等领域有着广泛的应用，紫外 LED 市场规模预计将从 2014 年 9000 万美元扩大至 2019 年的 6 亿美元，其中，UV-A LED 受到近年来价格下滑影响，成长速度较快，2014—2016 年市场需求开始明显起飞，且应用面主要集中在工业使用等级，价格波动性较低，UV-C LED 预计将从 2017—2018 年进入爆发成长期。

（三）企业的投资性周期导致芯片微利时代成为趋势

随着 LED 芯片价格的持续下跌，芯片的利润率已经十分微薄。对于很多 LED 芯片企业而言，由于生产线建设和购买 MOCVD 设备需要较多固定资产投入，折旧在芯片厂的整个营业成本中所占的比重大概在 20% 左右，对于芯片巨头来说占比不算太高，而且有些企业在购买设备时可以获得国家部分财政补贴，进一步降低设备折旧成本。因此多数芯片企业在芯片价格达到变动成本之上的时候，就会选择继续投资扩产；但是在芯片价格太低、行情不好的时候，企业很容易就撤资，缩小产线规模，等行业芯片行情较好的时候再继续回来投产。这种根据市场价格波动而导致的企业周期性现象会持续存在，这使得未来芯片的微利时代成为一个持续的发展趋势。

后 记

  《2015—2016 年世界电子信息产业发展蓝皮书》由赛迪智库电子信息产业研究所编撰完成，力求为中央及各级地方政府、相关企业及研究人员把握产业发展脉络、了解产业前沿趋势提供参考。

  参加本课题研究、数据调研及文稿撰写的人员有：王鹏、安晖、王世江、温晓君、江华、耿怡、余雪松、李艺铭、宋德王、王茜、金小鹿、张阳、徐永健、李扬、潘江玲等。在研究和编写过程中，本书得到了工业和信息化部电子信息司领导，中国光伏产业联盟、中国半导体照明/LED 产业与应用联盟、中国 OLED 产业联盟等行业组织专家，以及各地方工信部门领导的大力支持和指导。本书的出版还得到了院软科学处的大力支持，在此一并表示诚挚感谢。

  本书虽经过研究人员和专家的严谨思考和不懈努力，但由于能力和水平所限，疏漏和不足之处在所难免，敬请广大读者和专家批评指正。同时，希望本书的出版，能为读者了解世界电子信息产业提供有益参考。

思想，还是思想
才使我们与众不同

编 辑 部：赛迪工业和信息化研究院
通讯地址：北京市海淀区万寿路27号院8号楼12层
邮政编码：100846
联 系 人：刘颖　董凯
联系电话：010-68200552 13701304215
　　　　　010-68207922 18701325686
传　　真：0086-10-68209616
网　　址：www.ccidwise.com
电子邮件：liuying@ccidthinktank.com

研究，还是研究
才使我们见微知著

信息化研究中心 工业化研究中心 规划研究所

电子信息产业研究所 工业经济研究所 产业政策研究所

软件产业研究所 工业科技研究所 军民结合研究所

网络空间研究所 装备工业研究所 中小企业研究所

无线电管理研究所 消费品工业研究所 政策法规研究所

互联网研究所 原材料工业研究所 世界工业研究所

集成电路研究所 工业节能与环保研究所 安全产业研究所

编 辑 部：赛迪工业和信息化研究院
通讯地址：北京市海淀区万寿路27号院8号楼12层
邮政编码：100846
联 系 人：刘颖 董凯
联系电话：010-68200552 13701304215
　　　　　010-68207922 18701325686
传　　真：0086-10-68209616
网　　址：www.ccidwise.com
电子邮件：liuying@ccidthinktank.com